最美的节气诗词

可怜冬景似春华
我言秋日胜春朝
绿树阴浓夏日长
万紫千红总是春

韩可胜等 著

上海科学技术文献出版社
Shanghai Scientific and Technological Literature Press

图书在版编目（CIP）数据

最美的节气诗词 / 韩可胜等著．—上海：上海科学技术文献出版社，2017
ISBN 978-7-5439-7494-4

Ⅰ．①最…　Ⅱ．①韩…　Ⅲ．①古典诗歌—中国—小学—课外读物　Ⅳ．① G624.203

中国版本图书馆 CIP 数据核字 (2017) 第 172483 号

责任编辑：胡欣轩　王茗斐
封面设计：章文杰

感谢洪涛、计容伟、朱金华、李德强、张修明、陈康如、洪瑞隆、姚红伟、顾银生、钱芬艳、唐晓玲、黄迈、黄文龙、虞光明为本书提供配图。

最美的节气诗词
韩可胜　等著
出版发行：上海科学技术文献出版社
地　　址：上海市长乐路 746 号
邮政编码：200040
经　　销：全国新华书店
印　　刷：上海中华商务联合印刷有限公司
开　　本：890×1240　1/32
印　　张：18.25
字　　数：378 000
版　　次：2017 年 9 月第 1 版　2017 年 9 月第 1 次印刷
书　　号：ISBN 978-7-5439-7494-4
定　　价：98.00 元（四册）
http://www.sstlp.com

感谢：颜维琦、魏宗凯、李治国、
黄庭钧、岭南土鳖、邢春、
李幼林、俞秋勤、范静雅、
张庆凤、小仙、潘乐媛、
刘君章、张一南等赐稿。

为什么中国的二十四节气被称为“第五大发明”，并且与“四大发明”相比，更有综合性的文化意义，对全世界的文明史具有更加深远的影响?

为什么中国的二十四节气能被联合国教科文组织列入人类非物质文化遗产代表作名录?

古老的二十四节气，对当代人的生活有什么价值和影响?诗歌与二十四节气的关系又在哪里?

带着这些问题，请您跟我们打开此书。

这套书在出版之前，已经畅销网络，超过数千套。

相信市场的力量，相信读者的眼光。

序

念入心中的诗

朱良志

我的书房挂着当代西方哲学研究权威、九十六岁的张世英先生给我写的条屏——超越现实只有两条：诗和哲学。这是德国哲学家谢林的话。在精神的自由王国中，诗和哲学乃至宗教都是相通的。诗，是人精神皇冠上的明珠。张先生勉励我，做美学研究，不能忘记诗。

诗的力量是巨大的。读先秦文章，《左传》之类的历史著作记载着那个时代社会政治的历史，而《诗经》不啻为那个时代心灵史的记录，它使我们在朝代更替、钩心斗角之外，又能聆听到那个时代青春的声音。读像“凤凰鸣矣，于彼高冈；梧桐生矣，于彼朝阳”这样的诗句，突然心敞亮许多，觉得人世原来如此美好；读“荏染柔木，言缗之丝；温温恭人，维德之基”的警句时，有一种惬理厌心的通透，瞬间里，自己的心灵也似乎变得柔软起来。

诗是美好的，它是天国的逸响，触及人的生命深层。

古往今来留下来那么多腾播人口的诗，多半是诗人在惨淡遭际中抽绎而出的。诗能穿透时间的帷幕，将千年之前曾经有过的欣喜和感动，在一个片刻降临到你的心扉。读“去年今日此门中，人面桃花相映红，人面不知何处去，桃花依旧笑春风”，生命脆弱所带来的惆怅一下涌起，在惆怅中体会出的人同此心心同此理的道理，或许能坚定你汇入这个世界的决心。

诗，是人精神书写的简洁化表达。不要总将它看作无病呻吟、絮絮叨叨。我们国家的哲学常常是以诗书写的，我们的文明在一定程度上是诗缔造的。我在做中国传统艺术研究时，深深感到，中国艺术其实就是诗的变奏。没有诗，我们的文明将是暗淡的。诗，是我们这个民族的真正文明基因，它是一种无形的维系，将上下四方、往古来今裹为一体。阳春助我以烟景，大块假我以文章，我们无时无刻不沐浴在诗意的灵氛中。

诗，是自我的吟咏。有人说，这里多半是逃离现实的遁词。但在我看来，诗，非但不是躲在自己篱墙内的孤独吟唱，而是汇入到更宏阔世界的必然进阶。读诗，爱诗，培植诗的情怀，点亮心灯，汇入到天地间无限的光明中。诗，往往被视为不切实际，是出离现实后的清唱，似乎总带有空幻不实的意味。但细细想来，难道我们天天纠缠在现实的功利中就是关心现实，计较着与自己相磨相戛的利益就是脚踏大地？诗，使人跳脱现实的漩涡，更好地俯瞰现实和人生，在变化的世界表相背后，看那不变的真实。“人间四月芳菲尽，山寺桃花始盛开。长恨春归无觅处，不知转入此中来”，这样的诗，似乎给我们打开一扇新世界的门。

诗，常常和感伤联系在一起。“黯然销魂者，唯别而已”，读之使人情动；“今宵酒醒何处，杨柳岸，晓风残月”，回味让人情迷。然而，在今天高度发达的信息社会中，我们的感觉加速钝化，甚至没心没肺成为流行色，我们变得越来越不敏感，面对寸断柔肠，也能漠然处之。这样的当下，是需要诗的。当一个生命没有诗时，有些东西就开始枯萎了。你不一定成为诗人，但不能丢失诗的情怀。宇宙生命是以诗写成的，没有诗，天地将失落光彩。当一切都以物质的价值来衡量时，当面对生命的凋零无动于衷时，当垂暮的气息笼罩着少年的面庞时，当污秽的语句从曼妙的身体中传出时，我们知道，这时候，是需要诗来出场了。识字不等于识事，知识不等于智慧，油脑肥肠并不决定生活质量的提升。其实，诗，不是让你颓废，只是让你恢复被物质洪流夺去的动能。每一个人都可以成为诗人，但我们必须首先有这个意愿。

宝宝念诗，与其说将诗性种在幼年的心灵中，倒不如说发掘人本性中与生俱来的诗的基因。脱略外在大叙述，激活孩子心灵深处的言说系统，抖落文明中附带的虚与委蛇，以天真、平和与开朗去塑造生命。世味年来薄似纱，从孩子做起，或许能让未来多一些理想。一个诗意的时代，一定是有意味的时代；一个诗意的人生，是可以期待的人生。宝宝念诗，我的朋友可胜兄要做的，就是在这开始处用力，在起点里立意，在还没有很多尘染的时候，呵护真性的因子。人在这世界上，不可能不被染，或净染，或污染，读诗，其实就是以桃花潭水深千尺、不及汪伦送我情的清净，给这场生命的拔河送去赢的力量。

2017年7月10日

（朱良志，北京大学哲学系教授，北京大学美学与美育研究中心主任）

前言

从《二十四节气歌》讲起

越来越多的人生活在城市之中，跟大自然、跟风花雪月、跟春夏秋冬越来越远。但是，随着吃饱、穿暖、住好等物质要求逐步满足之后，越来越多的人也意识到，不管是大人，还是小孩，都不能与自然相脱节。什么时间吃什么、穿什么、干什么事情，都与春夏秋冬联系在一起。顺应自然，而不是违背自然，人才能健康、快乐、幸福。节气，是最大的自然。今天我们介绍二十四节气和《二十四节气歌》。

二十四节气歌

春雨惊春清谷天，夏满芒夏暑相连。
秋处露秋寒霜降，冬雪雪冬小大寒。
每月两节日期定，最多只差一两天。
上半年逢六廿一，下半年逢八廿三。

（一）什么是节气

节气，泛指二十四节气，就是把一年分为二十四个时节，每个时节的气象、气候、气质。

“节”，我们知道，竹子是一节节组成的。竹子或树木的主干上，分枝长叶的部分叫“节”。所以有词语叫“竹节”“节外生枝”。“节”也是物体的分段或两段之间连接的部分，词语“关节”“节点”“两节车厢”，都是由这个意思而来的。“节”是不是比一般的部位很重要？引申到时间上，一年365天，人们过了春节，望元宵；过了元宵，望端午；过了端午，望中秋；过了中秋，望重阳；过了重阳，望除夕。春节、元宵、端午、中秋、重阳、除夕……便成了与其他日子不同的日子。这些重要的日子，就是“节日”。

时间本来是从古到今、从今到后，没有任何中断的，前面没有头、后面没有尾。但中国人很早就发现，在这貌似永恒的时间中，有很多现象周而复始。于是他们总结了“年”，总结出了春、夏、秋、冬。一年大约365天，每年都有春夏秋冬，如此循环往复。进一步细分，还有“月”，“月有阴晴圆缺”，月亮一个阴晴圆缺的周期就是一个月。再进一步细分，如果把一年平均分为24段，这每一段就是一个“节”。打个比方，一年就像一根竹子，有二十四个节。古人发现这二十四段都不一样。哪些不一样呢？气象、气候、气质不一样。这便是“节气”。

是的，春暖花开时的气象、气候、气质，夏日日炎炎时的气象、气候、气质，秋高气爽时的气象、气候、气质，冬寒凛冽时的气象、气候、气质，很显然就不一样。即便，同样在春天，第一个月早春料峭，第二个月中春明媚，第三个月百花齐放，气象、气候、气质是不是也有差别？一年十二个月，如果再进一步细分，就到了二十四节气的层面了。

（二）二十四节气和节气歌

二十四节气是：立春、雨水，惊蛰、春分，清明、谷雨，立夏、小满，芒种、夏至，小暑、大暑，立秋、处暑，白露、秋分，寒露、霜降，立冬、小雪，大雪、冬至，小寒、大寒。

俗话说，“名不正则言不顺”，中国人对取名字很慎重。何况是给岁月取名字？那就更加慎重了。二十四节气的每一个名字都有充分的考量和由来。

“立春”“立夏”“立秋”“立冬”，分别是第一个、第七个、第十三个、第十九个节气。四个节气按照四等分，平均分了一年。这每一份就是一个季节，春、夏、秋、冬。“立”就是“确立”的意思，反映每个季节的开始。

“春分”“秋分”“夏至”“冬至”，是从天文学角度划分的，反映了在地球上看到的太阳高度变化的转折点。众所周知，太阳并不总是垂直照耀着地球赤道。太阳的最高点在地球的北回归线和南回归线之间来回走动。太阳直射北回归线，中国所在的北半球是“夏至”，就是“最夏天”的意思。“至”是“最”的意思，比如“至高无上”“至刚至强”。这一天，北半球白天最长，夜晚最短。以后太阳的直射点逐渐南移，到达直射赤道的时候，是“秋分”，北半球进入秋天。太阳继续南移，直射南回归线的时候，北半球是“冬至”——“最冬天”的意思，黑夜最长，白天最短。此后，太阳逐渐向北移动，再次直射赤道时，北半球是“春分”，天气逐渐变热，白天变长。一年如此，四季轮回。

“小暑”“大暑”“处暑”“小寒”“大寒”，反映气温的变化。“暑”是热的意思，“处”是停止的意思。“小暑”是小热，“大暑”就是大热，“处暑”就是不热；小寒是“小冷”，“大寒”就是大冷。

“雨水”“谷雨”“小雪”“大雪”，反映降雨、降雪的时间和强度。“雨水”，降雨比较多。“谷雨”，下雨的时候，谷子正在成长；“小雪”，开始降雪；“大雪”，下雪很多。

“白露”“寒露”“霜降”，就是气温下降，空气中水汽在凝结。“白露”，开始出现露水；“寒露”，露水冷了；“霜降”，不是露水，是下霜了。

“惊蛰”“清明”，反映自然界的动物和环境的变化。“惊蛰”，春雷开始，惊醒冬眠的动物。蛰（zhé），是指动物冬眠。“清明”，自然界的万物清洁而明朗，整个大自然都是神清气爽的感觉。

“小满”“芒种”，反映农作物的成熟情况。“小满”，黄河流域大麦、小麦果实开始饱满，但尚未成熟。芒种，是指有芒的麦子已经成熟，有芒的稻子要抢种。

二十四节气，分配到农历十二个月里，每个月有两个节气，合起来就是这样的歌谣：“正月立春、雨水，二月惊蛰、春分，三月清明、谷雨，四月立夏、小满，五月芒种、夏至，六月小暑、大暑，七月立秋、处暑，八月白露、秋分，九月寒露、霜降，十月立冬、小雪，十一月大雪、冬至，十二月小寒、大寒”。上半年，每个月的两个节气分别在初六、二十一前后，下半年则分别在初八、二十三前后。前后相差顶多一两天。这就是完整的《二十四节气歌》:“春雨惊春清谷天，夏满芒夏暑相连。秋处露秋寒霜降，冬雪雪冬小大寒。每月两节日期定，最多只差一两天。上半年逢六廿一，下半年逢八廿三。”

（三）二十四节气的科学依据

季节和二十四节气，都是因为太阳处在不同的位置所导致的。早在几千年前，伟大、智慧的中国人发现了时间之中周而复始的规律性，于是总结出“年”，并且把一年分为春夏秋冬。在此基础上，古人先是测算出了夏至、冬至、春分、秋分等节气的具体时间点，然后在进一步细分，测算出立春、立夏、立秋、立冬等时间点。2200年前，中国的历书中，就完整地测算出每个节气的准确的时间点。

从天文学来看，地球在自转，同时一直围绕太阳公转。地球有一个赤道，赤道把地球分为南北两半。但地球围绕太阳转动，不是按照地球赤道转动。地球绕太阳公转的轨道叫黄道，黄道和赤道有一个夹角，所以地球仪看起来是歪的。地球上的二十四节气，就是根据太阳在黄道面上的位置来划分的，从黄经零度开始，每运行15度，为一个节气。这个属于天文学知识，孩子不大听得懂。只是告诉孩子，这么复杂的天文学知识，中国古人几千年前就掌握了，是不是很伟大？西方古人把一年分为十二星座，中国人分为二十四节气。一个星座严格对应两个节气。分得越细，就越难，就越科学，中国古人的科学水平领先于世界，不言自明。

中国人相信“天人合一”，自然界和人是相通和相对应的。自然界的变化和人的身体、命运之间，有着复杂而隐约的相关性。这是中国人养生的逻辑起点，春种夏长、秋收冬藏，讲的是自然，也是人。同时，这也是中国人算命的逻辑起点。比如中国人的属相不是从元旦，也不是从春节开始的，而是从二十四节气的“立春”开始。

（四）二十四节气的价值

2006年，二十四节气成功入选第一批国家级非物质文化遗产名录。2016年11月30日，中国申报的“二十四节气”成功被列入联合国教科文组织人类非物质文化遗产代表作名录。这一“中国人通过观察太阳周年运动而形成的时间知识体系及其实践”的入选，不是某个具体的工艺和技术，而是首次以一个系统的知识体系入选人类非物质文化遗产代表作名录。

二十四节气是伟大智慧的中国人观察自然、分析自然、总结自然并在实践中不断应用的科学体系。“民以食为天”，节气理论为古老的中国发展生产、解决温饱，为中华民族的繁衍生息、兴旺发达作出了不可替代的贡献。由于中国的农耕文化在几千年里一直是被世界各民族学习和模仿的对象，所以节气理论也为世界各个民族的生存和繁衍作出了巨大的贡献。

二十四节气不仅是一种传统文化，更是一种可持续发展的知识体系，是一种中华民族传承至今以尊重自然、崇尚人与自然和谐为核心的生态文明观，对于当今生态文明建设、可持续发展具有重要意义。二十四节气所代表的中国传统节气文化家喻户晓，对于进一步提升中华民族的认同感与凝聚力具有重要意义，申遗成功有助于提升中国人的文化自觉与文化自信，对于中华优秀文化走向世界具有重要意义。

最美的节气诗词

万紫千红总是春

韩可胜等 著

上海科学技术文献出版社
Shanghai Scientific and Technological Literature Press

目录

序 / 1

前　言　从《二十四节气歌》讲起 / 1

第一章　立春

——律回岁晚冰霜少，春到人间草木知 / 1

第一篇　今年元夜时 / 7

第二篇　夜静春山空 / 11

第三篇　不知近水花先发 / 14

第四篇　春风吹又生 / 17

第五篇　桃花流水鳜鱼肥 / 20

第二章　雨水

——好雨知时节，当春乃发生 / 23

第一篇　春水春池满 / 28

第二篇　春水碧于天 / 31

第三篇　春潮带雨晚来急 / 34

第四篇　买得一枝春欲放 / 37

第五篇　草色遥看近却无 / 42

第三章 惊蛰

——今夜偏知春气暖，虫声新透绿窗纱 / 45

第一篇 竹径通幽处 / 51
第二篇 曾照彩云归 / 54
第三篇 二月春风似剪刀 / 59
第四篇 海棠不惜胭脂色 / 62
第五篇 一枝红杏出墙来 / 64

第四章 春分

——春宵一刻值千金，花有清香月有阴 / 67

第一篇 柳暗花明又一村 / 73
第二篇 春风得意马蹄疾 / 75
第三篇 夹岸桃花蘸水开 / 79
第四篇 也无风雨也无晴 / 82
第五篇 寒食东风御柳斜 / 86

第五章 清明

——清明时节雨纷纷，路上行人欲断魂 / 91

第一篇 且将新火试新茶 / 96
第二篇 泥融飞燕子 / 99
第三篇 万紫千红总是春 / 103
第四篇 桃花潭水深千尺 / 106
第五篇 杏花吹满头 / 109

第六章　谷雨

——雨前初见花间蕊，雨后全无叶底花 / 113

第一篇　看花还看花 / 118

第二篇　八九十枝花 / 120

第三篇　芳树无人花自落 / 123

第四篇　绿阴冉冉遍天涯 / 126

第五篇　千里莺啼绿映红 / 129

第一章

立春

律回岁晚冰霜少，春到人间草木知

立春，二十四节气中的第一个节气。每年都在公历2月3—5日。“立”是“开始”的意思，自秦代以来，中国就一直以立春作为春季的开始。从立春到立夏前，都称为春天。春是温暖，鸟语花香；春是生长，耕耘播种。

中国文化是老祖宗仰观天象、俯察万物后创造出来的，最能感受到的变化，当然是季节的变换。在甲骨文中就有了“春”字。“春”，最初的意思，就是草木破土而出，开始生长。

春天、春季是“春”的基本含义。春游之人叫“春人”，春天农事叫“春事”，春天考试叫“春试”，春天祭土地神叫“春社”，春天走了叫“春去”，春天来了或者春天结束都可以叫“春归”。“春眠不觉晓，处处闻啼鸟”，“红豆生南国，春来发几枝”，春风，春雨，春色，春茶……都是这个“春”。

萌动、催动是“春”的核心内涵。首先是草木萌动，柳叶刚刚出来，像美女的眯眯细眼，叫“春眼”；树木枝条的末端，叫“春梢”。

其次是人心的萌动，春天是繁衍的季节，这种萌动与繁衍、与生机勃勃、与大自然的瓜瓞绵绵，联系在一起，通俗一点就是情愫，而且更多特指女子的情愫。或许春之美丽灿烂，却容易凋零，跟女子绚丽而短暂的青春更加相似吧。《诗经》中就有“有女怀春”的诗句，怀春的女子叫“春女”，怀春的感觉叫“春兴”“春心”。“春心荡漾”，那是都要漫出来了。对女子“怀春”，古人没有一点嘲讽的意思，反而写得很美。诗词中就把女人的眉眼比如做“春山”，特别滋润和含情。“春光”，春天的风光。女人穿得不严谨，也有可能

“春光漏泄”。

春，代表活泼泼的生命。“青春”，总是一个让人神往、兴奋又有些惆怅的字眼。一个人垂垂将死，如果遇到神医救活了，叫“妙手回春”。春天是动情的季节，而酒，众所周知也是催情的东西。所以唐朝人干脆把酒叫做“春”。“春杯”指酒杯，“春台”指饭桌。如果抑制不住春心，就可能会“叫春”。几年前，江西宜春那则广告，“一座叫春的城市”，有些庸俗，却很成功地渲染了这座城市的活力。

春是一年之开始，“一年之计在于春”，所以“一春”也就代表一年。古人发现，北斗七星的斗柄随着四季的变化，指向是不一样的。斗柄指向东方为春天，所以，春风也叫东风，“东风不与周郎便，铜雀春深锁二乔”“等闲识得东风面，万紫千红总是春”。东风和“春”，总是联系在一起的。我们来念诗：

春　水

（唐）无名氏

春水春池满，春时春草生。
春人饮春酒，春鸟弄春声。

这是我最喜欢的一首诗，也是教小朋友最多的一首诗。春天，无论是草木，还是禽兽，或者人类，都是

最美好的开始，所以讴歌春天的词语和诗歌特别多，也特别美，读起来都让人春风拂面，春色满园，春风化雨，如沐春风。还有一首立春的诗：

立春偶成

（南宋）张　栻

律回岁晚冰霜少，春到人间草木知。
便觉眼前生意满，东风吹水绿参差。

律回，大地回春的意思。相传黄帝命令乐官定音律，并与十二个月对应。阳六为律，阴六为吕。农历正月属律，十二月属吕。正月立春，所以叫“律回”。写这首诗时，立春是在年前，就是头一年的腊月，民间称作“内春”，所以是“岁晚”。大多数情况都不一样，是岁初立的春。

【关于立春的延伸阅读】

曾几何时，立春曾经就是春节。“一年之计在于春”，自古以来立春就是一个重大节日，叫春节。正月初一称为元旦。自官方到民间都极为重视，迎春已有三千多年历史。立春时周天子亲率三公九卿、诸侯大夫去东郊迎春，祈求丰收。回来之后，要赏赐群臣，布德令以施惠兆民。辛亥革命后，1912年，孙中山废除旧历，采用公历。1913年，袁世凯拟定阴历元旦（大年初一）为“春节”，1914年起开始实行。随之，把“元旦”这个词移到了阳历一月一日这一天身上。

立春，又叫“打春”。俗话说，“春打六九头”，应该到了六九了吧。立春期间，气温、日照、降雨，开始趋于上升、增多。立春是一个时间点，也可以是一个时间段。古代将立春的十五天分为三候：“一候东风解冻，二候蜇虫始振，三候鱼陟负冰”，说的是前五天东风送暖，大地解冻。中间五天，蛰居的虫类慢慢苏醒。后面五天，河里的冰开始溶化，鱼开始到水面上游动，此时水面上还有碎冰片，如同被鱼负着一般浮在水面。

立春也是属相、算命、八字的开始。立春是干支历中一年的开端，我国的皇历和民俗学，均以“立春”作为生肖计算的依据。中国玄学与二十四节气息息相关，“立春”在术数界中被视作新一年开始。中国传统的属相算命、推八字等，都是以立春作为一年起始的。至于正月初一，只是十二个农历月份中的第一天，虽然家家户户都庆祝，但新一年的风水术数计算仍是以“立春”作分水岭。也就是说，从立春，才是一个属相的开始。

正确养生关系一年的健康。春季养生要顺应春天阳气生发，万物始生的特点，注意保护阳气，着眼于一个“生”字。按自然界属性，春属木，与肝相应。肝的生理特点主疏泄，在志为怒，恶抑郁而喜调达。有目的地选择一些柔肝养肝、疏肝理气的草药和食品，草药如枸杞、郁金、丹参、元胡等，食品选择辛温发散的大枣、豆豉、葱、香菜、花生等灵活地进行配方选膳。宜食辛甘发散之品，不宜食酸收之味。立春食品主要是春卷、春饼、萝卜、五辛盘等。五辛盘是用葱、蒜、椒、姜、芥等调和而成，作为就餐的调味品。

精神养生方面，要力戒暴怒，更忌情怀忧郁，做到心胸开阔，乐观向上，保持心境愉悦的好心态。同时要充分利用、珍惜春季大自然“发陈”之时，借阳气上升，万物萌生，人体新陈代谢旺盛之机，通过适当的调摄，使春阳之气得以宣达，代谢机能得以正常运行。

经过一个漫长的冬天，春天终于来了！

第一篇　今年元夜时

都知道封建礼教约束人。但其实在中国古代，男女之间的约束，是从宋元理学才真正开始的。之前并没有这么严格，在劳动（比如播种、采莲、砍柴、打猪草）中表达自己纯真的感情，是常有的事情。即便到了宋朝，一年之中，还有两个日子，是青年男女可以自由表达爱意的日子，这便是元宵节和上巳节（俗称三月三）。至于七夕，虽然是牛郎织女相会的日子，现实中主要是乞巧，女孩子这一天要展示自己的手艺多么灵巧，多么的可爱。

谈恋爱要题材，古人没有电影看，没有咖啡喝。但有的是办法。上巳节的题材是踏青，青年男女趁春游的机会，在水边、草里、树丛中幽会；元宵节的题材则是赏花灯。这一天到处灯火通明，“火树银花合，星桥铁锁开”，把春节推上最后一个高潮。

生查子·元夕

（宋）欧阳修

去年元夜时，花市灯如昼。
月上柳梢头，人约黄昏后。

今年元夜时，月与灯依旧。

不见去年人，泪湿春衫袖。

谈恋爱不怕灯光亮。欧阳修这首词的意思是，去年元宵节，灯光照得像白天一样，我与那位恩恩爱爱，今年元宵节去找那位的时候，没有找到，非常伤心，非常凄凉。昼：白天。春衫：年轻人穿的衣服。有爱情的地方就有诗。特别是旧情难续，更加伤感莫名，诗歌就更加感人。唐朝诗人崔护有一首著名的诗：

题都城南庄

（唐）崔　护

去年今日此门中，
人面桃花相映红。
人面不知何处去，
桃花依旧笑春风。

这首诗元宵节念早了点，之所以提前念，是因为它与《生查子》异曲同工。区别在于，崔护写得很清楚，去年与桃花般的美女只有一面之缘。而这首《生查子》，却清清楚楚写道：“月上树梢头，人约黄昏后”，地

地道道的是约会了。约会之后，竟然一年不见，但今年还到花市上来找她，却没有找到，那她自然也不是他的妻子和经常联系的朋友了。下面这首写元宵节的词，主题仍然是灯光和寻找。

青玉案·元夕

（宋）辛弃疾

东风夜放花千树，更吹落，星如雨。
宝马雕车香满路。凤箫声动，
玉壶光转，一夜鱼龙舞。

蛾儿雪柳黄金缕，笑语盈盈暗香去。
众里寻他千百度，蓦然回首，
那人却在，灯火阑珊处。

相比之下，欧阳修的词更短一些，更通俗一些，更加适合于孩子。但辛弃疾这首词可能更著名，可是要略微解释一下。我教书的时候，最讨厌解释词语，最讨厌归纳中心思想，觉得这会把一首意境很好的诗词或者一篇非常优美的文章解释得支离破碎，就像把人解剖成器官和零部件一样。但不解释，又怕人不懂。

“青玉案”和“生查（zha）子”一样，都是词牌名，每一种词牌都有相对固定的格式、字数、音律。按照这种规定的格式、字数、音律去作词，所以叫“填词”。元夕，元夜，元宵节。东风，春风。花千树，比如花灯之多，如千树开花。星如雨，形容焰火纷纷，乱落如雨。宝马雕车，豪华、装饰精美的马车。凤箫，箫的美称，泛指各类乐器。玉壶，比喻明月，也可以解释为灯。鱼龙舞，舞动鱼形、龙形的彩灯。蛾儿、雪柳、黄金缕，都是古代妇女头上佩戴的装饰品，形容她们这天的盛装打扮。盈盈，声音悦耳、仪态娇美。暗香，指女性们身上散发出来的香气。他，古时包括“她”。千百度，千百遍（“百度”就是从这里取名的）。蓦然，突然、猛然。阑珊，零落稀疏的样子，注意，不是形容灯火辉煌，灯火阑珊与灯火辉煌恰恰是反义词，经常有人搞错。

第二篇　夜静春山空

安徽有座皖山，皖山脚下有个皖涧，皖涧流下去就叫皖水——这是因为春秋时候皖伯封在此地，当时叫“皖国”。安徽简称“皖”，由此得名。皖山现在叫天柱山，是国家第一批重点风景名胜区，还是联合国教科文组织命名的世界地质公园。

鸟鸣涧

（唐）王　维

人闲桂花落，夜静春山空。
月出惊山鸟，时鸣春涧中。

皖山、皖涧，与《鸟鸣涧》无关联。《鸟鸣涧》写的是绍兴县东南的若耶溪——“若耶”，古越语，幽深而美的意思。这个春天，我带人去过，江南一条美丽的溪流，在这里无数诗人留下了最美的篇章。“蝉噪林逾静，鸟鸣山更幽”（王籍《入若耶溪》）就

写的是这个地方。但是这么一个有文化底蕴的地名，竟然被人改成了很俗气的“平水江”，难道“江”比“溪”“涧”就好吗？如此无知，真是气煞古人也！所以一念到这首诗，我就只能想到故乡的皖涧，高山深涧，林深竹翠，也是一个风景绝佳的地方。

这首诗写的是春天吗？还是秋天？用了两个“春”字，春山、春涧，总不会这个山的名字叫“春”吧。不会的。所以一定是写春天。可是春天有桂花吗？“三秋桂子”，桂花，那是秋天的宠儿啊。据说，桂花也有春桂、四时桂，如此倒也解释得通。

很喜欢王维。他的诗歌很有画面感，而且很有禅意。所以有人叫他“诗佛”，又称赞他的诗是“诗中有画，画中有诗”。是的，这首诗就像一幅画，人都安静下来，桂花无声无息地飘落。寂静的夜里，月亮出来了，惊动了鸟儿们，在山涧中偶尔叫上几声。

王维的好诗实在太多，同样写春天，比如“红豆生南国”。我始终没有搞清楚这是什么红豆。在我大别山区的老家，红豆是一种可以吃的豆子，不过比黄豆、绿豆要少见一些。显然吃的红豆，不是王维《相思》这首诗中的红豆。

相　思

（唐）王　维

红豆生南国，春来发几枝？
愿君多采撷，此物最相思。

在文学传说中，战国时候，宋国有一个我的本家，也姓韩，叫韩凭，他们夫妻俩上演了一场感人至深的爱情故事。连他们殉情之后，两座坟墓之间，竟然一个晚上就长了一棵大树，过了十几天就合抱粗，盘根错节，枝干和根都像两个人抱在一起，难解难分。上面有一对鸳鸯鸟，每天如泣如诉地叫着。宋国的人就把这棵树叫“相思树”。据说，相思树长出的种子，叫红豆，质地非常坚硬，颜色血红，形状像跳动的心脏，不会变形也不会褪色。

从那以后，大家相信，相思红豆和玉一样，是有灵性的。定情，婚嫁，生子，都可以赠送或佩戴红豆做成的手环或项链，表示心心相印，白头到老，夫妻同心，百年好合。

这首诗最好教。意思很明白。南国，中国南方，具体位置也并不固定，大致在长江以南。中国，原来的意思是指中原一带，于是在中原的南方就泛称南国，在中原的北方就泛称北国。真正的相思红豆，恐怕不容易找到，但长有红色豆豆的小植物，农村很多，现在城市里也很多——当心，豆子好玩，许多是有毒的，不能吃。这首诗可以胎教，也可以在孩子很小的时候就念给孩子听。我是带孩子学步的过程中，教会这首诗的。

第三篇　不知近水花先发

小时候念的一些诗，长大慢慢就“忘”了，“锁”在了记忆深处。但常常会在某个场合，似乎触动了开关，就想了起来。记得那年，应新浪之邀，在南京开会，无缘无故的，突然想起这首好久不念的诗。自己都很诧异，是因为南京有梅花山，才触动了这个开关吗？人无意中想到的东西，说不定就是心心念的东西。中国的赏梅圣地，有各种说法，参差不一，但大抵都不会漏掉南京梅花山的。可惜，来去匆匆，竟然没有空去看我心仪的梅花。

早　梅

（唐）张　谓

一树寒梅白玉条，
迥临村路傍溪桥。
不知近水花先发，
疑是经冬雪未销。

这首诗写出了梅花在雪中凌寒怒放的风采。开满了白色的花朵，以至于枝条雪白，像白玉一样。远离村里的道路，靠近溪水边的小桥。人们不知道它因为靠近水而提前开放，还以为过了一个冬天，雪还没有融化呢。诗歌意思非常敞亮、清楚，只有一个字稍微难点，迥（jiǒng），远的意思。之所以把这首诗列入早春第一个节气，是因为“经冬”，表明已经是冬去春来。但梅花更多是在冬天开放的。关于梅花的诗，很多，中国文人最喜欢的花，首推梅花。

梅　花

（宋）王安石

墙角数枝梅，凌寒独自开。
遥知不是雪，为有暗香来。

梅花清冽的幽香，送来的是早春的消息。梅花高洁、冷艳，暗香浮动，姿态婆娑，是寒冷冬日里比冰雪更靓丽的一道风景。梅五瓣，暗含“五福”，自古以来含有祈福祝愿的意思。梅花报春，报的是冬日的孕育，早春的绽放。

如果有条件，向您推荐最著名的三处赏梅地点。武汉东湖磨山，依山傍水，近万株梅树争芳斗艳；南京梅花山，230个品种，以品种奇特著称，“半重瓣跳枝”，一朵花上竟然有三四十片花瓣；贵州荔波梅林，中国野生梅分布中心，每年一月中旬到二月底，原始森林的两万多亩野生梅花便迎来了最绚丽的花期。

当然，中国有梅花的地方很多。上海淀山湖的梅园、无锡的梅园、广东南雄岭南的梅园等，都以梅而著名。

第四篇　春风吹又生

“山中也有百年树，世上难逢百岁人”，著名作家陈忠实先生去世时，我才想起，他的代表作《白鹿原》都没有看过。这不免有些辜负老文青的身份。在铺天盖地都是《白鹿原》的氛围下，网上直接下载，恶补起来，两天内连看了十六章，果然写得好，有时代大背景和空间大背景下的荡气回肠。

白鹿原的背景是白鹿村，主要的家族是白家和鹿家。认真研究了一下，“原”，本来叫“塬”，黄土高原地区因冲刷形成的宽广高地，四边陡，顶上平。很多地名叫“原”，最著名的地方当属五丈原——诸葛亮辞世的地方。突然明白了古诗中“离离原上草”中“原”的含义，一直就觉得，把这个“原”理解为“原野”，当然也是对的，但似乎欠了一点因为特指而具有的神韵。

赋得古原草送别

（唐）白居易

离离原上草，一岁一枯荣。
野火烧不尽，春风吹又生。
远芳侵古道，晴翠接荒城。
又送王孙去，萋萋满别情。

赋得：凡是指定、限定的诗题。在题目上加“赋得”二字，唐以后成为科举诗的一体。离离、萋萋：草茂盛的样子。荣：重返生机，与“枯”相对应。远芳、晴翠：指草。王孙：指游子。“离离原上草，一岁一枯荣。野火烧不尽，春风吹又生”，与《白鹿原》中传达的那种思想非常一致——每一本杰作都有人生道理蕴含其中。什么道理呢？生命的艰难和顽强，活着不易，但生生不息。《白鹿原》里，一个变革的年代，就是反复说的“火烧起来了”的年代，不仅仅老百姓活得不容易，连省长军长县长也活得不容易；不仅仅是贫农佃农活得不容易，连大户人家也活得不容易。但是，不管怎么不容易，一代又一代的人，在这片古老的土地上生生不息，犹如那烧光的野草，春风一到，依然绿遍了山原。

有评论家说，看《白鹿原》，时空的压抑感，让人透不过气来。果然。看了十几章，不能不暂停，否则这个氛围太压抑了。间歇中，走到院子里，一片片硕大的叶子散落在青青的小草上，那是来自院子之外那棵高大的广玉兰。小时候就知道，树木有落叶和不落叶之分。其实，没有不落叶的树木，只是不一定在秋冬落叶罢了。秋风落叶，最容易被注意，被记录，被吟诵，被伤情——“秋风萧瑟天气凉，草木摇落露为霜”。在春天，新叶生长的时候，旧叶悄然降落，如我们常见的香樟树。但这时候，人们都在讴歌新的生命，谁会注意落叶呢？

最后再说说白居易，白居易的好诗太多，长的如《琵琶行》《长恨歌》，短的如《忆江南》三首，不能不知道。

忆江南

（唐）白居易

其 一

江南好，风景旧曾谙。
日出江花红胜火，春来江水绿如蓝。
能不忆江南？

其 二

江南忆，最忆是杭州。
山寺月中寻桂子，郡亭枕上看潮头。
何日更重游。

其 三

江南忆，其次忆吴宫。
吴酒一杯春竹叶，吴娃双舞醉芙蓉。
早晚复相逢。

这三首都白居易离开江南后对江南的回忆。第一首总写江南，第二首写杭州，第三首写苏州（吴宫）。苏杭是江南的代表，“上有天堂，下有苏杭”，江南之丰饶秀丽，确实宛若天堂。

第五篇．桃花流水鳜鱼肥

“山不在高，有仙则名”。这句话说得真不错。没有仙人，有个人间的诗仙也行啊。多少地方，小得不能再小，平凡得不能再平凡，但因为有大诗人的一句妙语，就点石成金，流传千古，胜过了多少名山大川。

比方说，琅琊山，海拔三百多米，叫山恐怕都有点勉强，就因为欧阳修的“环滁皆山也。其西南诸峰，林壑尤美”（《醉翁亭记》），从此名扬天下；再比如，桃花潭，皖南山区一条普普通通的溪流，曾几何时，一株桃花也没有，全靠了李白“桃花潭水深千尺，不及汪伦送我情”（《赠汪伦》），成了今天著名的景区；再比如，敬亭山，也是刚刚超过三百米，超过这个高度的不是千千万，就是万万千吧，要不是李白“相看两不厌，只有敬亭山”，如果要想普天之下人都知道它，我把什么都输给你！

这样的地方还很多。比如瓜洲，就因为“京口瓜洲一水间，钟山只隔数重山”“汴水流，泗水流，流到瓜洲古渡头”“楼船雪夜瓜洲渡，铁马秋风大散关”“潮落夜江斜月里，两三星火是瓜洲”这些诗句，一个比瓜大不了多大的沙洲，就名垂青史。

渔歌子

（唐）张志和

西塞山前白鹭飞，桃花流水鳜鱼肥。
青箬笠，绿蓑衣，斜风细雨不须归。

再比如，这首《渔歌子》写到的西塞山，一个小得不能再小的地方，但是唐代诗人刘禹锡在这里写下“千寻铁锁沉江底，一片降幡出石头”，张志和在这里写下“西塞山前白鹭飞，桃花流水鳜鱼肥”，这个半个平方公里不到的地方，因为诗人的神笔，点石成金，如此就留下了盛名。那年我到皖南的桃花潭，深深地感受了古人的一支笔，就是今人的GDP。谁说文化不值钱？

西塞山位于湖北省黄石市长江南岸，地方很小，但自然景观险峻秀丽，历史胜迹错综纷呈。现在称浙江湖州的西塞山是真正的西塞山。我很难为他们两家判个是非曲直，不过好像在历史上，这倒是争议比较少，大多数人认为西塞山就是黄石的西塞山。就连当代的大学者，华东师大中文系的泰斗，浙江人施蛰存，也说西塞山是在黄石。

这首诗其实应该在晚春念的，鳜（guì）鱼，江南叫“桂鱼”，清蒸红烧都好吃，口大，鳞片细小，背部黄绿色，全身有黑色斑点。春天万物生长，不仅仅百花开放，而且鸡鸭鱼肉之类的也长得快，因此也是食客大饱口福的时候。箬（ruò）笠，竹叶或竹篾做的斗笠。蓑（suō）衣，用草或棕编制成的雨衣。这都是农民、渔民过去常见的装束。因此这首诗不仅仅风光秀丽，渔家风情尤为难得。

春天是个吃鱼的季节，除了鳜鱼，还有刀鱼和河豚——刀鱼肉嫩，鱼刺炸得金黄，有些我们小时候用火烤鱼刺的味道，尤为好吃。河豚的口感很好，听说过中毒，但现在中毒的比例也相当于躲在家里被陨石打中了吧。反正我是见到桌上有河豚，从来就没有犹豫过。虽然野生的越来越少，人工养殖的味道不及野生的，但对我们来说，还是能一饱口福的。

最后，我们来念一首诗。诗中都是食物，东坡先生真是一位美食家：竹笋、水鸭、蒌蒿、芦芽、河豚。读到这首诗，许多人口水直流。

惠崇春江晚景

（宋）苏　轼

竹外桃花三两枝，
春江水暖鸭先知。
蒌蒿满地芦芽短，
正是河豚欲上时。

第二章 雨水

好雨知时节，当春乃发生

在“雨水”节气，虽然也有连续的晴天，但大概率的事件，常常是春雨绵绵。我们现代人生活在城里，觉得下雨有些腻烦，湿答答的，走路不方便，打车也难得多。但是没有雨水，就没有森林，没有草地，没有江河，没有湖泊和大海，也就没有生命。大自然的安排，有着最根本的法则和最大的道理。所以真不能以一己的感受来抱怨大自然的生生不息。古人身处农耕社会，对春雨更加充满了感情。在古代诗歌中，类似《春夜喜雨》的诗特别多。

春夜喜雨

（唐）杜　甫

好雨知时节，当春乃发生。
随风潜入夜，润物细无声。
野径云俱黑，江船火独明。
晓看红湿处，花重锦官城。

写春雨的诗歌无数，这一首最好。好就好在把雨写活了，像人一样，知道该下的时候赶快下吧。经过秋的蒸发，冬的煎熬，土壤水分太低。没有水，万物怎么生长？特别是到了快要春播的时候。所以农村有句话

是“春雨贵如油”，也有农谚干脆说“立春三场雨，遍地都是米”。米，就是饭碗，就是生存。一句话，春雨“好”，所以诗人看到春雨，就很“喜”（开心）。

雨水时节，气温回升、冰雪融化、降水增多，故取名为雨水。雨水和谷雨、小雪、大雪一样，都是反映降水现象的节气，讲的都是概率。因为中国之大，除了“局部”地区每天下雨以外，其他地方就未必逢小雪就是小雪、遇雨水就是雨水了。

早春呈水部张十八员外

（唐）韩　愈

天街小雨润如酥，草色遥看近却无。
最是一年春好处，绝胜烟柳满皇都。

这首诗歌，题目让很多人觉得有点怪怪的。我教我女儿念的时候，就只保留了“早春”两个字。水部张十八员外，指张籍，唐代诗人，在同族兄弟中排行第十八，曾任水部员外郎。水部，就是管水利的部门。唐代人挺有意思的，家族的兄弟一起来排行，然后按照排行来称呼，比如刘禹锡在堂兄弟中排名二十八，所以也被称为“刘二十八”。你不妨算算自己叫什么，我在所有的堂兄弟中排行老二，那就叫“韩二”？不好不好。

细腻的春雨，就像酥油一样，下在长安的街道上。天街，京城的街道。小草刚刚冒出来的时候，近看，稀稀疏疏，几乎看不出，但远远地看去，已经有了春天的颜色，似鹅黄，又似嫩绿，浅浅的，连成了一片。处在变化中的季节，恰恰是一年之中最好的季节，比起绿柳满城的时候，更加可爱、宜人。皇都，帝都，这里指长安。

教孩子念诗的时候，尽量不要逐个解释字词，会影响美感。诗歌之美，在于那种意境浑然天成。所以父母也不要担心自己讲不清楚诗歌的意思，会念会背就行，孩子迟早会懂的。

天南地北，气候迥异。从朋友圈中看到，现在北方冰天雪地，岭南已经是桃花盛开。上海，正好是春草萌发的季节，周末带孩子到公园里，到郊区，到农村去，不为踏青，踏青是清明的主题，只为寻找春天到来的气息。

写雨水的诗歌很多，再推荐一首最动人的咏雨诗。

临安春雨初霁

（宋）陆　游

世味年来薄似纱，
谁令骑马客京华。
小楼一夜听春雨，
深巷明朝卖杏花。
矮纸斜行闲作草，
晴窗细乳戏分茶。

素衣莫起风尘叹，
犹及清明可到家。

诗人只身住在小楼上，彻夜听着春雨的淅沥；次日清晨，深幽的小巷中传来了叫卖杏花的声音，告诉人们春已深了。绵绵的春雨，由诗人的听觉中写出；而坦荡的春光，则在卖花声里透出。写得形象而有深致。

第一篇　春水春池满

春水春池满，出自《春水》一诗。最早发现这首诗，是在高海老师主编的《儿童四季歌》中。这首诗太好了，奇怪的是，以前各种版本的诗选都没有这首诗。十几年后，有幸跟高海老师联系上，他说，某地新发现一个唐代酒窖，在一件器皿，刻有这首诗。他还说，选这首诗，还引起了一些专家学者的争议，一首未经考证的诗歌怎么能进诗选呢？

因为，不管什么时候写的，不管谁写的，这都是一首好诗。

春　水

（唐）无名氏

春水春池满，
春时春草生。
春人饮春酒，
春鸟弄春声。

但，这首诗是一首非典型性的古诗，我高度怀疑就是一首民歌，甚至是儿歌。二十个字，就有八个“春”字。就写诗来说，这是非常忌讳的一件事。唐代有个诗人叫崔颢，他写过这样一首诗："昔人已乘黄鹤去，此地空余黄鹤楼。黄鹤一去不复返，白云千载空悠悠"，像这样连用三个"黄鹤"十分罕见，何况此处连用八个"春"。春天来了，池子里的水涨满了。春天的小草生机勃勃的生长。人们高兴地喝着新酿的酒，鸟儿尽情地歌唱。这首诗非常形象，非常好听，也非常好记。

春天念春天的诗，夏天念夏天的诗，眼中所见，心中所想，口中所诵，相互呼应，相互印证，容易获得共鸣。正如什么季节吃什么蔬菜，用科学种出来的反季节菜，其实是不怎么科学的。四季之中，我更喜欢向读者推荐春天和夏天的诗歌，特别是春天的诗歌。春天是生长的季节，念那些充满生机的诗歌，有利于造成心理暗示，激发孩子的成长。中国古人认为，"天人合一"，人是大自然的一部分，人和周边的自然有着某种正相关性。

经常有人问，多大的孩子可以念诗？带孩子念诗，从现在开始吧，哪怕孩子还在襁褓中，甚至还在妈妈的肚子里。诗歌是最好的胎教。经常念诗，孩子可能就在牙牙学语的过程中开始背诵诗歌了。带孩子念诗不贵多，贵在坚持，其实这不是难事。没有不爱孩子的父母。再赖床的妈妈，也会日复一日地给孩子准备早餐而无怨无悔；再懒惰的爸爸，在接送孩子上学放学的路上也会风雨兼程。如果孩子有危险，我们愿意以自己的一切乃至生命去保卫；孩子在成长过程中，如果有挫折、有困难，我们永远站在孩子的身后，是孩子最不会改变的后盾。这个世界变化太快，或许，爱情会变，友情会变，真正海枯石烂不会变的，是我们对孩子的爱。既然我们这么爱孩子，那么带孩子一起念诗，有什么困难的呢？

带孩子多念春天的诗吧。那蓬勃的生机，有利于孩子的成长。

第二篇　春水碧于天

那年，在浙江乌镇，参加第一届的世界互联网大会。全球一百多个国家1 000多位嘉宾出席了，中外各一半。国内互联网业的大咖，马云、马化腾、曹国伟、张朝阳、丁磊、雷军、李彦宏、刘强东……一个不落。再说国际上，微软、谷歌、脸书，能叫上号的都来了。

开幕式上，互联网数字与地址分配机构总裁法迪·切哈德一语中的，“中国希望我们大家都能参加这个会议，这样能感受到中国发挥的领导作用”，话语权十分重要。虽然中国的互联网发展还存在很多的不足，但对话而不是封闭，才能推动进步。中国不能总是处于被指责、被评论的位置上。作为会议永久会址的乌镇，是江南水乡，会议就在水乡之中召开的，白天晚上，上桥再下桥，渡水复渡水，是必备的功课。想起江南水乡的这首诗。

菩萨蛮

（唐）韦　庄

人人尽说江南好，游人只合江南老。
春水碧于天，画船听雨眠。

垆边人似月，皓腕凝霜雪。

未老莫还乡，还乡须断肠。

“人人尽说江南好”，白居易《忆江南》第一句就是“江南好，风景旧曾谙”。作者感慨，像他这样漂泊江南的人，就只应该在江南老去。只合：只应。江南的水，和我所处的山区的水不一样。山区多溪流，涓涓清亮为特色。江南则深水静流，常常是一片碧绿色，所以说胜过天青色。垆边：指酒家。垆，旧时酒店用土砌成酒瓮卖酒的地方。中国四大才女之一、汉代的卓文君与司马相如私奔后，生活无着，就曾当垆卖酒。江南的女子不一定都美貌如花，但无一例外都是肤色极佳的，所以说“皓腕凝霜雪”。在这样的地方，如果你不是老得想叶落归根，那还走干什么？如果还乡离开江南，一定是非常难过的。

韦庄是陕西人，属于中原一带。那里多半是缺水的黄土高坡。后来曾经在四川为官。四川山水是多了，却不似江南柔情似水。因此，当他偶尔漂泊到江南一带，一下子爱上了，不想回去。江南有什么呢？春水、画船、听雨，自然更有美女，美女的细腻白皙、似水温柔，那是谁也无法抗拒的诱惑。江南，这是一个你来了就不想走的地方。

韦庄写江南的诗歌，还有一首，有些历史的感伤。我很喜欢。

台　城

（唐）韦　庄

江雨霏霏江草齐，
六朝如梦鸟空啼。
无情最是台城柳，
依旧烟笼十里堤。

第三篇　春潮带雨晚来急

就像自然资源不平衡一样，每一个地方的文化资源也极不平衡。有的地方，堪称诗词之城、文化之地，有的地方就贫瘠得一塌糊涂。滁州，这个不显山不露水的地方，就属于前者。滁州，现在还是叫安徽滁州市，历史上一直是中原与东南吴地的连接地带。凡是这样的地方，仗一般不会少打，文化也比较交融。“一诗、一文、一小说”，就是滁州无穷的文化宝藏。

先说一文，宋人欧阳修的《醉翁亭记》:“醉翁之意不在酒，在乎山水之间也”。那么低小的琅琊山，那么普通的醉翁亭，被欧阳修写得摇曳生姿，令人神往，是滁州永远的活广告啊。一小说，清人吴敬梓那本把官场文场讽刺得淋漓尽致的《儒林外史》。

滁州西涧

（唐）韦应物

独怜幽草涧边生，上有黄鹂深树鸣。
春潮带雨晚来急，野渡无人舟自横。

一诗，就是唐人韦应物这首《滁州西涧》:“春潮带雨晚来急、野渡无人舟自横”。没来由的很喜欢这首诗。高中时

候，流行硬笔书法，我曾经用一种自创的变形字体，反复抄这首诗，颇为得意，以为日后也会变成自成一格的书法家。可惜，这个梦，不知道为什么也不知道什么时候就无声无息地消失了。

这首诗没有一个生字生词，非常好懂。滁州西涧，就是在滁州城西边的那条山涧，据说就是上马河。古代的“怜”，都是喜爱的意思。这首诗就是如实的写景。有人说韦应物爱幽草而轻黄鹂，实在看不出来。真是一种对立的思维，以为对立、斗争就符合辩证法。更有人说，幽草在下是君子，黄鹂在上是小人，简直让我哭笑不得。古人说，“鸟鸣山更幽”，何来一褒一贬、一重一轻？在我看来，草也可爱，鸟也可爱，春天的大自然无不可爱可喜。最后两句写河边的渡口，由于春雨的缘故，河水上涨，水流湍急，所谓“易涨易退山溪水”。在农村生活过的人知道，这时候如果没有什么特别的急事情，是一般不赶路的，特别是不过渡口的，因此小小的渡船就横在岸边。整个诗歌写的就是实景，是亲眼见闻，这几个画面叠加在一起，虽然有风有雨，但却显得非常空旷、恬静和安宁。难道这样的景色还不让人触动吗？

有渡就有人。但人又在画面之外。我在念这首诗的时候，总会在脑海里涌现出一丝孤独。安安静静，这世界上一切纷纭，一切的功名利禄，一切的是是非非，都与我无关，哪怕只有那么短暂的一刻。孤独，是一种伟大的情怀，是一种不需要向人诉说也无须人理解的情怀。

韦应物无论如何也想不到，千百年后，他在互联网上最流行的一句诗是："我有一瓢酒，可以慰风尘"，说的还是孤独。这是写给他外甥卢陟的一首诗：

简卢陟

（唐）韦应物

可怜白雪曲，未遇知音人。
恓惶戎旅下，蹉跎淮海滨。
涧树含朝雨，山鸟弄余春。
我有一瓢酒，可以慰风尘。

第四篇　买得一枝春欲放

（一）

天气好的时候，喜欢走在上海的小马路上。安福路武康路的路口，常会遇见推着自行车卖花的人。前筐后座，满满的都是鲜花。每见尤怜，总忍不住想要带回几束。琢磨着家里的花瓶合不合适，摆在哪里最好看时，常会想起这首俏皮的词。

减字木兰花·卖花担上

（宋）李清照

卖花担上。买得一枝春欲放。
泪染轻匀。犹带彤霞晓露痕。

怕郎猜道。奴面不如花面好。
云鬓斜簪。徒要教郎比并看。

公元1101年，河南开封。18岁的李清照嫁给了21岁的赵明诚。新婚燕尔，你侬我侬，赌书泼茶，莫不静好。这一日，听到巷中有卖花的挑担叫卖，便吩咐丫鬟买一枝回来。那花“泪染轻匀”，朝露犹存，李清照擎于手上，细细赏玩。哎呀，这花太美，郎君回来，岂不要说我不如花。偏要斜斜地插在云鬓上，问他一句，是花好还是奴颜好。年轻女子一颗活泼泼的心写得就在眼前。这首词到底是不是李清照所作，后世学者各执一说，尚无定论，但不管是不是易安词，都不妨碍它的浅白如话，它的娇嗔可爱，以及富有想象力的表达。

最喜那句“买得一枝春欲放”。不说买花，由花已见“春欲放”，可见面对一枝花时，花已是生活和情感的一部分，成了观照自然和自我的一个载体，是人与人、人与物之间一座无形的桥梁。一花一世界，花中有岁月。

（二）

宋人爱花是出了名的。年轻姑娘爱花，小伙们爱花，老头老太也爱花。皇帝老儿爱花，官宦人家爱花，街头做小买卖的也爱花。皇帝大宴群臣和外出游幸时，不仅自己头上簪花，列位大臣也要按品位簪戴花朵，簪花风俗成了一种官方礼仪。臣子以接受皇帝簪花为荣，所簪之花则以名花为贵。想想那“北望全如花世界”，“但见红云冉冉来”的情形也是醉了。老年男子头戴娇艳鲜花更是一番有趣风景。苏轼有诗写道：“人老簪花不自羞，花应羞上老人头。”黄庭坚词《南乡子》称，“花向老人头上笑，羞羞，白发簪花不解愁。”一声“羞羞”，多少洒脱。黄庭坚还留下了“日以刀镊所得钱，与女子醉饱，则簪花吹长笛，肩女而归”的开封陈留理发大叔的传奇故事。女子簪花照镜，为悦己者容，男子簪花，既是风雅时尚，还有一层浪漫自由的味道。《水浒传》里的好汉有不少“花痴”，浪子燕青“腰间斜插名人扇，鬓边常簪四季花”，打鱼出身的阮小五一副经典形象就是“斜戴着一顶破头巾，鬓边插朵石榴花”，如此描写与史籍所载宋人簪花习俗颇相吻合。

宋人爱花是真爱。北宋开封有几处大型花市，《东京梦华录》里记了三处，一处在东华门外，市口最好，价格也最贵。一处在州桥头街北，还有一处是李清照和赵明诚常去的相国寺，那里的庙会集市有金石古玩，也有鲜花、仿真花。城里也常有走街串巷的卖花人，养花业、卖花业都极兴盛。一到花期，上自王公贵族，下至贩夫走卒，满城赏花，视为一年中之大事。洛阳人尤爱牡丹，北宋欧阳修《洛阳牡丹记》:“洛阳之俗，大抵好花。春时城中无贵贱皆插花，虽负担者亦然。”

南渡之后，其风不减。南宋吴自牧《梦粱录》写临安街头:“春光将暮，百花尽开，如牡丹、芍药、棣棠、木香、酴醾、蔷薇、金纱、玉绣球、小牡丹、海棠、锦李、徘徊、月季、粉团、杜鹃、宝相、千叶桃、绯桃、缃梅、紫笑、长春、紫荆、金雀儿、笑靥、香兰、水仙、映山红等，花种奇绝，卖花者以马头竹篮盛之，歌叫于市，买者纷然。”不厌其烦地抄下这段话，是想看看自己到底认识里面的几种花。在宋人眼中，这些大约都是再平常不过的。买花就像是买菜，美丽的花和新鲜的蔬菜一样，都是日常生活的必需品。

花可戴在头上、插于腰间，瓶插花更是宋代文艺男女必备技能。插花、点茶、挂画、焚香，所谓“四般闲事”一个都不能少，这四艺也都是专门之学，一点马虎不得。家中装饰，必置瓶插花，以供欣赏。郊外游玩，有花堪折直须折，乘兴顺手摘回几枝花枝以为瓶插。陆游《岁暮书怀》:“床头酒瓮寒难热，瓶里梅花夜更香。”杨万里也有诗云:“胆样银瓶玉样梅，北枝折得未全开。为怜落莫空山里，唤入诗人几案来。”杨万里特地写到了梅瓶的质地和形状，可见花器选择的考究。不惟花器，花的品种搭配、花枝的处理、换水的频率都有说法。

讲究排场的宫廷插花，重视生活情趣的士大夫插花，商店酒楼为了招徕顾客也要按四时插花。吴自牧《梦粱录》记载:“汴京熟食店，张挂名画，所以勾引观者，流连食客，今杭城茶肆，插四时花，挂名人画，装点门面。”花是随处可见且郑重其事的装点，是生活中自然而然的一部分，在重视生活品质的宋人手中，插花实现了生活化和艺术化的统一。

（三）

这几日翻看日本当代花道第一人川濑敏郎的《四季花传书》，更加怀念古人面对一枝花时的专注和会心。清人沈复是插花大家，“案头瓶花不绝”，他欣赏妻子陈芸的评价:“子之插花能备风晴雨露，可谓精妙入神。”能备风晴雨露，这大约是插花至为难得的境界。沈复插花，“或绿竹一竿配以枸杞数粒，几茎细草伴以荆棘两枝，苟位置得宜，另有世外之趣”，“或密或疏，或进或出，全在会心者得画意乃可。”惜乎清代后期，国力颓唐，花事渐衰，以至今天我们对于花道的印象竟更多来自日本。

倒不是要争较花事源流，对美的感受，对日常生活中美的追求都是相通的。日本花道最早来源于中国唐朝的佛教供花。清初，明人袁宏道的插花学著作《瓶史》在日本翻译出版，引起轰动，成为日本“袁派”花道的发端。袁宏道认为，插花艺术应如东坡之文，随意断续，如李白之诗，不拘对偶，有一种天然之趣。以诗文观插花，袁中郎可谓将日常生活艺术化的大家。

插一瓶花，是一种观物方式，也是一种生活态度。今天的我们，重读一首诗，回味一阕词，或是选一家好吃的面馆吃一碗面，也是在忙碌的生活中保留一点审美的情致。生活不只是过日子，身外之物并不是无足轻重，瓶瓶罐罐也可以过出美感。扯远了，其实，我就是想说，春天来了，我想在路边买一枝花。（颜维琦）

第五篇　草色遥看近却无

春雨总是绵绵。古人身处农耕社会，对春雨充满了感情。春雨贵如油，春雨意味着粮食，意味着生活。再带大家念一首写春雨的诗歌。大诗人韩愈写的。

早春呈水部张十八员外

（唐）韩　愈

天街小雨润如酥，草色遥看近却无。
最是一年春好处，绝胜烟柳满皇都。

说到韩愈，我多说两句。这是气场和存在感极强的一个人。作为文学家、诗人、政治家、思想家，他在中国历史上竖起了一座几乎无人不见的丰碑。他不是一般的文坛领袖，不仅仅是他的散文名列“唐宋八大家”之首，而是他影响了他后来所有的写作者，直到现在。

为什么他能列为“唐宋八大家”首位呢？在唐朝之前，

从南北朝一直到隋朝，大大小小有八个朝代，文章都讲究形式华美，主流的文章都是骈体文，讲究对仗、工整，内容纤弱，文风萎靡。风花雪月，无病呻吟，一片衰亡的气氛。韩愈和柳宗元发起“古文运动”，倡导学习先秦和两汉的散文，不讲究形式，只讲究内容和思想。从他开始，文风为之彻底改变。所以，同样为“唐宋八大家”之一的宋代苏轼（苏东坡）称赞韩愈“文起八代之衰”。

韩愈写文章有骨气，做人也有骨气。皇帝要求宦官将法门寺的一节佛骨迎入宫廷，并在各个寺庙轮流供出，兴师动众，劳民伤财。其他人看到皇帝这么热衷，不敢说。韩愈认为这对治国无益，上奏制止。皇帝差点处死了他。经过其他大臣的求情，皇帝将他贬往广东潮州，并且当天就要动身。当时岭南还未开发，瘴气肆虐，将老年人贬往这个地方，几乎就是死路一条。他的侄孙韩湘（就是后世传说中的“八仙”之一的韩湘子，吹笛子的那位年轻人）路上送他，他写下了著名的诗句：“云横秦岭家何在，雪拥蓝关马不前”。他在潮州八个月，为潮州的开发作出了极大的贡献。当然后来还是调回了京城。这两句诗，深得后人的激赏。红军长征路上，毛泽东就常常念这两句，来表达他心中的迷茫。

韩愈写了早春，也写过晚春，同样有名：

晚　春

（唐）韩　愈

草树知春不久归，

百般红紫斗芳菲。
杨花榆荚无才思，
惟解漫天作雪飞。

第三章

惊蛰

今夜偏知春气暖，虫声新透绿窗纱

二十四节气的“惊蛰”，是全年第三个节气。蛰（zhé）：冬天动物藏起来，不吃不动。“惊蛰”，就是春雷把蛰伏的动物都惊醒了。过去在农村里，到了这天，冬眠的动物都爬出洞了，大人就提醒我们要提防蛇虫了。所以我们来念一首“虫声新透绿窗纱”，多么应景的一首诗啊。

我一直提倡，念诗要入时，春节念春节的诗，元宵节念元宵的诗，课本上做不到。确实，曾有一度，我们猎奇，喜欢反季节蔬菜，但是反季节蔬菜与其说是农产品，不如说是化工产品，有没有害我不知道，味道不足是一定的。经过一段时间，我们现在知道到什么季节，吃什么菜，念什么诗歌，干什么事情。这叫顺应天时。逆天的事情，不要做，或者少做。这就叫返璞归真。

夜　月

（唐）刘方平

更深月色半人家，
北斗阑干南斗斜。
今夜偏知春气暖，
虫声新透绿窗纱。

这首《月夜》写得很美。写春天，没有写花红柳绿，没有写春江水暖，偏偏写了一个村庄的宁静之夜。意思是说，夜静更深，月光只照亮了人家房屋的一半，另一半隐藏在黑夜里。“更”，古代把一个晚上分为五更，从头天晚上七点开始，到第二天早晨五点，十个小时，每两个小时是一更。更深，估计到了半夜三更吧，三更是晚上十一点到深夜一点。这时候，北斗星倾斜了，南斗星也倾斜了。阑干，横斜的意思。今夜格外地感受到春天的来临，因为你听那被树叶映绿的窗纱外，唧唧的虫鸣，头一回传到了屋子里来了。

我很喜欢这首诗。这首诗浅显易懂，还像儿歌，很适合于孩子朗诵和记忆。诗中传达的这种宁静，这种和谐，以及虫声传递给主人的春意，对生活在城市里的人们来说，是不是一种非常可望而不可即的美呢?

这首诗建议让孩子念一念。如果有可能，到农村去生活几天。或许有更神奇、更深切的感悟。如果去农村乡下，一定要去夜空找一找北斗七星。很方便的哦。

俗话说唐诗宋词元曲，诗歌唐代是高峰。但其实中国历代文人辈出，好的诗文历朝历代层出不穷。这才是中国文化的传承。当代著名的画家吴藕汀，浙江嘉兴人，也是一个诗人，曾经有一幅画叫《惊蛰》，上面的题诗，也很好：

惊　蛰

吴藕汀

杏花村酒寄千程，
佳果满前莫问名。
惊蛰未闻雷出地，

丰收有望看春耕。

惊蛰之后，春耕就要开始了。春耕之际，遥想丰收，人们对生活、对未来总是充满了向往。希望，是生存的根本。

【关于惊蛰的延伸阅读】

小时候在农村，夏天乘凉时，最喜欢仰望耿耿星河，北斗星、南斗星、北极星、牵牛星、织女星……总是必须要找到的星星。可惜，现在的孩子，这种机会越来越少。

北斗星，即北斗七星。由天枢、天璇、天玑、天权、玉衡、开阳、摇光七星组成。古人把这七星联系起来想象成为古代舀酒的斗形。玉衡最亮，亮度几乎接近一等星。天权最暗，是三等星。其他都是二等星。在开阳附近有一颗很小的伴星，叫“辅”星。

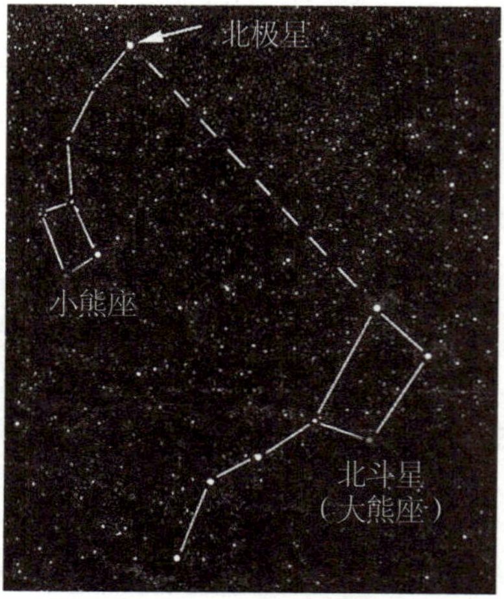

北斗星在大熊星座中处于后背和尾巴的位置。

北斗星在不同的季节和夜晚不同的时间，出现于天空不同的方位，所以古人就根据初昏时斗柄所指的方向来决定季节：斗柄指东，天下皆春；斗柄指南，天下皆夏；斗柄指西，天下皆秋；斗柄指北，天下皆冬。

通过斗口的两颗星连线，朝斗口方向延长约5倍远，就找到了北极星。不管从地球上哪里看，北极星始终在正北。所以古人利用它来辨别方向，定季节。

在中国文化中，对包括北斗七星在内的星辰的崇拜信仰由来已久。北斗七星的运行情况，包括辅星的明暗，都与国家的兴衰、个人的命运相对应。

有北斗自然就有南斗。南斗六星位于人马座（射手座），与西北方向的北斗七星遥相呼应。这六颗星分别是天府、天梁、天机、天同、天相、七杀，南斗六星没有北斗那么亮，也没有那么大，一般只能在南方低空看见。

在中国古代，有“北斗主死，南斗主生”的说法。三国时候，山东平原县有个著名的术士叫管辂（lù），写过很多本解读周易和卜卦看相的书，被后世卜卦看相的人视为祖师爷。

《三国演义》第六十九回，管辂有一天出门，看到一个叫赵颜的美少年，对这个少年说：“你虽然长得好看，但没有寿，三日内必死。”赵颜爸爸得知后磕头哭着求救，说只有这一个儿子。管辂于是曰：你带一瓶酒，一块鹿肉，来日去南山，看到一棵大树下面，大石头上有两个人下棋，一个人朝南坐，穿白袍，长得很凶；一个人朝北坐，穿红袍，长得很善。趁他们下棋下得高兴的时候，你把酒和肉送给他们吃。等他们吃完了，求他们俩给你一条生路，千万不要跟他们说是我讲的。

第二天，赵颜果然在南山大树底下看到两个下棋的老人，等他们吃完酒和肉后，扑通跪下，请求救命。穿红袍的老人说，这肯定是管辂教的，我们既然吃了人家东西，也只好可怜可怜人家了。穿白袍的老人从身边拿出一个本子看，对赵颜说，你今年十九岁，应当死了。我现在给你添上一个九字，你可以活到九十九。回家见到管辂，叫他不要再泄露天机；不然，必致上天的惩罚。一阵香风过处，二人化作二白鹤，冲天而去。

赵颜回家问管辂。管辂说，穿红衣服的，是南斗；穿白衣服的，是北斗。因为被警告过，管辂再也不敢轻易为人卜卦了。

第一篇　竹径通幽处

有一个越来越被重视的节日，就是佛诞节，农历四月初八。顾名思义，这天是佛祖释迦牟尼的诞辰。按照中国的朝代计算，是在周昭王二十四年（公元前1027年）。他是迦毗罗卫国（今尼泊尔境内）王子。传说降生时一手指天、一手指地，大地为之震动，九龙吐水为之沐浴。现在世界各国的佛教徒，常以浴佛等方式纪念佛祖诞辰。所以这天又叫浴佛节。这段文字不是我杜撰。关于佛祖的事情，不敢调侃，更不敢妄言。这个世界存在太多的未知，对此人类应该保持足够的庄严和恭敬。

记得某年春天去曼谷，独自一人去了金山寺，围绕着一座人工累积起来的山头，建起了一个不小的寺庙。这里是俯瞰曼谷全城最好的地方。从金山寺看下来，偌大的一个曼谷，高楼零零星星，看不出哪个地方是集中的CBD（中央商务区）。最显眼的不是高楼，是寺院，鲜黄的颜色在太阳底下非常晃眼，一个个占地广阔，布局工整，金碧辉煌，树木成荫……常常是一座寺庙连着一座寺庙，粗粗数下来，在视野范围内，清晰可见的寺庙不下几十个。这大概是这座城市最大的特色了。

下得金山寺，就在山脚下又是一座寺庙。与守门的僧人说了几句互相听不懂的话，就踅了进去。寺庙照例是很大的，几乎没有人。与大皇宫（其实主体也是寺庙）人挤人、几乎卖不动脚形成了鲜明的对照。转了一圈，找到一座大殿，面对庄严的佛祖，用我最习惯的姿势——盘腿坐了下来。大殿里面，只有一个剃光了头的僧人，穿着大红的僧袍，赤着脚，双手合十，口中喃喃，绕着大殿慢慢走。奇怪的是，腹部好像塞了什么东西，僧袍鼓起好高。偶尔进来个把游客，停留一下就走了，大多数时间只有我一个人静静地打坐，与慢慢走动的僧人，形成了动静的组合。

我不是佛家弟子，这时候却也做到了心无杂念，很安静，只听见自己的呼吸和心跳，还有鸟儿在大殿上飞翔的声音。就这样静静坐了半个下午，然后走到它的后院，一棵巨大的树，形成了一片巨大的树阴，面对树阴又静坐了好久，一墙之隔，外面就是马路，汽车声此起彼伏，红尘滚滚。但是墙内，却是一片清凉世界——清凉，原来不仅仅是指气候的清凉，也是指人心的清凉。所谓“心静自然凉”，生活中就有佛理在里面。

题破山寺后禅院

（唐）常　建

清晨入古寺，初日照高林。
竹径通幽处，禅房花木深。
山光悦鸟性，潭影空人心。
万籁此俱寂，惟余钟磬音。

要想超然物外，城里的寺庙毕竟还不及山里的寺庙。俗话说，“天下名山僧占多”，“竹径通幽处，禅房花木深。山光悦鸟性，潭影空人心”，这种境界非得在深山古寺里才能有体会。

这首诗最著名的两句是“竹径通幽处，禅房花木深”，有的版本叫“曲径通幽处，禅房花木深”。曲径通幽，这个成语就来源于此。破山寺，即兴福寺，在今江苏常熟市西北虞山上。禅房：僧人居住修行的地方。山光让鸟儿高兴，潭水中的倒影，令人俗念全消。万籁（lài）：各种声音。籁，从孔穴里发出的声音。“万籁俱寂”这个成语也来自这里。短短的一首诗，竟然贡献了两个成语。钟磬（qìng）：佛寺中召集众僧的打击乐器。

写到这里，想起一副著名的对联：“晨钟暮鼓惊醒世间名利客，经声佛号唤回苦海梦中人”，在安庆迎江寺那里最先见到。未必出自迎江寺，因为后来在很多寺庙都见到了这副对联。谁先谁后，谁是原创，无从考究了。寺庙的对联大多很讲究，有文采，有哲理，耐人咀嚼，值得留心。

这个世界纷纷扰扰、是是非非太多。朋友圈里多叫我大仙，但是俗人一个，追求欲望太多，红尘琐事太多，牵挂羁绊太多……一直有个念头，如果财务自由了，或者退休了，到寺庙念书、教书泡茶、品茶去，亲近蔼蔼竹木，远离滚滚红尘。

第二篇　曾照彩云归

不仅仅雨水这个节气，整个春天，雨水都多。雨天，总是会消解人出门上班的勇气。这种天气，最适合的事情是睡个大大的懒觉之后，找几个闺蜜、好友，吟诗、焚香、作画、品茶……

雨天不是上班天。人同此心，心同此理，那天，跟一拨朋友，从太湖边的宾馆退房出发回上海，竟然异口同声希望再留在太湖边，吃个土菜……面对湖光山色、烟雨蒙蒙，打牌、喝酒、交代自己的初恋……年纪轻的自然有些扭捏，倒是年纪大的，时过境迁，坦然暴露自己的过去。经过岁月的萃取，陈酿历久弥香。当然也有虽然青春已逝，但谁不曾年轻过的意思在内。

浣溪沙

（宋）晏　殊

一向年光有限身，
等闲离别易销魂。
酒筵歌席莫辞频。

满目山河空念远，
落花风雨更伤春。
不如怜取眼前人。

于是又有人念起了这首词。这是头天晚上，也是在湖边，也是在饭桌上教会他们的。一下子打动了所有的人：对酒当歌，人生几何。江湖风雨，聚少离多。人生短暂，与其惦记着远方，还不如珍惜眼前。教完他们后，我回房间看书去了。他们干什么，不知道……我丝毫没有“教唆”的意思。

这是晏殊的词。我们的课本上很少选晏殊，大概晏殊的词情调太浓，甚至有些小忧伤，不够高大上，不符合共产主义伟大理想。但他的词我很喜欢，比如说还有一首《浣溪沙》。

浣溪沙

（宋）晏殊

一曲新词酒一杯，
去年天气旧亭台。
夕阳西下几时回？

无可奈何花落去，
似曾相识燕归来。
小园香径独徘徊。

有人最喜欢“无可奈何花落去，似曾相识燕归来”这两句，确实千古名句。不过，多少人更羡慕的却是“一曲新词酒一杯”，多么惬意的生活啊！古人喝酒，讲究的是情调，一般不会一个人喝酒。一个人喝酒，“举杯邀明月，对影成三人”，写起来很美，其实那是喝闷酒，对酒浇愁。古代文人喝“花酒”的很多，就是一边喝酒，一边听美女唱着歌曲。都说唐诗宋词，什么是词？词，就是歌词啊！唐诗，也是用来唱的。写出《卖炭翁》的白居易，也算是深谙民间疾苦的诗人了吧，他在《长安道》里这样写道：

长 安 道

（唐）白居易

花枝缺处青楼开，
艳歌一曲酒一杯。
美人劝我急行乐，
自古朱颜不再来。
君不见，外州客，
长安道，一回来，一回老。

这首诗的意思是，唱了一首艳歌，就要喝一杯美酒。艳歌，不是黄色歌曲，是情歌的意思。唱歌的美女，或许就是劝酒的美女说，你要及时行乐啊，自古以来红颜易老，青春是不会再回来的。你难道看不出来，外州来长安的客人，来一次老一次吗？晏殊这首《浣溪沙》词中“一曲新词酒一杯”，就来源于白居易的《长安道》“艳歌一曲酒一杯”。

晏殊这两首《浣溪沙》，都柔美得有些女性味道。其实晏殊这个人并不女性化，他刚毅、直率，甚至有些急躁，曾经一怒之下，用朝笏打碎了皇帝侍卫的门牙。不仅仅官至宰相，还当过兵部尚书，带过兵，这样的人写出这么细腻温婉的诗词，也很有趣。

一个时代的气质往往不知不觉融入了每一个人的血液。如果说昂扬是唐朝的特征，那么忧伤大概是宋朝的底色。按道理，晏殊是没有理由忧伤的。他所处的时代是北宋最强盛的时期，不像后来内忧外患。而且他从五岁的神童起步，一路顺风顺水，一直到位极人臣。他的口碑很好，身居要位，却平易近人，唯贤是举，范仲淹、安石、韩琦、富弼、欧阳修等要么出自其门下，要么皆经他栽培。他还生了一个写词写得更好的儿子：晏几道，就是写出“落花人独立，微雨燕双飞”的那位。且看这首《临江仙》：

临江仙

（宋）晏几道

梦后楼台高锁，
酒醒帘幕低垂。
去年春恨却来时。
落花人独立，
微雨燕双飞。

记得小蘋初见，
两重心字罗衣。
琵琶弦上说相思。
当时明月在，

曾照彩云归。

中国文人的理想是“修身、齐家、治国、平天下”，差不多晏殊都做到了，而这种人，在中国几千年的历史上，也寥若晨星。一个如此春风得意的人，都在感慨“无可奈何花落去”“落花风雨更伤春”。可见时代已经变了，强唐弱宋，在文人笔下已经暴露无遗。唐朝像烈日当空，像花开灿烂；宋朝如绵绵细雨，如花谢零落。雨天，花谢，就是容易忧伤。人生也就像一场花开，一帘雨落，转瞬即逝。有些事一错过就是既往，有些人一转身就是天涯。

第三篇　二月春风似剪刀

酒是全人类共同的“毒品”——中国人喜欢酒，留下很多奇闻逸事。唐朝诗人贺知章，是武则天时期的状元和高官，性格非常豪放、洒脱，喜欢喝酒，杜甫曾经写到，当时有八个人物喝酒很有名，杜甫把他们叫“饮中八仙”，头一个就是这位贺知章。据说他喝酒之后，骑在马上就像坐在船上晃来晃去，有一次掉到井里，你猜怎么着，睡着了。

咏　柳

（唐）贺知章

碧玉妆成一树高，万条垂下绿丝绦。
不知细叶谁裁出，二月春风似剪刀。

然后再讲这首诗。这首《咏柳》绝对是好诗。容易懂，又很生动，又很顺口。春天来了，柳树绿了，就像一块高高站起的碧玉。长长的柳条柔嫩轻盈，像千万条绿色的丝带在春风中起舞。绦（tāo），丝带。这一片片纤细的柳叶，是谁精心裁剪出来的呢？是这早春二月的风，恰似神奇灵巧的剪刀，把它们裁剪出来的啊。我小时候懵懂，不开窍，总是追着爸爸问，二月春风怎么像剪刀呢？后来才知道，二月春风，是温暖的，湿润的，柳树不就发芽了，长出新的树叶了吗？就像剪刀剪出来的一样。

记得小时候看过一部电影叫《早春二月》，很沉重。其实，原本早春二月，应该是很轻松、很愉快的。关于早春二月，还有两首著名的诗：

春　雪

（唐）韩　愈

新年都未有芳华，
二月初惊见草芽。
白雪却嫌春色晚，
故穿庭树作飞花。

这首是说，早春二月，没有看到花（芳华），仅仅看到草在发芽，倒是下雪了。可见，这年倒春寒很厉害。下面一首诗，也是写二月，那是草长莺飞，放上了纸做的老鹰风筝。

村　居

（清）高　鼎

草长莺飞二月天，拂堤杨柳醉春烟。
儿童散学归来早，忙趁东风放纸鸢。

这两首诗相信大部分人都学过。事实上，我选的诗歌大部分都是耳熟能详的。跟着节气念诗词，这样的诗词有足够的多。千万不要求自己或者孩子背多少多少的诗歌。每个节气选两首喜欢的就够了。孩子不是一天长大的，诗歌也不是一天学会的。一年五十来首，几年下来三百首，那就不得了了。古人说过，“熟读唐诗三百首，不会吟诗也会吟”。

那有人会问，每个节气选哪两首呢？全凭你的兴趣，凭孩子的感觉。课本上有的适合孩子，但也有的不适合于孩子，有些诗歌过于讲究“批判”和“斗争”。苦大仇深的《三吏》《三别》，还有诸如《山中寡妇》之类的诗，都是好诗，但不适合孩子念。中国是诗歌的国度，好的诗歌太多了。仅仅写春天的好诗就不得了的多，一天一首，也念不完。

要让美的诗歌、美的事物、美的感情去影响孩子。

第四篇 海棠不惜胭脂色

“春雨贵如油”，所以本书主编经常一到春天，就喜欢呼风唤雨、歌风颂雨，好像人人都喜欢这遍洒酥油的春天似的。过犹不及，一旦春雨绵绵无绝，也会让人烦恼，或者让花烦恼。

春 寒

（宋）陈与义

二月巴陵日日风，春寒未了怯园公。
海棠不惜胭脂色，独立蒙蒙细雨中。

诗的意思还是比较浅显的。二月的巴陵，几乎天天刮风下雨。风雨摧花，这样的天气，对园子里的花木来说可不是好事情，园公（诗人自谓）不禁为此忧心忡忡。可就在这时，园子里的海棠，居然毫不吝惜自己娇嫩的身躯，傲然绽放于料峭的春寒中。这首诗与其说是写春寒，

不如说是咏海棠。陈与义借笔下的海棠，要表达自己流亡时不屈的爱国情怀。这一点，就无须跟孩子讲了。

吟海棠的诗有很多。海棠姿容俏丽、高贵典雅，素有“花中神仙”的美誉，比之美女，应该属于白富美一类吧，所以名流雅士竞相吟咏。大文豪苏东坡写《海棠》的最为著名：

海　棠

（宋）苏　轼

东风袅袅泛崇光，香雾空蒙月转廊。
只恐夜深花睡去，故烧高烛照红妆。

为了能多欣赏一刻海棠的芳容，竟秉烛夜观。

陆游《花时遍游诸家园》:“为爱名花抵死狂，只愁风日损红芳。绿章夜奏通明殿，乞借春阴护海棠。”他这是连夜给玉帝上了份奏折，祈求多些阴天，好让海棠花常开不谢。另外王安石、杨万里、梅尧臣、唐伯虎等人也都有优秀的海棠诗传世。

用胭脂形容花儿淋雨的诗句，似乎也不是陈与义的独创，杜甫诗中有“林花着雨胭脂湿”，宋祁词中有“海棠经雨胭脂透”，但都没有“海棠不惜胭脂色，独立蒙蒙细雨中”有骨感，让人既怜又敬。

春天来了，海棠开花的日子不远了。邂逅海棠的时候，教孩子念这首《春寒》吧。我们也该学学陈与义，不管在生活中遇到什么样的“寒流”，都应该昂扬前行。（刘君章）

第五篇　一枝红杏出墙来

万紫千红总是春。每一朵花都是春色。其中，杏花和桃花，又是人们最常见、最喜欢的两种花。这杏花，是江南的第一象征啊！有一副对联“骏马秋风塞北，杏花春雨江南”，杏花排在春雨前面，成为江南的代表。写杏花，写得很美的诗句很多，“借问酒家何处有，牧童遥指杏花村”“绿杨烟外晓寒轻，红杏枝头春意闹”、“小楼一夜听春雨，深巷明朝卖杏花”、“沾衣欲湿杏花雨，吹面不寒杨柳风”。但是杏花和桃花一样，又是争议最多的花，人们一面喜欢桃花的艳丽，一面又说桃花轻薄，随波逐流。至于杏花，竟然成了风流美女的代名词。

游园不值

（宋）叶绍翁

应怜屐齿印苍苔，
小扣柴扉久不开。
春色满园关不住，
一枝红杏出墙来。

“红杏出墙”四个字，就源自这首《游园不值》中的“一枝红杏出墙来”。所谓“游园不值”，就是到人家去看花

园，没有碰到主人。于是想，大概是主人怕园里的满地青苔被人的鞋子践踏吧，所以我轻轻敲了几下柴门，一直没有人开门。但是，春色满园，是关不住的，一枝盛开的红杏花伸出到墙外。诗人从一枝开过墙头的红杏花，领略到满园热闹的春色，感受到满天绚丽的春光，总算是不虚此行了。屐（jī），木头做的鞋子，代指一切的鞋子。后人把最后两句又引申为，一切的美丽，一切的新生事物，都是不会受到限制的。美丽自有其冲破一切束缚的力量。

桃李杏，是民间最常见的水果。杏林、杏坛，还是中医的代名词。这个典故出自三国时期，福建闽县的名医董奉精心钻研医术，又得到高人的传授。学成之后，悬壶济世，四处解救民间疾苦。他到达现在的安徽凤阳境内时，看到这里作为三国交战的中心地带，老百姓贫病交加，十分同情。于是他留了下来，立下一个规矩，看病不收钱，但看好一个重病号，病人要栽五棵杏树；看好一个轻的病人，病人要栽一棵杏树。不到数年就有了万株杏树，成为杏林。到了杏子成熟时，老百姓只要留下一斗谷子，就可以自行摘一斗杏子回去。他又把换来的谷子救济贫病交加的老百姓。中华民族是一个崇尚感恩的民族。董奉这种高超的技艺，慈悲的心肠，为世世代代人所称颂，成为中医的象征。

桃李杏常见，只是杏子和李子都不能多吃，不像桃子，桃子对人有益无害，所以可以称为寿桃，可以吃饱，民间有“桃饱”之说——这个“桃饱”，不是剁手党的乐园“淘宝”。《西游记》里，唐僧师徒在野外，没有吃的时候，孙悟空常常翻个筋斗云，不远千里摘来桃子，让唐僧吃个饱。但杏子和李子不要多吃。农村有句话，“桃养人，杏伤人，李子树下埋死人”。据我爸爸说，杏子和李子都有轻微的毒性，吃多了，容易生疮。

第四章 春分

春宵一刻值千金，花有清香月有阴

春分，二十四节气中的第四个节气，也是最重要的节气之一。所谓春分，顾名思义，就是春天前后分成两半。春天大约是九十一天，春分前面大约四十五天，春分后面大约四十五天。当然春分的缘由和意义还不仅仅在于此。这里面有中国人老早就掌握到的天文知识。古代倒不叫天文，叫地理学、星象学，那时候没有现代的科学仪器，完全从地理学角度观察天空和星象的变化。

《二十四节气歌》里已经写得很清楚，太阳并不是一年四季直射地球赤道，太阳直射点在北回归线和南回归线之间来回移动。所谓“回归线”就是专指太阳直射点回归的那条线。北半球冬至那天，太阳直射地球的南回归线。从这天开始，太阳直射逐渐向北移动。春分这天太阳直射地球赤道。春分时刻，昼夜相等，阴阳平衡，地球上南北极都没有极昼极夜现象。

注意，地球上南北半球是相反的。对北半球来说，春分之后，气温越来越暖，白天越来越长，北极开始有极昼；对南半球来说，如果他们也有节气的话，那就是秋分，气温越来越冷，白天越来越短，南极开始有极夜。太阳直射点跨越地球赤道，在地球上形成了春分和秋分，所以春分秋分都是最重要的节气，是一年气候的两个转折点。

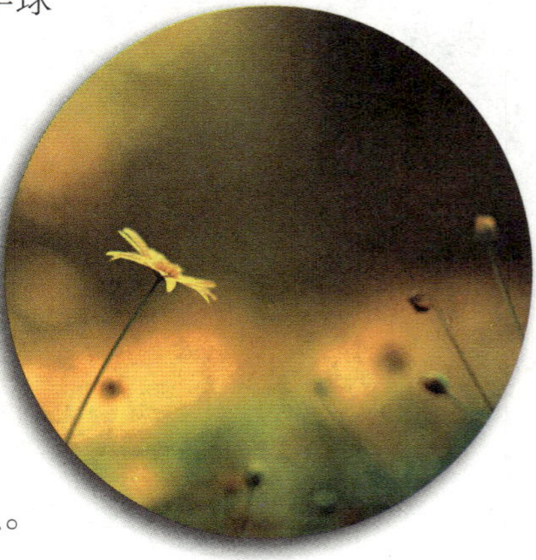

据说很多国家比如伊朗、土耳其、阿富汗、乌兹别克斯坦的新年，就是春分这一天。

春宵

（宋）苏轼

春宵一刻值千金，花有清香月有阴。
歌管楼台声细细，秋千院落夜沉沉。

为纪念春分，特意挑了这首苏轼的《春宵》。第一句，经常被人使用，比如结婚的新人抓紧享受新婚的幸福。闹洞房的时候，或者新婚夫妇早晨睡懒觉、起不来的时候，总有人坏坏地笑，春宵一刻值千金。昼夜相等，阴阳和谐嘛。

其实古人只是说春夜很宝贵，不但景色很美，而且也可以享受生活或者艺术的快乐。但被后人一引申，楼就盖得有点歪了。这也是没有办法的事情，任何话说出来，都得经时间去检验，任别人去演绎，就容不得作者怎么想了。历史上最被人曲解的还不是这个“春宵一刻值千金”，是“一枝红杏出墙来”，好好的景色描写被人说成“红杏出墙”，冤不冤？

什么叫刻？这是古代的计时单位。古代人没有现在的钟表，但中国的祖先几千年前就发明了用漏壶上的刻度来计时，后来不断改进。一昼夜十二个时辰。一个时辰两个小时，八刻。每个小时就是四刻。一刻不正好是十五分钟？

深夜里，花儿发出幽香，月儿照出了或明或暗的影子。

楼台上的歌管声音远远的送来，院落的秋千沉浸在浓浓夜色之中。一切都是那么静谧而美好。良辰美景，非常短暂，一定要珍惜。

西方十二星座中，第一个星座是白羊座，就是从春分开始。春宵一刻值千金。从春分开始，传说中的春困也就开始了……

【关于春分的延伸阅读】

西方十二星座和中国二十四节气对应图。我们都知道，越细分越接近科学，中国人对时令的划分不但比西方早，也比西方高了一个等量级。

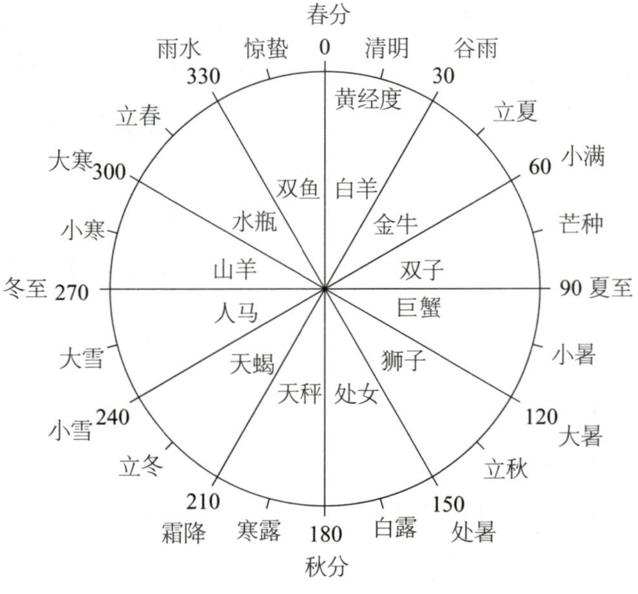

依据二十四节气的中国命相学，其实也比西方的星座说更加让我相信——如果说要相信的话。西方的星座说，之所以现在传播得广，一是因为现在西方确实科学发达，古老的星座说占了近现代科学发达的光，导致大家不知不觉的崇了洋、媚了外。二是中国的生辰八字算命，太过复杂，懂的人确实不多了，远远没有星座说那么形象、通俗，容易传播。

这里介绍一下漏壶，漏壶也叫漏刻，古代一种计时工具。

漏，是指漏壶；刻，是指刻箭。箭，这里是指标有时间刻度的标尺。漏刻是以壶盛水，利用水均衡滴漏的原理，观测壶中刻箭上显示的数据来计算时间。漏壶一般由铜制成，它的历史可追溯到夏、商时期。

漏壶按计时方法大体上可分为两种：一种是观测容器内的水漏泄减少情况来计量时间，叫做泄水型漏壶；另一种是观测容器流入水增加情况来计量时间，叫做受水型漏壶。在一些文明古国，如中国、埃及、巴比伦等，都使用过漏壶。

最早的漏壶是在漏壶中插入一根标杆，称为箭。箭下用一支箭舟托着，浮在水面上。水流出或流入壶中时，箭下沉或上升，用这个指示时刻。前者为泄水型漏壶，叫做沉箭漏；后者为受水型漏壶，叫做浮箭漏。这两种类型统称箭漏。

另一种是以滴水的重量来计量时间，叫做称漏。此外，还有一种以沙代水的沙漏。历史上用得最多、流传最广的是箭漏。

单只泄水型或受水型漏壶结构简单，使用方便。但是水流速度与壶中水的多少有关，单只漏壶随着壶中水的减少，流水速度也会有轻微的变慢。这样，就直接影响到计时的稳定性和精确度。后来人们想到在漏水壶上另加一只漏水壶，用上面流出的水来补充下面壶的水量，就可以提高下面壶流水的稳定性。但这种办法只适用于受水型漏壶。

第一篇　柳暗花明又一村

人的胃或者说味觉最为忠诚。人到中年，在外面吃得多了，吃得腻味了，心里面都会惦记起老家的腊肉、挂面和米酒来。还有腌猪耳朵、猪肝、猪肠子等各种腊味。

小时候，最怕家长骂好吃懒做。长大才知道，如果好吃又懒做，确实是该骂。但是，如果仅仅是好吃，并不见得是坏事。不少诗人也总是真性情，跟我等凡夫俗子一样，也喜欢吃喝。

游山西村

（宋）陆　游

莫笑农家腊酒浑，
丰年留客足鸡豚。
山重水复疑无路，
柳暗花明又一村。
箫鼓追随春社近，
衣冠简朴古风存。
从今若许闲乘月，
拄杖无时夜叩门。

这首诗，第一、第二句讲的吃和喝；腊酒：腊月里酿造

的酒。豚（tún）：小猪，代指猪肉。第三、第四句讲玩；第五、第六句讲乐，热闹。社，是古代祭祀土地神，一切都靠土地，所以土地神很重要。所谓“社会”，最初的意思就是大家一起来聚会祭祀土地神，穿着古朴的服装，吹箫打鼓很热闹；最后两句还说，以后还要经常来敲门做客，真不把自己当外人。这首诗最著名的是第三、第四句，大家都喜欢啊，“山重水复疑无路，柳暗花明又一村”，寻寻觅觅，山峦重重叠叠，溪流迂回曲折，似已无路可走，继续前行，忽然柳树茂密，山花鲜艳，又一村庄出现在眼前。当心，总是有人说，“山穷水尽疑无路”。既然山穷水尽，当然没有路了，还疑什么。真正疑无路，是山重水复疑无路。不要搞错了。我教书时，反复强调过这一点。

自然的乡村，美丽的乡村，富裕的乡村，才是理想的乡村，望得见山，看得见水，记得住乡愁。

第二篇　春风得意马蹄疾

虽说劳动是谋生的手段，可是劳动毕竟没有放假幸福。人同此心心同此理，讨厌上班，不是现代人的发明，古代就有——古代大臣更可怜，四更天就要起来，懵懵懂懂赶去早朝，紧紧张张面对皇帝的提问——万一面对的是昏君暴君，丢脑袋也是常有的事情。据说明朝朱元璋时代，大臣上朝前都要跟家人诀别，不知道能不能回来。退朝后，再回自己府衙去办公。大臣也是人呐，天天起早，还没有星期天，也没有“五一节”，如何受得了？于是就有人抱怨了。话说大臣钱宰散朝回家，吟了一首诗：“四鼓咚咚起着衣，午门朝见尚嫌迟。何时得遂田园乐，睡到人间饭熟时。”第二天上朝，皇帝问他：你昨天的诗作得好，不过我并没有“嫌”迟啊，改作“忧”，怎么样？妈妈的，吓死钱宰了，连忙磕头请罪。这个大明朝，实在不怎么光明正大，东厂西厂，锦衣卫横行——特务横行的社会是一个阴暗的社会、恐怖的社会。

“学得文武艺，货与帝王家”。古代就业机会少，发展渠道有限，有机会去朝廷为官，既实惠，又荣耀，是多少人孜孜以求的事情。在魏晋南北朝以前，当官主要靠家庭地位——所谓“门阀”，一般人没有渠道。刘备卖草鞋的出身，出来打天下，还要自称是什么“皇叔”，才觉得有身份有地位。唐诗有云：“旧时王谢堂前燕，飞入寻常百姓家”，王、谢，就是魏晋两大望族。

到了隋唐，发明了科举制。普通寒门子弟开始有了出路，最优秀的知识分子，开始集中在王朝周围。科举，就是分科取士，分科目选拔人才去当官。凭成绩录取，录取权归中央，但报考权自由。唐朝科举设立的科目很多，最主要的是明经与进士两科。明经科主要考贴经，将儒家经典上的文字用纸贴掉几个，叫应考的人填上。进士科主要考诗赋，应考的人能展示自己的才学。明经科录取比例高，约占十分之一二；进士科难多了，上千人应考，不过二三十人录取。但是偏偏很多有才气的人，宁可碰得头破血流，也要选择进士科。这有点像我念书时的文理分科，理科录取率明显高于文科，但就是选了文科，还死皮赖脸拖一个好友也学了文科——幸好他混得不错，要不我罪过大了。

唐朝工作岗位少，录取率自然低，大部分是考不取的。落第的人垂头丧气，无脸见人，有的不敢混在长安，就灰溜溜地回家；有的都不敢回家，就混在长安：

落第长安

（唐）常　建

家园好在尚留秦，耻作明时失路人。
恐逢故里莺花笑，且向长安度一春。

落第归乡留别长安主人

（唐）豆卢复

客里愁多不记春，闻莺始叹柳条新。
年年下第东归去，羞见长安旧主人。

长安落第

（唐）钱　起

花繁柳暗九门深，对饮悲歌泪满襟。
数日莺花皆落羽，一回春至一伤心。

这三首诗不用记，权且了解一下就行了。科举录取率低，比起金榜题名，落榜更是常态。豆卢复，我不知道是何许人也。但常建可是大名鼎鼎，就是写出“竹径通幽处，禅房花木深”的那位。最后这位钱起，更是著名的“大历十才子”之一，曾经写出“曲终人不见，江上数峰青”——江青的名字就是从此句而来。他还有一首诗选入了教材：

暮春归故山草堂

（唐）钱　起

谷口春残黄鸟稀，
辛夷花尽杏花飞。

始怜幽竹山窗下，
不改清阴待我归。

屡败屡战，常建和钱起后来都考取了。落榜是羞愧和痛苦的，那么，考中了呢？他们的得意和欢乐是可以想象的。中唐时诗人孟郊，一生穷愁潦倒，到四十六岁时才中进士。

登科后

（唐）孟 郊

昔日龌龊不足夸，
今朝放荡思无涯。
春风得意马蹄疾，
一日看尽长安花。

诗人兴高采烈地说：
过去的穷愁潦倒不值得一谈了，今日多么欢畅前途无量。在春风中我洋洋得意地骑着快马，一天内和同榜的进士们游遍了长安著名的花园。有人说，这里的“长安花”是指长安的美女，因为这一天全城的美女都出来看新中的进士佩红花、骑大马游街。也行吧。“春风得意马蹄疾”，这是真感情的流露。考虑到求学的各种曲折、科举的各种不易，我们有些原谅这种赤裸裸的“得志便猖狂”了。短短的四句诗，一下子为后人贡献了两个成语：“春风得意”“走马观花”，是不是很牛掰？

第三篇　夹岸桃花蘸水开

我喜欢雨，也喜欢晴。晴天雨天，都是老天爷的恩赐。凡事都需有度。久晴久雨都不好。记得有一年大旱，四里八乡心急如焚，终于下了一场豪雨，父老乡亲们喜悦的心情都弥漫进了象牙塔般的校园。第二天早晨，语文老师杨鸣钟先生大跨步进了教室，用他极好看的板书在黑板上抄了一首诗，是南宋诗人曾几写的，不但诗歌到现在记忆犹新，当时的感情也宛若眼前：

苏秀道中

（宋）曾　几

一夕骄阳转作霖，
梦回凉冷润衣襟。
不愁屋漏床床湿，
且喜溪流岸岸深。
千里稻花应秀色，
五更桐叶最佳音。
无田似我犹欣舞，
何况田间望岁心。

至今，每每读到最后两句“无田似我犹欣舞，何况田间

望岁心”，都让我十分感动。一个官员，不真正与老百姓的喜怒哀乐同呼吸共命运，是写不出这种感觉的。

雨天，有很多诗情画意。比如前面念过的《滁州西涧》，“独怜幽草涧边生，上有黄鹂深树鸣。春潮带雨晚来急，野渡无人舟自横”是一幅画，有人从画里面读出孤独，有人从画里面读出闲适，有人从画里面读出旷达。各人有各人的心境和解读，无所谓对和错。三流的老师教语文，总是要教出个是非曲直、考出个非此即彼来，让人哭笑不得。

春游湖

（宋）徐　俯

双飞燕子几时回？夹岸桃花蘸水开。
春雨断桥人不渡，小舟撑出柳荫来。

这首诗也是提前念的，因为这个季节，桃花还在孕育，还看不见花蕾。诗歌仿佛是一幅画。也是春雨，但急雨换成了可以春游的细雨，黄鹂换成了轻盈的燕子，深树换成了娇艳的桃花，无人换成了有人，“舟自横”换成了“撑出柳荫来”，显然生机活泼了很多，格调清新了很多，情感也欢欣了很多。这两首诗都是好诗，对照起来念，你一定能察觉其中细微的区别。用欣赏的角度对待四季，对待春天的一切吧。“人有悲欢离合，月有阴晴圆缺”。老天爷有骄阳，就有雨露；有大海，就有高山。风雨雷电，江河湖海，都是大自然的造化。这才叫“气象万千”。一个人，胸中也要有万千气象，才能容下更多的人，更多的事，更多的风风雨雨。世界，不能只有一种状态；人生，不能只容得下一种情怀。有器量的人生，处处是风景。容得下，不抱怨。

第四篇　也无风雨也无晴

有人喜欢汉唐，有人喜欢明清，有人喜欢民国。如果可以穿越回到过去，我会毫不犹豫选择北宋。那是一个牛人辈出的年代，即便不能跻身于牛人之列，能做这些牛人的“门下走狗”也足慰平生。前面提到的晏殊、范仲淹、欧阳修，都是大牛人，还有一个更牛的牛人，按辈分他算是欧阳修的门生。

“他一个无可救药的乐天派、一个伟大的人道主义者、一个百姓的朋友、一个大文豪、大书法家、创新的画家、造酒试验家、一个工程师、一个憎恨清教徒主义的人、一位瑜伽修行者佛教徒、巨儒政治家、一个皇帝的秘书、酒仙、厚道的法官、一位在政治上专唱反调的人。一个月夜徘徊者、一个诗人、一个小丑。但是这还不足以道出他的全部……他比中国其他的诗人更具有多面性天才的丰富感、变化感和幽默感，智能优异，心灵却像天真的小孩——这种混合等于耶稣所谓蛇的智慧加上鸽子的温文。”

他叫苏轼，说这段话评价他的人叫林语堂。后者为前者写过一本传记，大学时看过中文版的，英文版书名为《The Gay Genius：The Life and Times of Su Tungpo》，对于我这种英文不好的人来说，看到Gay这个词多少有些迷惑，后来查词典才知道它除了你也知道的那个意思外，还有“快乐的”意思。

能在诗文词书画方面均达到登峰造极的，唯有苏轼，前无古人，后无来者。散文与欧阳修齐名，跻身“唐宋八大家”；诗捎上黄庭坚，并称“苏黄”；词开豪放一派，与辛弃疾并称“苏辛”；字与黄庭坚、米芾、蔡襄并称“宋四家”；善画墨竹，师从表哥文同，算是“文人画”的鼻祖。拼单项，已经是冠军人选；如果拼综合实力，更加是无人能及，这简直就是文坛中的黄药师啊。

定风波·三月七日沙湖道中遇雨

（宋）苏　轼

莫听穿林打叶声，何妨吟啸且徐行。
竹杖芒鞋轻胜马，谁怕？一蓑烟雨任平生。

料峭春风吹酒醒，微冷，山头斜照却相迎。
回首向来萧瑟处，归去，也无风雨也无晴。

这首词写于苏轼被贬黄州之后的第三个春天，就是在这里苏轼开始叫“东坡居士”了。此前有人故意把他的诗句扭曲，以“文字毁谤君相”的罪名，将其下狱，史称“乌台诗案”。坐了一百多天牢，差点被砍头。幸亏北宋在太祖赵匡胤年间即

定下不杀“士大夫”的国策，苏轼才算躲过一劫，被贬为黄州团练副使（宋代散官官阶之一，相当于中校团副），他弟弟苏辙也被贬为筠州（今江西高安）为酒监（国营宾馆经理）。

不大容易看出，这首词其实与“种田”有关。这时苏轼已经在友人的帮助下开垦了一个“东坡农场”，占地约十亩，在东面的山坡上，所以他叫“东坡”。初到这里，老苏心情还是比较郁闷的，曾多次到黄州城外的赤壁山游览，写下了《赤壁赋》《后赤壁赋》和《念奴娇·赤壁怀古》等千古名作。据说，政治上的失意，往往会成就文学上巨大的艺术成就——最近不少省部级官员相继落马，不知他们能否在文学上有所建树。

这首《定风波》也是这期间作的，此时心灵的风波确实已经安定了。没有生僻字句，意思也浅显易懂，篇幅虽短，但意境深邃，内蕴丰富。从这时起，苏轼的诗词中有了禅意和老庄安贫乐道、返璞归真、恬然自适的思想。

何况这时候的生活还真有亮点。苏东坡纳了个妾，名叫朝云，是他老婆在杭州买的一个歌妓，当丫鬟的，当年才十二岁，现在已经长大了，还为他生了个儿子。要知道这个时候苏东坡已经四十七八岁了，老来得子自然欣喜若狂，于是写诗一首，不仅仅是自嘲，还有祝福：

洗　儿

（宋）苏　轼

人皆养子望聪明，我被聪明误一生。

惟愿孩儿愚且鲁，
无灾无难到公卿。

遗憾的是，这个眉眼酷似苏东坡的孩子未满周岁死了，夭折在苏轼离开黄州赴任的路上。这让他伤心不已，写了一首诗，比哭还难过。之后，苏轼起起伏伏，又先后被贬了三次，最后一次，年已62岁的苏轼被送到海南岛儋州（今儋州市），放逐炎热而瘟疫肆虐的海南，在当时是仅比满门抄斩罪轻一等的处罚。

苏轼去世后，一个道士向徽宗奏称，说看到苏东坡的灵魂在玉皇大帝驾前当文曲星，掌诗文。装神弄鬼的道士说得有鼻子有眼，活灵活现。徽宗害怕了，急忙忙将苏东坡在世时最高之官爵恢复，后来另封高位。苏东坡的字画手稿更加值钱了，皇家收集一篇，赏钱五万文。据说金人攻下京师，特别索取苏东坡和司马光的书画，同车掳走的还有徽、钦二帝——可怜的徽宗一路受尽了各种精神和肉体上的折磨，最后死在苦寒的北国，比苏东坡惨多了——南宋的高宗皇帝坐在新都杭州，开始阅读苏东坡的遗著，尤其是他那有关国事的文章，越读越敬佩他谋国之忠，越敬佩他的至刚大勇。为了追念苏东坡，把苏东坡的一个孙子苏符赐封高官。追赠苏轼为太师，谥为“文忠”。

真可谓“赢得生前身后名”。但这些都是后话。（魏宗凯）

第五篇　寒食东风御柳斜

清明之前一天是寒食节，所以也是春分的最后一天。寒食，顾名思义，就是要吃冷的东西，不准生火做饭，但是可以生火点蜡烛、祭祀。现代人看来，这是一个奇奇怪怪的风俗，奇奇怪怪的节日。

寒　食

（唐）韩　翃

春城无处不飞花，寒食东风御柳斜。
日暮汉宫传蜡烛，轻烟散入五侯家。

这首诗，在“深刻”的评论家看来，是讽刺皇帝的奢靡和朝廷的腐败；在我这样浅薄的人看来，就是描写了盛春京城的景色和帝王生活场景。“春城无处不飞花”，一句话写满了帝都的美景，阳春三月，这样的景致，其实也很普遍。“寒食东风御柳斜”，再接着细细地写宫中的景色，东风吹斜了宫中的柳树。后面两句就是宫廷过寒食节的习俗了，走马传烛，黄昏开始宫里分赐新的蜡烛，袅袅的烟雾率先飘进贵族的家里。五侯，汉成帝时，封他的五个舅舅为侯，被人们称为五侯，代指贵族官宦之家。这首诗写得富丽堂皇，读出来很有富贵气，很让人羡慕。我怎么一点看不出阶级分析的味道。

有一个传说，好像也印证了我的想法。唐德宗时代，韩翃年纪不小了，在地方做一个幕僚，经常称病在家。此时，皇帝嫌弃缺少满意的起草文稿的人，于是批示：用韩翃。这里补充一下，翃念“hóng”，跟唱《青藏高原》的韩红读音一样。当时唐朝没有韩红，但有两个韩翃，另外一个在做江淮刺史。手下人就搞糊涂了，哪一个韩翃呢？皇帝批示说：“春城无处不飞花，寒食东风御柳斜。日暮汉宫传蜡烛，轻烟散入五侯家。”于是，韩翃重新进京。可见，当时的皇帝也没有读出讽刺的味道，要是讽刺皇帝，不被杀头就客气了，怎么能重用呢。

在古诗中，“斜”是一个常见的字，古代念“xiá”，比如“远上寒山石径斜，白云深处有人家”“朱雀桥边野草花，乌衣巷口夕阳斜”“陌上柔桑破嫩芽，山远近，路横斜”，这样才押韵，念“xié”就不押韵。不信，你再念念看？

还有，因为央视“中国诗词大会”，“飞花令”一词家喻户晓，就源自这首诗。酒令是酒文化的重要组成部分，俗人划拳，雅士飞花。“飞花令”，是古人行酒令时的一个文字游戏。

【关于寒食节的延伸阅读】

要解释寒食节，因为太久远了，就得插播一下中国早期的历史。概括中国历史，常常用“上下五千年”。这是一种大概的说法。最早是神话传说阶段，什么盘古开天地，三皇五帝、伏羲、炎帝、黄帝等，都是传说，究竟有多少漫长的岁月，已经不知道了。有记载的历史从夏开始，大概距今四千多年。夏之后是商、周。周朝又分西周和东周，东周时期又分为春秋、战国两个阶段，先是诸侯割据（春秋），后来打成一团（战国）。战国后期，秦始皇建立秦朝，第一次真正统一中国。中国，作为一个完整的国家，其实应该从秦朝开始。

寒食节比秦朝还要早，发生在春秋时期。有个国家叫晋国，晋献公有个公子（王的儿子那时叫公子，所谓“公子王孙”）叫重耳，谦虚好学，交际了一大批有本事的人。晋献公死后，重耳受到迫害，于是带领几个忠心耿耿的人，流亡在各诸侯国中，长达十九年。后来终于回到晋国，并且成功获得王位，成为晋文公。晋文公选贤任能，选拔了一大批文臣武将，治理国家，制定制度，富国强兵。并当上了“霸主”（成为霸主，要各个国家一起签约认可的），开创晋国长达百年的霸业。他的文治武功，显达千秋，与齐桓公并称“齐桓晋文”，后世儒家、法家都称赞不已。

重耳在流亡的过程中，遇到人家客气，过些体面的日子；遇到人家不客气，那就衣衫褴褛，饥寒交迫。有一次，他们一行几人在山里饿了几天，煮野菜又吃不下。重耳的部下，忠心耿耿的介子推（姓介名推，又称介之推，之为虚词，子为敬称），悄悄割下大腿上的一块肉，和野菜煮在一起，晋文公吃得很开心啊。当晋文公得知是介子推的大腿肉之后，感动不已。

晋文公复国之后，忘记分封介子推。而介子推也不求利禄，与母亲归隐绵山。有一天有人提醒晋文公，怎么忘记了介子推呢？晋文公恍然大悟，叫人去找介子推。介子推坚决不出来。晋文公没有办法，只好出了一个馊主意，叫人烧山，你总归要出来吧。结果介子推和他的母亲一起抱树而死。

晋文公感伤不已，把介子推母子厚葬于绵山，修祠立庙，并下令这一天全国禁止烧火，只能吃冷的，就是“寒食”。并且这一天要全国祭祀，以寄哀思。由此下来，古代的春祭都在寒食节，后来因为与清明节太近，就把祭祀逐渐改到清明节。清明节，其实原来是节气，表示万物生长时，清和而明朗，人们适合于郊游、踏青，后来才加上了祭祀的含义。隔壁的韩国倒是仍然保留了在寒食节进行春祭的传统。

补充说一句，有人说寒食节在清明前两天，有人说在清明前一天。我爸爸一直告诉我是清明节的前一天，就尊重他老人家了。寒食节不能祭祖，原因就是这一天只能祭祀介子推。也有人说，这天如果祭祖，香火全部归介子推了。

第五章 清明

清明时节雨纷纷，路上行人欲断魂

清明继续念诗。清明，原本就是一个描述自然景观特征的形容词，“万物生长此时，皆清洁而明净，故谓之清明”，因为清洁而明净，所以适合郊游、踏青、荡秋千。最初确定这个节气的时候，它并不是一个祭祀的节日。清明前一天，叫寒食节，纪念春秋时候著名人物介子推遇难的日子。据说遇难的地方在山西介休市，介休，就是介子推休于此地的意思。而清明本来是一个节气，从源头上看，并没有太多的社会学含义。

二十四节气，把一年分为二十四等份，每个等份有自己的气候特征和风貌。寒食节和清明节气两个挨得太近，风俗慢慢就合二为一了。加上过去土葬讲究风水，祖宗最后一定得在山明水秀的地方安营扎寨，于是祭祀与踏青又有了某种关联。种种因素叠加在一起，清明就成了一个节，一个与祭祀十分相关的节日。而且大概从唐宋开始就是如此了。

寒食节在清明节前一天。这天没有规定要吃什么，只要是冷的。有很多自媒体说，寒食节只能吃青团，那真是胡说八道，我们老家还没有青团呢。寒食节结束或者第二天要起火做饭，叫“乞新火”。如果这一天下雨，就叫“泼火雨”，或者叫“清明雨”。

清　明

（唐）杜　牧

清明时节雨纷纷，路上行人欲断魂。
借问酒家何处有？牧童遥指杏花村。

清明，好端端的一个日子，一旦与祭祀挂上钩，就显得沉重起来。如果又遇到下雨，那就更加伤感了。再如果又是人在旅途，前程不可捉摸，那就更加情何以堪。这便是杜牧《清明》所要传递的况味。写到这里，我有些惦记千里之外，在遥远山冈上安息的双亲了。青草萋萋，我只能在心中遥祭……杜牧这首《清明》，还是改编最多的诗歌，在诗歌史上无出其右。最著名的，是将这首诗改编为一首词："清明时节雨，纷纷路上行人，欲断魂。借问酒家何处？有牧童，遥指杏花村。"意境也挺相似的，中国文字的魅力可见一斑。

纷纷的雨水，容易催发人的情感。动情出好诗，写清明节的诗歌很多，写得好的也多，比如宋代王禹偁《清明》：

清　明

（宋）王禹偁

无花无酒过清明，
兴味萧然似野僧。
昨日邻家乞新火，
晓窗分与读书灯。

"乞新火"，前面解释了，也是一个习俗。民间也叫"讨火种"。很喜欢这首诗中的冷清境界。冷

清，却不消沉，也不孤独，有书、有火、有房，还有邻……生活如此充满了希望。

春天，是万物生长的季节。万物生长，一靠阳光，二靠雨水。初春、仲春，雨水还比较少，是“春雨贵如油”，是“天街小雨润如酥”，是“沾衣欲湿杏花雨”。到了清明，季春（暮春），“清明时节雨纷纷”，雨水厚重起来，也纷纷扬扬起来。

【关于清明的延伸阅读】

杏花村，“天下第一诗村”，究竟在哪里？安徽贵池，山西汾阳都声称自己是杏花村所在。山西汾酒还有一种品牌叫杏花村。古人的一支笔就是今天的GDP，都是巨大的品牌效应和无形资产，难怪大家要争。

杏花村，虽然诗情画意，但并没有多大的个性特征。我在解读“一枝红杏出墙来”时说过，桃李杏是民间最常见的三种水果，杏花因此也很普通，很多地方都叫“杏花村”也就不意外了。不过，大多数人倾向认为，杜牧诗中所指的杏花村是安徽池州城边的杏花村。理由有三：

一是因为公元844—846年，杜牧由黄州迁任池州刺史，当了两年州官，留诗几十篇。《清明》这首诗作于此时。与此相反，他没有在山西做过官或者生活过。二是“清明时节雨纷纷”是典型的南方气候特征。以前气候没有变暖时，山西清明节估计还有可能下雪呢。三是唐代一个画家根据这首《清明》作了幅画，画中牧童头戴斗笠，身披蓑衣骑在水牛背上。斗笠、蓑衣是南方才用的，北方不用。而水牛也只有南方才常见。

由此，有人倾向认为，杜牧诗中所指的杏花村在安徽池州。这种官司是打不清楚的。就如诸葛亮之襄阳与南阳。国家有关部门后来判定酒的商标归山西，诗的地方归池州。也不能算定论。

池州府治秋浦县（今安徽池州市），境内山川秀美，风景如画，九华山、齐山、秋浦河等引来众多文人墨客流连吟唱。李白、苏轼、司马光、岳飞……一篇篇佳作灿若星辰，比如李白《秋浦歌》:“炉火照天地，红星乱紫烟。赧郎明月夜，歌曲动寒川”以及“白发三千丈，缘愁似个长。不知明镜里，何处得秋霜”。

贵池城西的杏花村，山冈上杏花遍野，村子里酒垆如肆。每当清明时节，春风醉雨，杏花盛开，小村“十里烟村一色红”“村酒村花两共幽”，其美景和繁荣胜过桃花源。据统计，有史可查的歌咏杏花村的诗人就有三百多位，写有七百余篇诗作。“天下第一诗村”名不虚传。

每次从上海驱车回安庆，必经过此地，都能看到高速公路上的指示牌，可惜尚未驻足过，只在心里把这种美，把这种诗情画意萦绕个千万遍。当然，谁不说俺家乡好，您觉得杏花村在您家，我也不反对。

第一篇　且将新火试新茶

安徽有一句话，叫“出生入死”，就是安徽出能人，但出了安徽才能有出息，留在安徽就都会埋没掉。所以安徽的学生毕业后都不大愿意留在安徽。去得最多的地方无非就是帝都和魔都。经常跟帝都的虞晓刚同学聊天，讨论北京和上海的差别。他留在了北京，现在是《北京日报》副总编辑，三十年喜欢上海的情怀未变；我居上海久了，也渐渐喜欢上这座城市，喜欢这座城市的市民气质、平民情怀。

在上海，无论富贵贫贱，很少有指点天下和颐指气使。或许这也就是所说的“海纳百川”。北京自然也有很多长处，但各种官帽式建筑、各种高墙大院、各种门岗森严，出租车司机口中都不时吐出一个个大得吓死人的名字，这一切时刻提醒着等级和阶梯。普通人做北漂，要么有远大的志向，要么有强大的灵魂。

说起来有趣，我小时候向往北京，一是因为课本上有“我爱北京天安门”，一下子暴露了自己的年龄。二是因为《女驸马》:“忽听李郎投亲来，怎不叫人喜开怀？任凭紫燕成双对，任凭红花并蒂开……”黄梅戏是我的家乡戏，耳濡目染，都会唱。在哪里考状元啊。大人说，考状元在北京。从此就知道北京了。可见孩提时代的教育非常重要，会形成一辈子的印象，或者潜意识。

春天即将过去，草木已然葱茏，但仍然有春风拂面的感觉。江南似乎总和春天联系在一起，有个词牌叫“江南春”，有首诗歌叫“江南春”，甚至有个商人也叫“江南春”。

望江南·超然台作

（宋）苏　轼

春未老，风细柳斜斜。
试上超然台上看，半壕春水一城花。
烟雨暗千家。

寒食后，酒醒却咨嗟。
休对故人思故国，且将新火试新茶。
诗酒趁年华。

这首《望江南·超然台作》是在春天中遥望江南。超然台：古代筑在密州（现在山东诸城）北城的一个台子，登台可眺望全城。壕：护城河。寒食：寒食节，清明前一天，禁止生火，只能吃冷的。咨嗟：叹息、慨叹。新火：唐宋习俗，清明前两天起，禁火三日，节后取火，为“新火”。

这首词写在山东密州，作者从杭州调任密州后的第三年。登高望远，眺望江南。虽然古代没有雾霾，但江南依然是望不见的。所以，有些惆怅，但苏轼向来是一个豁达超脱的人，“休对故人思故国，且将新火试新茶。诗酒趁年华。”不要在老朋友面前思念故乡了，姑且点上新火来烹煮一杯刚采的新茶，作诗醉酒都要乘年华尚在啊。看异乡之景，思故乡之情，仍需随遇而安。无论何时何地，都要活出精彩。人生精彩，只要有诗，有酒，有茶，当然关键还得有青春年华。

饮茶是中华民族的首创。关于饮茶，还有很多诗，比如：

寒　夜

（宋）杜　耒

寒夜客来茶当酒，
竹炉汤沸火初红。
寻常一样窗前月，
才有梅花便不同。

第二篇　泥融飞燕子

杜甫能写出这样小清新的诗，真是太出乎意料了。春天日子渐长，所以说迟日。江山美丽，花草芬芳；燕子飞翔，鸳鸯静卧。春天是如此之美，谁能不动心呢。很难想象，一个经常饥寒交迫、整日忧国忧民的大诗人，能写出这样的诗歌。

绝　句

（唐）杜　甫

迟日江山丽，
春风花草香。
泥融飞燕子，
沙暖睡鸳鸯。

这里插播一句，写诗、写文章自古以来就很难养家糊口。杜甫，诗歌是写到家了吧，可是小儿子未满周岁就饿死了。柳永，就是写出“今宵酒醒何处？杨柳岸，晓风残月”的那位，“凡有井水饮处，皆能歌柳词”，也算登峰造极了，因为一句诗得罪了小心眼的皇上，一辈子没有做官，死之后靠妓女们凑钱才下葬的。所以古人说“学而优则仕”，还是必须靠俸禄吃饭。这不是观念问题，这是实际问题，是生死存亡问题。

这首诗写了两种鸟儿，燕子和鸳鸯。一到春天，花红柳绿的，花赏得不少，今天就来赏鸟。毕竟，春天属于一切活泼泼的生命。燕子是我最熟悉的鸟儿。老家在皖西南的山区，每年清明之前，它们双双对对的回来，总能找回去年的窝。而此时我总是纳闷，燕子冬天哪里去了。燕子也是最神奇的鸟儿，大人们说，燕子能看风水的，破败的，有重病人的家庭，或者空房子，燕子是不飞来的。细细观察过，似乎真的如此……

燕子窝一般都筑在屋梁上，一粒一粒的泥巴黏结在一起，像一个开口的小袋子似的。一对燕子从秧田里来来回回，衔来一口口的泥，筑成这样的巢，总要好几天的时间。有些顽皮的小孩子不懂事，偏偏要用竹竿捅掉它，招来大人的一顿痛骂。可怜的燕子，又必须一口一口地衔泥，重新筑起来。筑好之后，就开始生蛋、孵蛋了，不久，小燕子们，通常两三只，就唧唧地发出声响，偶尔探出头来。不同窝里的小燕子在我们看起来差不多，好奇之下，搭起梯子，把小燕子摸出来，互相对调一只。等会儿老燕子回来，一定把那只非亲生的燕子推出窝来，摔在地上挣扎。我们得抓紧把小燕子送回各自原来的窝，否则就成了猫的美食……燕子确实是家庭意识极强的鸟儿。每窝一定是一对，衔泥筑巢，叼回虫子，回来哺育几个乳燕。等到秋风起，一家老小在某一天一起飞走，燕去巢空。

鸳鸯，我小时候没有看过，却听得无数的多。都是在戏文上，安徽潜山是黄梅戏的故乡，《天仙配》《女驸马》《牛郎织女》，还有很多的小曲，都要唱到鸳鸯，“你我好比鸳鸯鸟，比翼双飞在人间”，知道它们是恩爱夫妻的象征。据说鸳鸯雌雄成双，形影不离，恩爱情深，生死与共。我第一次见到真的鸳鸯是在城里的公园里，看起来有点像鸭子，只是圆润一点，还是彩色的。后来又看到文章说，鸳鸯并不痴情，也并不从一而终，这就是以动物学代替文学，未免有些煞风景了。

燕子是中国人喜欢的鸟类，诗词很多。杜甫还有一首诗。

水槛遣心

（唐）杜　甫

去郭轩楹敞，
无村眺望赊。
澄江平少岸，
幽树晚多花。
细雨鱼儿出，
微风燕子斜。
城中十万户，
此地两三家。

“细雨鱼儿出，微风燕子斜”，多美！除了燕子，还有黄鹂。

绝　句

（唐）杜　甫

两个黄鹂鸣翠柳，一行白鹭上青天。

窗含西岭千秋雪，门泊东吴万里船。

除了鸟，还有花。春天是花的季节。杜甫笔下的花，也很美。

江畔独步寻花

（唐）杜　甫

黄四娘家花满蹊，千朵万朵压枝低。
留连戏蝶时时舞，自在娇莺恰恰啼。

我们总是宣传杜甫苦大仇深，其实，他原来也是一个热爱生活、享受生活的人。

第三篇　万紫千红总是春

记得有次女儿发来微信，问我，“庄生晓梦迷蝴蝶，望帝春心托杜鹃”中的“春心”是什么意思。她百度了，还是不怎么懂。我说，不懂就对了，李商隐的诗歌，大家都喜欢，但没有谁敢说自己看懂了。回完之后，觉得这话有点“捣糨糊”，于是又回，春心就是由于春天气候、景致而触动的心境。古人啊，伤春悲秋，春天伤感，秋天悲凉，都是常有的事情。女儿问，那他们岂不是一年到头都不快乐？我说，也不是，春天嘛，一分愁，三分向往，五分喜悦……再死板的人，遇到春天，也不会心如止水。古诗中就有人写，尼姑踏破铁鞋，也要去寻找春天呢。

比尼姑死板的人，还有，比如朱熹。这位可是一个名气很大、影响也很大的人，生于徽州的婺源。不错，是徽州的婺源，当时还不是江西的。婺源划给江西不过几十年的时间。这位徽州的老夫子，理学家、思想家、哲学家、教育家、诗人，后人封给他的头衔很多。他区分了什么叫“小学”，什么叫“大学”；他编辑了《大学》《中庸》《论语》《孟子》四本书，叫做“四书”，从此成为法定的教材；他规定了“三纲五常”为社会规范。三纲：君为臣纲、父为子纲、夫为妻纲，纲是拉渔网的大绳子，比如关键、根本的意思；五常：仁、义、礼、智、信等五种行为规则。他还说，要“存天理，灭人欲”。

天理，是自然界和社会的根本法则；人欲，是个人的情感和欲望。在他之前，其实人们还是很自由的，比如唐代就没有那么多的规矩和条条杠杠，老子娶儿媳妇也是可以的，皇帝都这样，比如唐玄宗。在他之后，忠孝节义，寡妇就不能轻易嫁人了，偷了汉子的女子就得沉江了。存天理、灭人欲，这样的一个人是不是无趣得紧？

春　日

（宋）朱　熹

胜日寻芳泗水滨，无边光景一时新。
等闲识得东风面，万紫千红总是春。

可是无趣的人，遇到春天，也迸发出人性可爱的一面。胜日，好日子；胜景，好风景。胜，是好的意思。估计这天天气晴朗，心情愉快。寻芳，就是找花花草草呗。泗水，一条河，在现在的山东省，这条河的诗歌真不少，比如“汴水流、泗水流，流到瓜洲古渡头，吴山点点愁”。东风，就是春风。

关于这首诗，一些人曲里拐弯地分析，说是什么歌颂孔子、发现孔子学说如何伟大的一首诗。真好笑。这就是一首踏青的诗歌，“万紫千红总是春”，还有什么比这句话更能描写春天的美丽吗？带孩子去踏青赏花吧。出门之前先念念这首诗，找个纸条抄上，或记在手机里，在公园，在农村，在景区，找找有多少种花。确实，已经到了万紫千红的季节，光念花，都感到来不及。

这个朱熹，写了很多诗歌，下面两首，曾经收录进了很多地方的小学课本。

观书有感二首

（宋）朱　熹

其一

半亩方塘一鉴开，
天光云影共徘徊。
问渠那得清如许？
为有源头活水来。

其二

昨夜江边春水生，
艨艟巨舰一毛轻。
向来枉费推移力，
此日中流自在行。

第四篇　桃花潭水深千尺

桃李杏是春天最常见的花。这三种花都不耐风雨，不下雨还时间长点，一下雨很快就会绿叶成荫。人生苦短，一辈子能够欣赏的只有几十个春天，错过今春，便须明年。所以，看花也是要紧的事情。突然想起了几百里之外、根本就没有桃花、却有着桃花般盛名的桃花潭来。

赠 汪 伦

（唐）李　白

李白乘舟将欲行，忽闻岸上踏歌声。
桃花潭水深千尺，不及汪伦送我情。

我曾经说过，古人的一支笔，就是今天的GDP。没有李白的点石成金，桃花潭肯定不会游客盈门。当然，这地方山清水秀，确实不错，不过皖南徽州地区，这样的地方很多很多。那年春天，挑了个周末，带女儿到皖南的泾县去住了两天。泾县，还真是了不起的地方。比如说，宣纸，因为集中在宣城交易，所以得名宣纸，真正的产地只有泾县，这可是国宝级的技术，进红星宣纸厂参观，买几张正宗的宣纸回来送人，很有面子的事情。比如云岭，新四军“皖南事变”时候的总部，叶挺在这里被俘，项英在这里牺牲……这段历史还有很多关键环节藏在茂密的山林里。再比如，这个享誉了千年的桃花潭。

桃花潭享有盛名，当然得益于李白。可是把李白请过来，却是一个叫汪伦的人所做的精心策划。据清代散文家袁枚记载，泾县豪士汪伦听说大诗人李白旅居南陵叔父家里，写信给李白:“先生好游乎？此地有十里桃花。先生好饮乎？此地有万家酒店。”这正打中了要害，李白欣然前往。到了泾县，李白问汪伦，十里桃花在哪里，万家酒店又在何处？汪伦回答说：桃花是潭水的名字，这里并无桃花。这里确实有一家酒店，店主人姓万。此番话引得李白大笑。

这真是亘古以来最成功的形象或是广告策划。好的广告，一是要深刻洞察客户的心理和需求；二是用最简洁的语言，直击客户的灵魂；三是让客户掏了钱，甚至上了当，还心甘情愿，没有怨言。据汪氏家谱记载，汪伦做过泾县的县令。袁枚说的“豪士”，大概既是很有钱的意思，类似于现在讲的“土豪”，更有豪迈、豪爽的意思。果然，李白要走的那天，汪伦送给李白名马八匹、绸缎十捆，派仆人给他送到船上。设宴送别之后，李白登上了停在桃花潭上的小船，正要离岸，忽然听到一阵歌声。李白回头一看，只见汪伦和许多村民一起在岸上踏步唱歌为自己送行。主人的深情厚谊，古朴的送客形式，使李白十分感动。他叫停艄公，立即写下了这首著名的送别诗给汪伦："李白乘舟将欲行，忽闻岸上踏歌声。桃花潭水深千尺，不及汪伦送我情"。

如果去了泾县，务必去查（zhā）济古镇。这是活着的古村落，"十里查村九里烟，三溪汇流万户间。寺庙亭台塔影下，小桥流水杏花天"，"武陵深处是谁家，隔河两岸共一查。渔郎不怕漏消息，相约明年看桃花。"这无疑是中国最美的村落，仍然充满着活力的自然村落，不像有些地方虽然盛名在外，却成了一个售卖工艺品的大商场。"门外青山如屋里，东家流水入西邻"的查济，任何照片都不能传递它的神韵。

第五篇　杏花吹满头

在立春那天说过，“春”在甲骨文中，就是草木破土而出的样子。春天、春季，是“春”最基本的意思；萌动、催动，是“春”的核心内涵。这个萌动、催动，既指自然，也包括人——所谓“天人合一”，不仅仅是一种哲学，更是一种科学。古人写春天万物萌发、百花争艳的诗词最多，写人思春、怀春的诗词也不少，推荐一首怀春的诗。

思帝乡

（唐）韦　庄

春日游，杏花吹满头。
陌上谁家年少，足风流。
妾拟将身嫁与，一生休。
纵被无情弃，不能羞。

怀春固然是羞涩的，先且看下面另一首诗。这位采莲的少女，看到了帅哥，目不转睛，情不自禁，傻了，下意识地把手上的莲子向帅哥抛过去，事后却又担心被远处的人看见，害羞了半天。诗歌写得真的生动。

采莲子

（唐）皇甫松

船动湖光滟滟秋，
贪看年少信船流。
无端隔水抛莲子，
遥被人知半日羞。

插一句，古代写采莲的诗词特别多，“莲子”谐音“怜子”，“怜”在古代是“爱”的意思，不是我们现代人所说“可怜”的意思（这在古代叫“悯”，诗歌有著名的“悯农”）。“子”是“您”的意思。“莲子”就是“怜子”，“怜子”就是“爱您”。采莲的诗，总与少女怀春，多多少少有那么一些关联。

但是，《诗经》说：“窈窕淑女，君子好逑”，德国大诗人歌德在《少年维特之烦恼》中写道：“哪个少女不怀春？哪个少男不钟情？”无论是中外，少女怀春是人的天性，人类就是因此而生生不息、瓜瓞绵绵的。所以，怀春可以羞涩，却不丢丑，绝对不是丑事。我们现在感受到的封建礼教，是从宋代以后才开始的。

春天，是个佛都不想涅槃的季节。我的这句话，几乎成了一句名言。春情萌动，春意盎然，万物都在生长、创造、孕育着下一代。人，自然也不会无动于衷。自古以来，思春作为诗歌中常见的一种题材，写得好的也真多。比如这首《思帝乡》。

这位姑娘在杏花纷飞的季节出来踏青，路上遇到了一个风流倜傥的少年，都不认识呢，不知道是谁家的，只是长得帅，就动心了，幻想着把自己嫁给他，这一生一世也就满足了。即便被情郎无情地抛弃，也不觉得有什么害羞。说得好直白，好有情调，也很“红果果”的。是不是？风流，但不下流。

陌，田间小路，泛指道路，路上遇到的人，大多是生人，“陌生”这个词由此而来。古人和今人一样，一到陌生的地方，也会想到有偶遇。大诗人王昌龄就有一首诗：

闺 怨

（唐）王昌龄

闺中少妇不知愁，
春日凝妆上翠楼。
忽见陌头杨柳色，
悔教夫婿觅封侯。

这也是见到“陌”而想起远在他乡的老公了。几年前，有人发明社交工具“陌陌”，我就坏坏地想，这个难道是专为“偶遇”甚至“艳遇”设计的？

春天，是放飞心的季节。有人说，这些诗教孩子早了点吧。其实没有关系，比起电视剧上的情节和那些肉麻的情歌，这已经是很婉约、很唯美的了。文字比起图片、图像，多了音韵的美感，少了形象的刺激，孩子懂也罢，似懂非懂也罢，都可以当儿歌念。

第六章

谷雨

雨前初见花间蕊，雨后全无叶底花

对心中有诗歌的人来说，每一天都是好日子。二十四节气中的谷雨，是春天的最后一个节气。一个节气十五天，过了谷雨节气，就是夏天了。节气的含义都十分的通俗易懂，“谷雨”就是雨水多，有利于五谷生长的意思。二十四节气，既有自然气候的特征，又有生产生活的特点。中国人相信天人合一，宇宙万物是联系在一起的，所以算命卜卦，星座流年，养生保健，都能从里面生发开来，这些充分体现了古人的智慧。

谷雨季节，雨水比较多。万物生长，需要阳光，也需要雨水，恰恰这时候，也是长江流域和黄河流域一年雨水最集中的季节，所以老天其实是很厚爱这片土地的。

雨　晴

（唐）王　驾

雨前初见花间蕊，
雨后全无叶底花。
蜂蝶纷纷过墙去，
却疑春色在邻家。

有雨就有晴。这首很应景的《雨晴》，写得很清新，很活泼，很调皮，也很适合孩子念。下雨前，还刚刚看见花儿吐蕊，下雨后，只剩叶子，没有花了。蜜蜂和蝴蝶纷纷飞过去，不禁让人怀疑春色跑到隔壁人家去了。

老话说，“清明断雪，谷雨断霜”。过了谷雨，就彻底告别寒冷天气了，一般来说用不着防止倒春寒了。“春捂秋冻”，到了这个时候也用不着捂了——“有一种冷，是外婆觉得你冷”，其实用不着给小孩子裹上一层又一层。

谷雨也是一个犒劳自己，甚至可以略微放纵自己的季节，各种食品丰富，尤其是鱼肉鲜美，青菜既很饱满又还不老，是肉食动物和素食动物都很幸福的季节。

谷雨，在我印象中，是不是该插红薯苗了？离开家乡久了，记不准。也似乎还有一段时间。红薯，又叫山芋，三十年前的皖西南山区，那是主要的粮食之一。每年都要挑出一些形状匀称壮硕、色彩明丽饱满的红薯，提前种在田里，这时候长出比较长的藤了。把这藤在家剪成一段段的，每段几公分长。然后披上蓑衣，戴上斗笠，到已经被雨水浇透的地里去。一段段苗插到地里，趁着春雨的滋润，几天就活了，越长（zhǎng）越长（cháng）。春雨不冷，插红薯苗也不累。可惜，爸爸总是要我在家看书，不大让我去的。

谷雨也是真正的采茶时节。长江流域，清明节之前的茶其实很少，尤其在气候还没变暖之前的日子。山里面又要比平原晚半个月左右，清明，茶树还没冒芽呢。所以，如果喝到明前茶，顶多算尝鲜，大多不会是真正的云雾茶。没有什么好显摆的。谷雨倒是春茶上市了。

真正的谷雨茶，就是谷雨这天采的茶。爸爸说，好茶都要是早晨采的，要带露水。早晨或者上午采的谷雨茶，据说能让死人复活。这个传说太夸张了。我爸爸总是把谷雨茶装在一个黑黑的四四方方的铁罐子里，只有重要的时刻，或者来贵客的时候，才拿出来喝，并且要特别强调一下，这是谷雨那天做的茶。茶，是老天爷对人世间最好的恩赐。我们那有一句俗话，“一点黄茶三分罪”，就是说如果泼了或者剩了一点，就对不起老天爷的恩赐。有人倡议将每年谷雨这一天作为“全民饮茶日”，有那么一点意思，只是名字长了，难记，还不如叫“新茶节”来得简洁明了。

桃花落，樱花残。这个时节春游，不妨带孩子去看看采茶和做茶呢。

【关于谷雨的延伸阅读】

谷雨是二十四节气的第六个节气，源自古人“雨生百谷”之说。同时也是播种移苗、埯瓜点豆的最佳时节。

中国古代将谷雨分为三候：“第一候萍始生；第二候鸣鸠拂其羽；第三候为戴胜降于桑”，是说谷雨后降雨量增多，浮萍开始生长，接着布谷鸟便开始提醒人们播种了，然后是桑树上开始见到戴胜鸟。

谷雨时节的南方地区，“杨花落尽子规啼”，柳絮飞落，杜鹃夜啼，牡丹吐蕊，樱桃红熟，自然景物告示人们：时至暮春了。这时，南方气温升高较快，隐隐地告诉你夏天不远了。

闻王昌龄左迁龙标遥有此寄

（唐）李　白

杨花落尽子规啼，闻道龙标过五溪。

我寄愁心与明月，随风直到夜郎西。

由于谷雨节气后降雨增多，空气中的湿度逐渐加大，此时我们在养生中应遵循自然节气的变化，针对其气候特点进行调养。

谷雨节气后是神经痛的发病期，如肋间神经痛、坐骨神经痛、三叉神经痛等。同时由于天气转温，人们的室外活动增加，北方地区的桃花、杏花等开放；杨絮、柳絮四处飞扬，过敏体质的朋友应注意防止花粉症及过敏性鼻炎、过敏性哮喘等。在饮食上应减少高蛋白质、高热量食物的摄入。

春季，肝木旺盛，脾衰弱，谷雨前后15天及清明的最后3天中，脾处于旺盛时期。脾的旺盛会使胃强健起来，从而使消化功能处于旺盛的状态，消化功能旺盛有利于营养的吸收，因此这时正是补身的大好时机。

第一篇　看花还看花

江南的灵魂是水。

江南，是淅淅沥沥无穷无尽的小雨，是系在屋檐后石栓上的乌篷船，是在静静的溪边静静浣纱的西施，是青石板上撑着油纸伞缓缓远去的背影……这些都是水的杰作。

江南的水，是丝，是柳，是柔。

就说下雨吧，“无边丝雨细如愁”最能形容江南的雨。其他地方有瓢泼大雨，豪迈些，潇洒些，酣畅淋漓些，却终嫌粗鲁，终究少了江南丝雨的意境。下雨前的铺垫也特别细腻，居江南十几年，连黑云压城的景象一次也没有见过。总是天静静地阴了下来，风渐渐地润了起来，雨就无边无际地洒了下来，就像天上有个仙女在浇花似的。那压根儿就不是雨，是仙女花洒里面喷出的水雾。

寻胡隐居

（明）高　启

渡水复渡水，看花还看花。
春风江上路，不觉到君家。

“渡水复渡水，看花还看花”。女儿背的古诗词中，

我最喜欢这首。第一次看到这首舞蹈般的诗，是在给女儿买的《儿童四季歌》中，平易，却极有韵致，二十个字写尽了江南。江南水乡，当然最多的是河。江南的河，不见流淌的水，看不见涟漪波纹，也没有潺潺水声，连河岸也是泥埂，看不到宽与窄的变化。这些都跟高山流水的跌宕起伏大不一样。江南的河也不是酣畅淋漓的，一如江南的雨；江南的河也不是波澜壮阔的，一如江南的情。江南的河是含蓄的，是柳丝缠绕的，是浸润到你心灵深处的，“春水碧于天，画船听雨眠”。江南的河衬上江南的雨，可以在你的梦境里缠缠绵绵，不知是梦，还是现实。

江南的水滋润了水一样的江南美女。美女到处都有，不开口都差不多。可一开口就分出霄壤了，最动听的还是吴侬软语。拖着糯腔的美女，嗲自天成的美女，柔从骨生的美女，那是江南才能有的尤物。面对江南的美女，那是一种醉的感觉，产生非分之想那就俗不可耐了。“吴酒一杯春竹叶，吴娃双舞醉芙蓉”，据说，如果娶了一个吴娃——比方说是苏州女子，连吵架也带着一种昆曲的唱腔，极美，极受用。

“江南忆，最忆是杭州”。杭州还有苏州是江南的典范。有了水，苏杭就媲美天堂了。读懂了江南的水，就读懂了江南。

第二篇　八九十枝花

“宝宝念诗”公众号闻名天下，朝野欣赏，粉丝扎堆。俺曾著文赞过：“宝宝念诗”以“诗”为载体，应时应景而发，深受爱诗者喜欢。大仙（指本书编者韩可胜）特有的媒体管理人角色和博览诗书才华，让古诗有了新的解读、有了新的内涵，既传播了诗词文化，又发展了诗评散文。今天手痒，也来凑个热闹，算是为“火热”的正能量投一根“火柴棒”吧。

山村咏怀

（宋）邵　雍

一去二三里，烟村四五家，
亭台六七座，八九十枝花。

春天将尽，很多年轻的爸爸妈妈们喜欢带着孩子去旅游，这首诗一定是脑海中常常“蹦”出来的诗句。短短四句二十个字，那种意境如同一幅水墨山水画，从中既让城里人感受到那种乡村恬静美，也让乡村人自豪于家乡田园美。诗很简单，但诗作者却并不简单，邵雍少小胸怀大志，于书无所不读，史载他“始为学，即坚苦自励，寒不炉，暑不扇，夜不就席者数年。”冬天不烤火，夏天不扇扇子，晚上不上床。加上行万里路，难怪融会贯通，妙悟自得，终成一代易学大师。当你陪着孩子吟诵这首诗的时候，也可以把邵雍作为一个励志榜样讲给孩子听，也算一举两得哦。

邵雍这首诗可以说是以数字反映诗景的代表作，二十个字中用全了十个数字，通过数字描写一路景物，反映远近、村落、亭台和花朵，通俗易懂，脍炙人口。和它有异曲同工的还有明代那首雪梅诗："一片二片三四片，五片六片七八片，九片十片无数片，飞入梅中都不见。”全是数量词，飞下的雪片由小到多，飞入梅林都难以区分到底是雪花还是梅花了，读后好像身临雪景。

事实上，在灿若星河的中国古典诗词中，嵌数入诗，往往使诗句平添了许多韵味，常能化平淡为神奇，更易传诵。比如“飞流直下三千尺，疑是银河落九天”（李白）、“窗含西岭千秋雪，门泊东吴万里船”（杜甫）、“洛阳亲友如相问，一片冰心在玉壶”（王昌龄）、“三十功名尘与土，八千里路云和月”（岳飞）等等，无不是以数字立诗传神，成为千古绝唱。

诗言情，此话不假。而以冷冰冰的数字来表达情意的，必须有才。传说有这样一个故事，司马相如离开成都去长安求取功名，五年不写家书，心有休妻之念，最后他写了一封只有数字之信："二三四五六七八九十百千万万千百十九八七六五四三二一”。其意为何？卓文君反复阅读，终于发现数字中无“亿”字，于是她回写了一首如泣如诉的抒情诗：“一别之后，两地相思，只说是三四月，又谁知五六年，七弦琴无心抚弹，八行书无信可传，九连环从中折断，十里长亭望眼欲穿，百般思，千般念，万般无奈把郎怨。万语千言说不完，百无聊赖十凭栏，重九登高看孤雁，八月中秋月圆人不圆，七月半烧香秉烛问苍天，六月伏天人人摇扇我心寒，五月石榴如火偏遇阵阵冷雨浇花端，四月枇杷未黄我欲对镜心意乱，急匆匆，三月桃花随水转，飘零零，二月风筝线儿断。噫！郎呀郎，巴不得下一世你为女来我为男。”据说司马相如阅信深为感动，亲自接卓文君到长安，就此放弃了休妻之念。

由此突然想起，无论是卓文君二十五个数字成诗的倾诉，还是梁祝十八相送的缠绵，或者是钱钟书三段式爱情表白的真挚，再或者是周星驰“我爱你期限是一万年”的幽默……说明，至少说明，数字在情感表达上是有用的，而有点文化当然最好学点诗歌，也许能让恋爱加速，让爱情升温，让婚姻幸福，让浪子回头成“暖男”。（李幼林）

第三篇　芳树无人花自落

古人说，“仁者乐山，智者乐水”。相比于水，我更喜欢山。见到大海也会煞有介事的吼几句“大海啊，故乡”，那多半是一时的冲动。我的故乡是在山里。山里娃大多不会水，我也是，游泳只学了一半——能够沉下去，不能浮起来。对山真是发自内心的喜欢，喜欢山里的一切景致，喜欢溪涧，喜欢草和树，喜欢鸟和花，喜欢山里面的宁静和孤独。所以也喜欢这首写春山的诗歌。

春行即兴

（唐）李　华

宜阳城下草萋萋，
涧水东流复向西。
芳树无人花自落，
春山一路鸟空啼。

宜阳，紧邻洛阳，还有一个特别之处，唐代最大的行宫之一连昌宫就坐落在这里。草长得茂盛叫萋萋（qī qī）。大千世界，这种景象和心情自然并不罕见，也不难理解。

说起“大千世界”，这个词虽然常见，却还真的需要解释，不是每一个人都知道的。什么叫“大千世界”？世指时间，界指空间。佛教认为，宇宙是由许多个世界组成的。最基本的单位是一世界，一千个一世界称为一小千世界，一千个小千世界称为一中千世界，一千个中千世界为一大千世界。由此看来大千世界，真的大得无法想象……

佛教说，大千世界的正中心有一座山，叫须弥山，也叫宝山、妙高山。它由黄金、白银、琉璃、“玻瓈”（并非玻璃，而是类似水晶）四种宝物组成。须弥山东面是东胜神洲，西面为西牛贺洲，南面为南赡部洲，北面为北俱芦洲。四大天王住在须弥山上，分别护持四个部洲。其中东方持国天王，持琵琶，护持东胜神洲；南方增长天王，持宝剑，护持南瞻部洲；西方广目天王，持赤龙，护持西牛贺洲；北方多闻天王，持宝伞，护持北俱卢洲。进寺庙的人，首先看到的就是四大天王。

《西游记》开篇第一回说，东胜神洲，海外有一国土，叫“傲来国”。海中有一座山，唤为花果山。山上瑶草奇花不谢，青松翠柏长春。山顶上有一块仙石，接受天地精华的孕育，有一天迸裂开来，产下一个石卵，见风化作一个石猴，五官具备，四肢皆全。一出来就学爬学走，拜了四方。目运两道金光，射冲斗府，惊动了玉皇大帝……这就是孙猴子孙悟空出生了。

故事是挺有趣的，但东扯西拉，扯到十万八千里去了。马上扯回来。这花果山在哪里？众说纷纭，有人说是连云港的花果山。也有人说是宜阳的花果山（女几山），证据是唐代女几山上就有寺庙，并且有师徒西游的传说，清代乾隆年间的碑文记载:“斯山也，即西游记所称齐天孙佛成圣处”，似乎很有说服力。

这首诗多半就写的是女几山。“芳树无人花自落，春山一路鸟空啼”，到底还是有人看了，而且有人写了，貌似无人，实则有人。美丽需要有人欣赏。人是大千世界的灵魂。如果没有了帝王将相，没有了妃嫔宫娥，没有了文人墨客，没有了渔樵耕读，甚至连唐僧师徒也不见了踪影，那么即便有山、有树、有涧、有草、有鸟、有花，即便还有大千世界，是不是也很寂寞和凄凉?

第四篇　绿阴冉冉遍天涯

从浦东到虹桥工作后，以往很少接触的高铁，几乎成了出门的常见工具。当天去，当天返回，高速、平稳、准时，真真切切感受到高铁的好处。朝发夕至，已经是很远的距离了。大多数情况，是三四个小时的行程，完全没有了过去出差那种背井离乡的悲壮和苍凉。地球就是这样被高速运行的交通工具压缩成地球村的。那天，高铁驶离上海，蒙蒙细雨给苏南水乡罩上了一层雾纱。这个季节大地原本应该是一片绿色，可惜原本无垠的绿色已经被无休止的城镇化分割成一块块的碎片。到处是千篇一律的高楼、用铁皮做的厂房仓库，还有一撮撮的别墅般的农民新村。于是惦念起真正的农村了。

农村，特别是山区的农村，对孩子而言，是天生的乐园。早春漫山遍野跑，找兰花，抽“茅茬”——我们念máo zhā，一种青草的嫩心，剥开草，里面一段白白的芯，吃到嘴里，甜丝丝的，一股原野的清香，全部吞下去，一点渣都不会留下。还有无数的野果子，比如葩（pāo），有的地方叫mèng，学名覆盆子，类似于野草莓。这玩意熟了，深红色，真甜。山上能吃的东西真不少。如果我告诉你，杜鹃花既能生吃，也能做菜吃，估计很多人吓傻了吧。可是，城里的杜鹃花千万不要吃，施了化肥和农药。

在农村，春天和夏天的季节，小孩子与小动物亲密接触的机会很多，农村的孩子穷归穷，却总是不缺玩的。这些小时候不当一回事，长大了才知道是一笔无穷的财富。比如抓蜻蜓，抓蝌蚪，抓知了，抓萤火虫。抓蝌蚪，是这个时节最喜欢的事情了。在池塘边草丛里，或者梯田的水沟里，常常会发现一堆透明的糨糊一样的东西，里面很多圆圆的小黑点。我们知道，这是青蛙的卵，蝌蚪马上就要出生了。

过了几天，这糨糊堆没有了，变成了一个个在水中游曳的小蝌蚪。圆圆的脑袋，锥子一样的尾巴。笨兮兮的，用手也能捧起来。养在瓶子里，不一两天肯定死掉。所以，还是宁愿在水里面看它先是长出后肢，然后长出前肢，最后变成真正的青蛙。那时候人们还不吃青蛙，都知道青蛙是水稻的守护神。

春暮

（宋）曹豳

门外无人问落花，
绿阴冉冉遍天涯。
林莺啼到无声处，
青草池塘独听蛙。

这首诗，非常美，也非常大气，所描写的场面，对我们农村长大的孩子来说，是再熟悉不过的场景。花儿落了，大地上已万木葱茏；莺歌歇了，青草池塘处处有蛙声。绿肥红瘦，“绿叶成荫子满枝”，正是暮春或初夏的季节。可惜，这些幸福，在远方。唯有思念才能触摸。

最后特别介绍一下这位诗人曹豳（bīn），瑞安曹村人。浙江温州的这个曹村可了不得，历史上曾出过82名进士，人称“中华进士第一村”。有对联说：“一村文武如斯，思猛士，慕鸿儒，顿使东南为世重；千载溪山犹是，继先贤，开后学，通观家族出才多”。曹豳为官清正勤勉，又正直敢言。让我最为感慨的是，有一次组织上要提拔他，他推荐了自己的同事，说同事母亲年龄大了，先提拔他吧。组织上非常感慨，在见官就上的官场，还有这样的谦谦君子。虽然这个世界物欲横流，尔虞我诈，但幸运的是，不管什么时代，都有让人尊敬的、胸怀理想的谦谦君子。

第五篇　千里莺啼绿映红

中国古代有四大美女，分别是“沉鱼”的西施，“闭月”的貂蝉，“落雁”的王昭君，“羞花”的杨玉环。合称“沉鱼落雁，闭月羞花”。四大美女之外，还有一个绝世佳人、倾国倾城的李夫人。除了这五个人，还有一对姐妹，用诸葛亮的话讲，“有沉鱼落雁之容，闭月羞花之貌”，那就是大乔和小乔。据《三国志》记载，建安三年，公元198年，孙策去抢荆州，派周瑜为中护军，先攻占皖地（现在的安徽潜山），得到了桥公的两个女儿，都是国色。孙策娶了大桥，周瑜娶了小桥。后人大概嫌这“桥”不好听，改成了乔，果然好听多了，英姿飒爽，又不失娇媚。

皖，周朝皖伯的封地，安徽简称“皖”就由此而来。皖，太阳明媚美好的意思。大概是名字好，所以一直出美女。之前，出了个刘兰芝，“古今第一长诗”《孔雀东南飞》的主角。美女多的地方，爱情就多，黄梅戏《天仙配》《牛郎织女》就出在这里。美女配英雄，英雄多而美女少，不够分就打仗。所以战争也多。

赤　壁

（唐）杜　牧

折戟沉沙铁未销，自将磨洗认前朝。

东风不与周郎便，铜雀春深锁二乔。

这首《赤壁》写的就是一个典故。公元208年，曹操大军把刘备追得丢盔弃甲，刘备到了生死存亡的关头，赶紧要和孙权联盟，对抗曹操。据小说《三国演义》讲，诸葛亮生怕周瑜明哲保身，就用激将法说，其实我们也用不着打仗了，把大乔小乔送给曹操，曹操一定退兵。曹操建了一座铜雀台，里面全是美女，曹操亲口说只差大乔小乔了。果然年轻气盛的周瑜勃然大怒，同意孙刘联盟，于是中国历史上最著名的以少胜多的赤壁之战打响。里面发生了一系列的故事：舌战群儒、草船借箭、周瑜打黄盖（一个愿打一个愿挨）、反间计、连环计、借东风（万事俱备只欠东风）、火烧赤壁……结果是曹操因为战船被烧，军中又发生瘟疫，不得不败退北方。

曹操是不是为了“二乔”才来打仗的，不知道。但即便只是诸葛亮的激将法，周郎也一定知道，如果他们不联合起来抵抗曹操，曹操灭了刘备之后，一定会剑指东吴，孤军奋战的孙权、周瑜不可能独自对付曹操。如果东吴失败，那么大乔、小乔被曹操俘虏，被关进铜雀台，也是非常顺理成章的事情。所以，这一仗，周瑜于国于家，还真不能不打。

其实，人类为美女打仗还真不稀奇。用电脑的人都知道木马病毒，希腊人使用木马计赢得胜利的特洛伊战争，也是以争夺世上最漂亮的女人海伦为起因。这场战争长达十年，死亡无数。为了不打仗，也有一个办法，把美女送给人家，这就叫“和亲”，王昭君、文成公主都是。

最后再说一下杜牧，杜牧写春天的诗歌很多，著名的还有：

江南春

（唐）杜　牧

千里莺啼绿映红，
水村山郭酒旗风。
南朝四百八十寺，
多少楼台烟雨中。

在人们的印象中，江南都是杏花春雨，小桥流水，但是杜牧写得如此大场景，大气派。就像现在高科技手段下的航拍。空间感和时间感极强。上下左右为宇，古往今来为宙，空间加时间，就是我们说的宇宙。

最美的节气诗词

可怜冬景似春华

韩可胜等 著

上海科学技术文献出版社
Shanghai Scientific and Technological Literature Press

目录

第一章　立冬

——一年好景君须记，正是橙黄橘绿时 / 1

第一篇　烟笼寒水月笼沙 / 7
第二篇　半入江风半入云 / 11
第三篇　两三星火是瓜洲 / 14
第四篇　远山长，云山乱，晓山青 / 19
第五篇　鳞鳞居大厦 / 23

第二章　小雪

——雪暗凋旗画，风多杂鼓声 / 27

第一篇　杳杳寒山道 / 32
第二篇　晚来天欲雪 / 36
第三篇　歌曲动寒川 / 38
第四篇　疾风知劲草 / 40
第五篇　寒到君边衣到无 / 42

第三章　大雪

——孤舟蓑笠翁，独钓寒江雪 / 45

第一篇　白狗身上肿 / 50

第二篇　北风吹雁雪纷纷 / 52
第三篇　日暮诗成天又雪 / 55
第四篇　梅须逊雪三分白 / 57
第五篇　六出飞花入户时 / 60

第四章　冬至
——一九二九不伸手，三九四九冰上走 / 63

第一篇　青海长云暗雪山 / 69
第二篇　秦时明月汉时关 / 73
第三篇　寒夜客来茶当酒 / 77
第四篇　千里黄云白日曛 / 80
第五篇　一尊还酹江月 / 83

第五章　小寒
——来日绮窗前，寒梅著花未 / 87

第一篇　孤云独去闲 / 92
第二篇　卷土重来未可知 / 96
第三篇　铁马冰河入梦来 / 98
第四篇　莫笑农家腊酒浑 / 104
第五篇　今夜雪，有梅花，似我愁 / 107

第六章　大寒
——忽如一夜春风来，千树万树梨花开 / 111

第一篇　江春入旧年 / 116

第二篇 灶君今日上青天 / 119
第三篇 月恋冰河雪恋桥 / 122
第四篇 霜鬓明朝又一年 / 125
第五篇 爆竹声中一岁除 / 127

后记 / 130

第一章

立冬

一年好景君须记，正是橙黄橘绿时

立冬。农历二十四节气中第十九个节气。冬者，“终”也，玩完的意思，一年最后的一个季节到了，一年也就玩完了。岁月不居，不管你有没有什么收获，反正都是老了一岁。古代立冬是一个很重要的节日。中国的传统节日，每个节日有每个节日的含义，但也有很多共同的地方，团聚和祭祀就是共同的两大主题。比如祭祀，对天地、对祖先、对鬼神的崇拜和敬畏，贯穿在每个节日之中。记得小时候立冬、冬至的时候，爸爸总叫我们拿出一些黄表纸烧给天地和鬼神。

古代写立冬的诗词很多，但所写的天寒地冻，完全不是现在这个光景。唐代李白有首诗就叫《立冬》:“冻笔新诗懒写，寒炉美酒时温”，冻得都懒得创作了，只有围着火炉喝酒的份。宋代写立冬前后的诗句很多，都很冷。钱时《立冬前一日霜对菊有感》:“昨夜清霜冷絮裯，纷纷红叶满阶头”，立冬前一天，穿上棉絮衣服还嫌冷。陆游《立冬日作》:“寸积篝炉炭，铢称布被绵”，也是烘火、穿棉衣了。方回在立冬十天后写道“半夜风翻屋，侵晨雪满船”，雪都下得满船了。

元代继续冷。诗人仇远两首《立冬即事》，写道“小春此去无多日，何处梅花一绽香”、“肯信今年寒信早，老夫布褐未装棉”。梅花都已经绽放，感叹自己衣服套子里面还来不及装上棉花。那明显是比较冷了。要知道仇远一辈子都在浙江余杭、江苏溧阳、宜兴一代生活，跟上海的纬度差不多。

到了明代还是冷。王稚登《立冬》写道:“一点禅灯半轮月，今宵寒较昨宵多”，感叹晚上太冷……

哪像现在上海十几度、热乎乎的样子，有时候还会淅淅沥沥下起雨，颇有几分春雨的模样。全然没有下雪的影子。今天的人要是在立冬写一首下雪、烘火、喝酒、穿棉衣的诗词，岂不是怪怪的。地球确确实实是变暖了。

有一点不变的是，菊花是冬天的花，是初冬开的花。比如：

立冬前一日霜对菊有感

（宋）钱　时

昨夜清霜冷絮裯，纷纷红叶满阶头。
园林尽扫西风去，惟有黄花不负秋。

冬天前一天，秋天最后一天，好一个“不负秋”！在立冬之日，继续念一首最喜欢的菊花诗。这首诗叫《赠刘景文》，诗的意思是说，荷花凋谢完了，连那擎雨的荷叶也枯萎了，只有那开败了菊花的花枝还傲寒斗霜。一年中最好的景致你一定要记住，那就是在橙子金黄、橘子青绿的秋末冬初的时节啊。

赠刘景文

（宋）苏　轼

荷尽已无擎雨盖，
菊残犹有傲霜枝。
一年好景君须记，
正是橙黄橘绿时。

刘景文是苏轼的朋友。苏轼在杭州太守任上遇到刘景文，这时候刘景文已经五十八岁了，还是一个小小的兵马都监，相当于弼马温的干活。苏轼鼓励他不要灰心丧气，后面前程还好着呢。除了鼓励，苏轼还是竭力向朝廷推荐。尽管苏轼自己也是在贬官的任上，但他的影响力无疑是大的。有了苏轼的推荐，朝廷给刘景文提拔了一下，当上了州官，可惜两年后就去世了。真是既遇人太迟，又苍天无眼。这倒真是冷。

江南的早冬就更加暖和，与春天相近。这就是下面这首诗。

早冬

（唐）白居易

十月江南天气好，可怜冬景似春华。
霜轻未杀萋萋草，日暖初干漠漠沙。
老柘叶黄如嫩树，寒樱枝白是狂花。
此时却羡闲人醉，五马无由入酒家。

诗歌念完了。正准备合上电脑。突然发现微信上有人晒出，上海有娃娃穿上了滑雪衫去上学，呵呵，那是因为“有一种冷，是外婆觉得你冷”。记得当年，丈母娘就喜欢把俺女儿穿得里三层外三层的，整个冬天就一个面团——因为外婆身体不好，自己怕冷。

【关于立冬的延伸阅读】

立，建始也，表示冬季自此开始。冬是“终了”的意思，有农作物收割后要收藏起来的含意，中国又把立冬作为冬季的开始。立冬与立春、立夏、立秋合称四立、古代社会中是个重要的节日。过去是个农耕社会，劳动了一年，利用立冬这一天要休息，顺便犒赏一家人的辛苦。谚语“立冬补冬，补嘴空”就是最好的比喻。古时此日，天子有出郊迎冬之礼，并有赐群臣冬衣、抚恤孤寡之制。后世大体相同。

立冬后，就意味着冬季正式来临。草木凋零，蛰虫休眠，万物活动趋向休止。人类虽没有冬眠之说，但民间却有立冬补冬的习俗。在寒冷的天气中，应该多吃一些温热补益的食物这样，不仅能使身体更强壮，还可以起到很好的御寒作用。

为什么立冬吃饺子？因为饺子是来源于“交子之时”的说法。大年三十是旧年和新年之交，立冬是秋冬季节之交，故“交”子之时的饺子不能不吃。人们逐渐恢复了这一古老习俗，立冬之日，各式各样的饺子卖得很火。吃饺子能不能养生，我不知道。但我知道只要你开心就行，开心就能养生。

蛋白质、脂肪和碳水化合物被称为产热营养素。所以，冬季我们要适当增加主食和油脂的摄入，保证优质蛋白质的供应。狗肉、羊肉、牛肉、鸡肉、鹿肉、虾、鸽、鹌鹑、海参等食物中富含蛋白质及脂肪，热量多，御寒效果最好。

冬季在饮食养生方面，中医学认为应少食咸，多吃点苦味的食物，道理是冬季为肾经旺盛之时，而肾主咸，心主苦。从祖国医学五行理论来说，咸胜苦、肾水克心火。若咸味吃多了，就会使本来就偏亢的肾水更亢，从而使心阳的力量减弱，所以应多食些苦味的食物，以助心阳。这样就能抗御过亢的肾水。

第一篇　烟笼寒水月笼沙

南京（古称金陵、建业，别称石头城）是一个让人纠结的城市。喜欢的人特别喜欢，六朝古都，诗韵风流，风景、人文、民风俱佳，连气候也不错，江南烟雨自不必说，连夏天火炉的绰号也给了别人。不喜欢的人非常的不喜欢，有人咬牙切齿地说，在南京建都的王朝都没有超过一个甲子。六朝个个短命得很，所谓：

六　朝

（清）郑板桥

一国兴来一国亡，
六朝兴废太匆忙。
南人爱说长江水，
此水从来不见长。

到了近代，建都南京的太平天国和中华民国也是昙花一现，于是人们说这个地方风水有问题。

但我对南京的印象是特别好的。一座城市内，既有湖光——玄武湖、莫愁湖，也有山色——紫金山、幕府山。这点，就让许多城市黯然失色。既有河水荡漾——秦淮河、金川河，更有大江东去——单凭这一点就压倒了众多的大城市，就连与天堂苏杭相比，也不遑多让。风光绝胜，这是金陵的第一大特征。

与风光相比，金陵的人文、历史更加出类拔萃，这是金陵的第二大特征。仅就诗词而言，写金陵的诗词，与西安（长安）、洛阳相提并论，比我所喜欢的苏杭再胜一筹。至于其他城市，比如现在占尽风头的北上广，就不能望其项背了。

泊秦淮

（唐）杜　牧

烟笼寒水月笼沙，夜泊秦淮近酒家。
商女不知亡国恨，隔江犹唱后庭花。

“大诗兄”杨金志曾著文《一走进唐诗，南京就变成“金陵范儿”》，罗列了写南京的著名诗词。最著名的之一比如这首《泊秦淮》。商女，歌女。金陵的商女是十分有名的，且代代相传，薪火不断。唐代杜牧写道：“商女不知亡国恨，隔江犹唱后庭花”；宋代王安石说：“至今商女，时时犹唱，《后庭》遗曲。”清代陈维崧还在写：“建业城边，有商女深夜唱。”就连张艺谋拍电影也拿南京说事，《金陵十三钗》说的就是商女。不过，古人笔下的商女不知亡国恨，只知唱《玉树后庭花》这样的靡靡之音，而张艺谋镜头中的商女都成了国难当头挺身而出的烈女。

歌女为什么叫“商女”呢？唐代歌女通称“秋娘”、“秋女”。白居易《琵琶行》：“曲罢曾教善才伏，妆成每被秋娘妒”。古人把五音“宫商角徵羽”与四季相配，商音凄厉，与秋天肃杀之气相应，故以商配秋，称为“商秋”。“秋女”就变成了“商女”。

为什么金陵的歌女那么著名？金陵的美女多呗。这是金陵的第三大特征。秦淮河畔，江南烟雨，历朝历代，不知道滋润了多少美女。柳如是、董小宛、陈圆圆、李香君……秦淮名妓，都是成批地出，一个个出类拔萃，占了中国古代名妓的半壁江山。

这首《泊秦淮》进入了小学课本。选入课本的还有《乌衣巷》：

乌 衣 巷

（唐）刘禹锡

朱雀桥边野草花，乌衣巷口夕阳斜。
旧时王谢堂前燕，飞入寻常百姓家。

但我最喜欢的却是下面两首。这两首对照着念挺有趣。

一个说“一片伤心画不成”，再好的画家，伤心两个字也画不出。另一个说“谁谓伤心画不成”，那枯木寒云就是伤心啊。看来是杠上了……但两个都有道理，是不是？诗歌本来就没有是非。

金陵晚望

（唐）高　蟾

曾伴浮云归晚翠，犹陪落日泛秋声。
世间无限丹青手，一片伤心画不成。

金 陵 图

（唐）韦　庄

谁谓伤心画不成，画人心逐世人情。
君看六幅南朝事，老木寒云满故城。

第二篇　半入江风半入云

再烦躁的心灵也会因音乐而平复，再封闭的灵魂也会为音乐而打开。“世界虹桥，绿谷之梦——纪念莫扎特诞辰260周年钢琴音乐盛典”，获得了上海大世界吉尼斯纪录。首先感动我的是合唱，台阶之上，一曲悠扬的《茉莉花》，在中国钢琴泰斗刘诗昆、古巴钢琴大师乔治·路易斯·普列茨，以及周铿、黄泓、秦川、吴夷、宋思衡、汤蓓华、谢佳、黄烁、唐瑾、章琦诸多钢琴名家带领下，数百名琴童，一起为合唱伴奏，一下子触动了很多人的心灵。我的眼睛一湿，轻轻一扫，我看见了周围无数双含着眼泪的双眸。

记得中学课本有一篇文章，吴伯箫《歌声》，开篇第一句话:“感人的歌声留给人的记忆是长远的”。我相信这歌声，会烙入很多观众特别是孩子们的心灵。至于260台钢琴所带来的宏伟气势，在我看来倒是其次了。当然，新闻是要为此写上一笔的。200台立式钢琴，60台三角钢琴，包括一台G20水晶钢琴，一起响起，如非亲临，确实难以想象那种场面的壮观。作为钢琴盛典主要的策划者和组织者，我预期到了，也自然欣赏这种壮观。

但接下来的又一次感动，是大师与观众特别是与孩子们的零距离互动。你能想象，刘诗昆、普列茨大师在弹琴时，观众和孩子们把大师挤得水泄不通的场景吗？我对凤凰卫视记者张军说，大师的即兴表演以及与大家零距离的互动，最感人。张军如此回答我，我在现场感受到了这种亲和力，这种亲和力是镜头无法感知的。

是啊！什么是人性？这就是人性！人性的光辉，洋溢在大师和名家挥洒的琴声里，也洋溢在围观的观众和孩子身上。人做善事的时候，老天爷都会帮你。连续两周的阴雨，天气预报上从未停歇的雨水，神奇地停下大半天，甚至云开日出，太阳送来了久违的光辉。直到天黑，大师离开现场、大家依依不舍的时候，毛毛细雨竟然又飘了下来。感恩上苍！

赠花卿

（唐）杜　甫

锦城丝管日纷纷，半入江风半入云。
此曲只应天上有，人间能得几回闻？

在现场，我脑海里总是忍不住冒出一首诗。就是这首杜甫《赠花卿》。花卿，名花敬定，西川节度使崔光远的部将，善战也残暴。锦官城，就是成都，成都生产著名的蜀锦，是税收的重要来源，所以政府专门设置了锦官。诗歌说，锦官城里的音乐声轻柔悠扬，一半随着江风飘去，一半飘入了云端。这样的乐曲只应该天上才有，平常百姓家哪里能听见几回？

有人说，杜甫这是讽刺花敬定，因为古代天子的音乐和平民的音乐是有等级差别的。但是我很怀疑这种观点。等级差别，体现在乐器规格上，也体现在演员数量上，比如舞蹈，天子六十四人。诸侯四十八人，卿大夫三十二人，士用十六人。等级差别不会体现在艺术的感人力量上。“此曲只应天上有，人间能得几回闻”，写的是音乐感人。白居易《琵琶行》里写到妓女弹奏琵琶，不是照样说“今夜闻君琵琶语，如听仙乐耳暂明”？难道白居易是在讽刺琵琶女盗用了天子的音乐？

这里，所谓“天上”和“仙”，都是夸张，都是称赞音乐的力量。

第三篇　两三星火是瓜洲

一直为镇江鸣不平。真山真水的镇江，是吴文化的发源地之一，又曾经做过江苏省会，只是被南京、苏州、扬州这样的城市所包围，最近几十年地位有些下降。可是，镇江的山水、镇江的文化，即便在山川秀美、文化灿烂的江南，也是十分突出的。所以，当我们组织，来自安徽、江苏、上海和浙江的小朋友和家长，满满的一大车，来到镇江跨年时，大家都十分地心满意足！

镇江，古称京口、润州等，完全可以列入“诗词之城”系列，并且可以排入最前列，是当之无愧的排头兵。都知道镇江有三山：金山、焦山、北固山。别的不说，仅仅一个北固山，就有多少人写过。南宋词人辛弃疾，就写过两首北固亭的词，两首都成为千古绝唱——这种情况，其他地方还真的没有过。

南乡子·登京口北固亭有怀

（宋）辛弃疾

何处望神州？满眼风光北固楼。
千古兴亡多少事？悠悠。
不尽长江滚滚流。

年少万兜鍪，坐断东南战未休。
天下英雄谁敌手？曹刘。
生子当如孙仲谋。

永遇乐·京口北固亭怀古

（宋）辛弃疾

千古江山，英雄无觅，孙仲谋处。
舞榭歌台，风流总被，雨打风吹去。
斜阳草树，寻常巷陌，人道寄奴曾住。
想当年，金戈铁马，气吞万里如虎。

元嘉草草，封狼居胥，
赢得仓皇北顾。
四十三年，望中犹记，
烽火扬州路。
可堪回首，佛狸祠下，
一片神鸦社鼓。
凭谁问，廉颇老矣，
尚能饭否？

这个才几十米高的小山，留下的诗作，真是不可胜数。比如著名的《次北固山下》。这个王湾，我没有印象他有其他诗歌传世，但这句“潮平两岸阔，风正一帆悬”，就足以让他名垂千古。

次北固山下

（唐）王　湾

客路青山外，行舟绿水前。
潮平两岸阔，风正一帆悬。
海日生残夜，江春入旧年。
乡书何处达？归雁洛阳边。

辛弃疾的这两首词和王湾的这首诗，都已成千古名篇。镇江人文鼎盛，写镇江的诗词太多，好诗词太多。我们再看这首《题金陵渡》。

题金陵渡

（唐）张　祜

金陵津渡小山楼，一宿行人自可愁。
潮落夜江斜月里，两三星火是瓜洲。

金陵渡（西津渡）的风景之美，人文之盛，超过我的想象。记得第一次开始参观西津渡的时候，我就问，瓜洲古代是江心洲，在镇江和对岸的扬州之间，应该属于扬州。那么，“金陵津渡小山楼”，又是什么地方呢？导游说，金陵渡就是西津渡，别急，你马上见到。很快，我就看到了小山楼和古渡口的遗址。原来，金陵渡，不是在金陵（南京），是在镇江。“京口瓜洲一水间，钟山只隔数重山”（王安石）。京口，就是镇江，与金陵的钟山只有几重小山的间隔，金陵古代也被镇江管辖过。名称上有交错，是很正常的事情。

泊船瓜洲

（宋）王安石

京口瓜洲一水间，
钟山只隔数重山。
春风又绿江南岸，
明月何时照我还。

“潮平两岸阔，风正一帆悬”，在古代并不是夸张。唐宋的出海口并不在上海。那时候的出海口就在镇江扬州一带。现在苏锡常和上海的靠近长江一带，还没有淤积形成。所以在镇江扬州一带，长江宽达二十多里，形成了一个巨大的喇叭口，比现在长江的出海口还要宽阔。唐代诗人张若虚的《春江花月夜》，被后人称为“孤篇压全唐”，写的也是镇江、扬州一带，“春江潮水连海平，海上明月共潮生。滟滟随波千万里，何处春江无月明”，是写实，不是想象，也不是夸张。

意犹未尽，还要补充一下，那时候的江水非常清澈，“日出江花红胜火，春来江水绿如蓝”（白居易）。清澈到什么程度？可以与泉水乱真，可以用来泡茶。沧海桑田。唐宋以后，长江上游人口剧增，随着上游的开发，长江泥沙增多，长江淤积加快，长江入海口下移。我们都是普通人，常常站在自己的角度，此时此刻的想问题，真的很难想象什么叫沧海桑田。老实说，多年前，我第一次知道，千百年前，长江入海口在镇江扬州一带，我也是非常非常的诧异。

古代中国，长江是东西向的交通大动脉。人工开凿的大运河是南北向的交通大动脉——而且是唯一的南北向的交通大动脉。两条大动脉的交汇点就在镇江、扬州一带。南来北往，东进西出，不知道多少游子、商贾、官宦特别是文人墨客从这里走过。所以，一个弹丸之地的瓜洲，一个小小的西津渡，就有那么多诗文传世。

这首《题金陵渡》早已烙入我的心灵深处。我大学读书的地方就在长江边。乘坐长江大轮是每个学期开学、学期末放假回家唯一的选择。在慢吞吞的大轮上过夜，“潮落”“夜江”“斜月”“两三星火”，都是再也熟悉不过的景观了。年轻人容易多愁善感，什么事情都会触动情绪，那可不就正是“一宿行人自可愁”？我教女儿念过这首诗，不知道从未坐过长江大轮的她能体会否？

第四篇　远山长，云山乱，晓山青

秦观《行香子·树绕村庄》写春天，极美。小园里“有桃花红、李花白、菜花黄”、山冈上“正莺儿啼、燕儿舞、蝶儿忙”。写春天，还有什么比这首词写得更生动、更美丽的吗？

行香子

（宋）秦　观

树绕村庄，水满陂塘。倚东风、豪兴徜徉。小园几许，收尽春光。有桃花红，李花白，菜花黄。

远远围墙，隐隐茅堂。飏青旗、流水桥旁。偶然乘兴、步过东冈。正莺儿啼，燕儿舞，蝶儿忙。

但是大多数人都不熟悉这首词。不怪大家，我们的课本从来不选这首词，解放后的那些宋词选本也很少选这首词，都喜欢选那些苦大仇深的作品，好像诗词也是阶级斗争的工具。这些苦大仇深的诗词，最容易败坏孩子的兴趣。很难背，也很难理解。背多了，都怕诗词了。插一句，很多人问我，你觉得《兵车行》、《卖炭翁》、《石壕吏》不好吗？我说，不是，这些诗歌太好了，只是不适宜于小孩子读而已。

诗词其实是人世间一切真实情感的表达，有欢乐，有忧伤，当然也有痛苦。对小孩子，我们主张多给一些欢乐的、阳光的诗词。比如“渡水复渡水，看花还看花。春风江上路，不觉到君家”、“春水春池满，春时春草生。春人饮春酒，春鸟弄春声”，都是课本上没有的。这些诗对孩子浅显易懂，又是正能量的，容易懂。一句话，批判现实主义，不适宜孩子。孩子连现实是什么都还没有懂呢？更何况懂什么历史？

行香子·过七里濑

（宋）苏　轼

一叶舟轻，双桨鸿惊。水天清、影湛波平。
鱼翻藻鉴，鹭点烟汀。过沙溪急，霜溪冷，月溪明。

重重似画，曲曲如屏。算当年、虚老严陵。
君臣一梦，今古空名。但远山长，云山乱，晓山青。

这首《行香子》，是秦观的师傅苏轼苏东坡写的。先解释几个词。千万不要怕里面几个生字。这首词美极了。我从来不掩饰对这首词的热爱。七里濑（lài）：又名七里滩，在浙江省桐庐县城南。钱塘江两岸山峦夹峙，水流湍急，连绵七里，故名七里濑。濑，沙石上流过的急水。一叶：远远望去，小船在水上，确实像一片叶子。古人用“叶”做量词，真的太传神了。湛（zhàn）：清澈。藻鉴：就是背面刻有鱼、藻之类纹饰的铜镜，这里比喻像镜子一样平的水面。藻，一种水生植物。鉴，镜子。汀（tīng）：水中或水边的平地。屏：屏风。严陵：即严光，字子陵，东汉人，曾与刘秀同学，并帮助刘秀打天下。刘秀称帝后，他改名隐居。刘秀三次派人把他召到京师，他不肯做官，归隐富春江，终日钓鱼。君臣：君指刘秀，臣指严光。空名：指刘秀称帝和严光垂钓都不过是梦一般的空名而已。但：只有，只剩下。

都说江南山水如画。这首词就是一幅动态的连环画。一叶小舟，荡着双桨，像惊飞的鸿雁一样，飞快地掠过水面。天空碧蓝，水色清明，山色天光，尽入江水，波平如镜。水中游鱼，不时跃出明镜般的水面；水边沙洲，白鹭点点，悠闲自得。“过沙溪急，霜溪冷，月溪明”三句，节奏轻快，像蒙太奇，剪接了三个不同的舟行之景。两岸山峦，重重叠叠，有如画景；曲曲折折，有如屏风。在这片山水之上，发生的历史故事，让作者感慨一切都是过眼的梦境，唯有青山不老，绿水长流。

我在华东师大中文系的时候，有幸去支援山区，教过两年中学语文。那真是一段美妙的经历。我教的槎水中学位于大别山区，是一所最普通的中学。第一年教高一、初一各一个班。第二年，我教了三个班，一个初二，两个高三理科班——他们当年语文高考成绩超过了省重点、市重点和县重点，当时几乎就是奇迹。我教语文时候，喜欢带大家念诗词，找感觉，比如做填字游戏，曾经考过这首词。把“急”、“冷”、“明”三个字抽出来，往“沙溪（ ），霜溪（ ），月溪（ ）”回填。溪流有霜的时候，自然填“冷”；月亮照溪的时候，应该填“明”；溪流遇到沙滩的时候，当然填“急”。再把“长”、“乱”、“青”三个字抽出来，往“远山（ ），云山（ ），晓山（ ）”中回填。第一个填出的当然是“长”，远山逶迤，显得很长，“长远”是一个固定词组；第二个当然是“云山乱”，云是变化的，乱云飞渡，毛泽东有词“乱云飞渡仍从容”，山也在不断变化；早晨的山，干净青翠，当然是“晓山青”啦。把这几个字填进去，你就能体会诗人用字的准确，能领会这首词的美丽了。我经常带大家做这种游戏，所以大部分孩子全填对了。孩子们都有天生的诗心。千万不要磨灭它。

桐庐，真是好地方。如果带孩子到桐庐去，一定记得念这首词。“但远山长，云山乱，晓山青”，多美的词啊。我的朋友王健，他那正在读小学的儿子，背诵这两首词，极其动听，每次我做诗歌雅集，都是保留节目。

第五篇　鳞鳞居大厦

冬天的故事总是离不开一个冷字。记得小时候，爸爸讲过一个寒号鸟的故事，说是森林，秋天的阳光明媚，鸟儿们辛勤地筑造着鸟巢，准备过冬。只有一只寒号鸟，不干活，到处卖弄自己的羽毛和嗓子，嘲笑别的鸟，“冬天还早呢，着什么急！”冬天来了，寒号鸟瑟瑟发抖，“寒风冻死我，明天就垒窝。”到了第二天太阳出来，又忘记了昨晚的寒冷，开始歌唱了。终于有一天，大雪降临，寒号鸟冻死了，森林中再也听不到它的歌唱。

吃穿住行，住是人类生存的四大要素之一，就这点而言，人不过是高等级的鸟。特别是在冬天，杜甫也是在冬天感受到有一个高楼大厦的重要性：

茅屋为秋风所破歌（节选）

（唐）杜　甫

安得广厦千万间，
大庇天下寒士俱欢颜，
风雨不动安如山。
呜呼！何时眼前突兀见此屋，
吾庐独破受冻死亦足！

只要别人有得住，哪怕自己冻死也不足惜，这个境界有些高了。但是，勤劳的人就一定有房子住吗？未必。养猪的没肉吃，养鱼的没鱼吃，倒是很常见的现象。这就是下面这首诗：

陶　者

（宋）梅尧臣

陶尽门前土，屋上无片瓦。
十指不沾泥，鳞鳞居大厦。

烧瓦的工人哪怕把门前的土都挖尽了，屋上也没有一片瓦。估计只能跟杜甫一样，住草房。倒是手上一点没有泥的人，住在鳞次栉比的大厦里面。是的啊，你看到北上广的房子，几个建筑民工能买得起、住得起？还有这首诗：

蚕　妇

（宋）张　俞

昨日入城市，归来泪满巾。
遍身罗绮者，不是养蚕人。

最幸福的诗人，当属王维。王维有他的辋川别墅，他能凭写诗就能做起别墅，既说明他很厉害，也说明在盛唐，在安史之乱前，文章是很值钱的——如果他不贪污，也不是富二代的话。

鹿　柴

（唐）王　维

空山不见人，但闻人语响。
返景入深林，复照青苔上。

竹里馆

（唐）王　维

独坐幽篁里，弹琴复长啸。
深林人不知，明月来相照。

这样的别墅，总是让人羡慕不已。

第二章 小雪

雪暗凋旗画，风多杂鼓声

小雪，一年二十四节气中第二十个节气。后面还有大雪、冬至、小寒、大寒四个节气。对很多人来说，一年什么都没有干成，就这么交代了。真的急死人。

所谓“小雪”，顾名思义，就是应该开始下小雪了。当然中国之大，同一个时刻，南北的气候完全不是一回事。好在二十四节气，有一个基点，那就是以中原为核心。中原的核心又在洛阳一带，河洛文明是中国传统文明的基点。不知道洛阳下雪了没有？以前有个段子，说河南人恨不得首都在洛阳，其实，古代文化地理的首都确确实实在洛阳。其他地方，比如江南，小雪节气虽然会降温，但这时候一般是不会下雪的，深圳广州的小朋友更可怜，一年到头都看不到雪。

中国人特别是民间，对雪向来充满了感情。雪，滋润万物，所谓“瑞雪兆丰年”——有一个隔三岔五就要请我们喝酒的哥们，就用“芮雪兆丰年”做网名，他姓芮，看惯了他的签名，总是让我担心“瑞雪”是错别字。丰年很重要，意味着一个农业文明的国家大多数人能填饱肚子，也就有了国泰民安的可能。饥荒常常是社会动荡的前提。记得小时候，爸爸帮邻居写春联，常常写“山清水秀风光好，人寿年丰喜事多”。年丰，才有人长寿。

雪也意味着酷寒的开始。只是这种酷寒，在不同人那里有不同的感受。整个唐代，特别是初唐和盛唐，人们朝气蓬勃，意气风发，敢于面对一切、挑战一切，连书生都愿意远赴边塞、纵横沙场，上马杀敌、下马写诗。在他们眼里，雪和严寒是美丽的、可爱的。

有一堆的唐诗，句句精彩——“草枯鹰眼疾，雪尽马蹄轻”、“欲将轻骑逐，大雪满弓刀”、“孤舟蓑笠翁，独钓寒江雪”、“忽如一夜春风来，千树万树梨花开”、“白雪却嫌春色晚，故穿庭树作飞花”、“青海长云暗雪山，孤城遥望玉门关”、“欲渡黄河冰塞川，将登太行雪满山”、“千里黄云白日曛，北风吹雁雪纷纷”、“窗含西岭千秋雪，门泊东吴万里船”、“北风卷地白草折，胡天八月即飞雪”、“燕山雪花大如席，片片吹落轩辕台”……真所谓充满了乐观主义精神。那不是个人的乐观，那是一个乐观的时代，是一个时代的乐观。这就是后人为什么那么向往唐朝特别是盛唐的缘故——尽管盛唐照样战争不断，照样有骨肉离散。

从军行

（唐）杨　炯

烽火照西京，心中自不平。
牙璋辞凤阙，铁骑绕龙城。
雪暗凋旗画，风多杂鼓声。
宁为百夫长，胜作一书生。

比如这首诗，描写一个读书人从军边塞、参加战斗的全过程。烽火照亮长安，匹夫胸中不平，岂能再把青春年华消磨在笔墨之间。“牙璋”是皇帝调兵的符信，分凹凸两块，分别掌握在皇帝和主将手中。“凤阙”是皇宫的代称。“铁骑绕龙城”，唐军已经神速地到达前线，并把敌方城池包围得水泄不通。大雪弥漫，遮天蔽日，使军旗上的彩画都显得黯然失色；狂风呼啸，与雄壮的进军鼓声交织在一起。记得中学时候有一篇文章《李愬雪夜入蔡州》，几乎就是这首诗的散文版。

“宁为百夫长，胜作一书生”，杨炯与王勃、骆宾王、卢照邻并称“初唐四杰”。与前人讲究华美、绮丽相对照，“初唐四杰”开创了唐代人崇尚阳刚、壮美的诗风。古人说“学而优则仕”。但唐代的文人认为，恋这恋那，和怕这怕那一样，都是懦夫的表现。所以，即便是号称“诗佛”的王维也能写出“相逢意气为君饮，系马高楼垂柳边”这样痛快淋漓的诗句。

但是宋代以后，人们越来越文弱了。对雪也开始发愁了起来。蒋捷是我最喜欢的南宋词人之一，他的名作之中就有这样的句子：“都道无人愁似我，今夜雪，有梅花，似我愁”。到了清代，也是我喜欢的纳兰容若，有一首著名的词：

长相思

（清）纳兰容若

山一程，水一程，身向榆关那畔行，夜深千帐灯。

风一更，雪一更，聒碎乡心梦不成，故园无此声。

一个时代，有什么样的气质，有什么样的胸襟，就有什么样的情怀。唐代朝气蓬勃，汪洋恣肆。唐诗之中，牺牲也是壮丽的，“醉卧沙场君莫笑，古来征战几人回”，这里面没有悲壮，更不是悲哀。那是我们民族最灿烂的春天。

【关于小雪的延伸阅读】

人是环境的产物。人的身体状况和精神状态与季节、环境息息相关。俗语说，“菜花黄，痴子忙。”油菜花开的时候，是精神病发作的高峰季节。而小雪节气里，天气阴冷晦暗光照较少，此时容易引发或加重抑郁症。

这个季节宜吃的温补食品有羊肉、牛肉、鸡肉等；宜吃的益肾食品有腰果、芡实、山药、栗子、白果、核桃等。这时候的习俗是开始腌制腊肉。小雪后气温急剧下降，天气变得干燥，是加工腊肉的好时候。小雪节气后，一些农家开始动手做香肠、腊肉，等到春节时正好享受美食。那黄澄澄的腊肉是我的乡愁。

在南方某些地方，还有农历十月吃糍粑的习俗。古时，糍粑是南方地区传统的节日祭品，最早是农民用来祭牛神的供品。小雪时候适当进补可平衡阴阳。但进补之前，最好去找老中医看看。

第一篇　杳杳寒山道

古代有很多诗僧。比如说唐代高僧寒山，寒山长期隐居在浙江天台山。他的诗歌常常就题在竹子上，自己从来不存不留，不发表不出书，全靠有心的拜访者抄录下来——流传后世的这首《杳杳寒山道》也是。近30年前，我把这首诗作为一道中学考试题，考的结果我很惊诧，很意外，也很兴奋：竟然有人全对了。

那是在皖西南的槎水中学——大别山的一个盆地之中，四周高山林立。一条简陋的公路从潜山县城出发，迤逦几十公里，经过一个叫源潭的镇子之后，柏油路变成了砂石路，再经过一个叫龙井关的地方，就绕进了这个盆地。龙井关的风景极美，两侧的山峰像一把不规则的剪刀，交错在一起，一条小河从深涧中奔腾而过。山倒影在水中，清澈的水流呈现出黛青色。

那时候的教学是极其单调的，高考是唯一的指挥棒。于教材之外，我经常教学生们读古诗词，品味古诗词，是我们之间的学习，也是我们之间主要的娱乐和交流。在一次自己命题的考试中，我选了这首诗，把每一句前面的叠音字全部拿出来，打乱，让学生们再回填进去。这个训练，让学生不仅对增强理解力、提升悟性有作用，即便纯粹为了理清应试的思路、方法也有很好的价值。

杳杳寒山道

（唐）寒　山

杳杳寒山道，落落冷涧滨。
啾啾常有鸟，寂寂更无人。
淅淅风吹面，纷纷雪积身。
朝朝不见日，岁岁不知春。

题目是这样的：“啾啾”、“落落”、“寂寂”、“岁岁”、“纷纷”、“朝朝”、“杳杳”、“淅淅”八个词是出自下面这首唐诗，作者是隐居深山的高僧寒山和尚，请联系语境，把这些词回填进去。

（　　）寒山道，（　　）冷涧滨。
（　　）常有鸟，（　　）更无人。
（　　）风吹面，（　　）雪积身。
（　　）不见日，（　　）不知春。

这八个词，有一些生词，而且都是叠音词，看起来头皮发麻。但是冷静下来，还是不难的。越是遇到困难的情况，越是要冷静。冷静下来发现，除掉这八个词之后，这首诗剩下的词句都不难，还是能够成为一首完整的诗歌：寒山道，冷涧滨。常有鸟，更无人。风吹面，雪积身。不见日，不知春。意思很好理解。前面不过是修饰词罢了。

由易到难，这是最基本的应试方法，也是今后工作时的主要思维模式。众多的事情之中，先挑最容易的。比如下面这几句，春天一年一次，自然是“岁岁”——“岁岁不知春”。日，太阳，正常情况下是每天早晨就能见到，当然是朝朝——“朝朝不见日”，是说深山里面每天都见不到太阳。( )雪积身，用什么来形容雪呢？当然用大雪纷纷——“纷纷雪积身”。( )常有鸟，显然这里面不是填鸟的外貌就是填鸟的叫声，恰好有一个“啾啾”词，口字偏旁，可以形容鸟的叫声——“啾啾常有鸟”。

出来了这四句，还有四句。( )冷涧滨。冷落，是一个常见词，“落落冷涧滨”。无人，是什么感觉？寂寞、孤寂呗——“寂寂更无人”。最后剩两个词，剩两个句子。即便乱填，概率也是百分之五十，连蒙带猜，如果再有一点判断，就可能填对了。山风常常带有细雨，所谓“斜风细雨”，山里孩子都有体会，这就是带三点水边的“淅淅”——“淅淅风吹面”。因为是寒山，所以山很高路很远，“杳杳”就是远的意思——“杳杳寒山道”。这样一个个填下来，八句是不是都填对了？

我教的是两个理科高三毕业班，我相信，没有一个学生提前接触过这首诗。出乎我意料的是，多数学生填对了半数以上，还有同学全部填对了。大概是平时带他们念诗，提升了他们的感悟能力。感悟能力，以及基于感悟之上的表达能力，不就是语文教育的根本吗？欣慰的是，在潜山县，槎水中学不是省重点，不是市重点，不是县重点，在普通中学也是最普通的——但我教的两个理科班，当年高考语文平均分超过了全县所有的中学，包括省重点——在我职业生涯的开端，这个成功不但帮助了学生，也帮助我自己树立了人生的信心。山里的生活很艰苦，但经过时间的沉淀，艰苦都变成了甘甜，历久弥香。

怀念那段山里的时光。怀念那个淳朴的山区。怀念那些可爱的学生——我不能叫他们孩子，他们略年轻于我，他们是我的弟弟妹妹。

第二篇　晚来天欲雪

喝酒，最常见的是豪饮，汪洋恣肆，酣畅淋漓，“把酒为鲸饮，吹箫学凤鸣”。喝他个昏天黑地，日月无光——醉了，蒙头大睡，当然看不见光了。最温馨的却是对酌，三两知己，杯杯小酒，慢慢碰杯，心中苦乐，细细分说。这便是《问刘十九》这首诗歌中写到的情况了。新醅（pēi）酒，就是新酿造的酒，没有过滤时，新酿的米酒上据说有绿色泡沫，仿佛是“绿蚁”。小时候在农村喝过新酿的米酒，倒真没注意有没有这种泡沫。只记得甜甜的，第一次不小心喝了一搪瓷茶缸，沉睡了一个下午，知道米酒的威力了。

问刘十九

（唐）白居易

绿蚁新醅酒，红泥小火炉。
晚来天欲雪，能饮一杯无？

唐代的诗人大多都喝酒，李白斗酒诗百篇，自然名声最响。杜甫也爱酒，还写了《酒中八仙歌》。白居易没有留下喝酒的名声，但这首诗写的感觉真好。冬天，天黑得早，加上又要下雪了，兄弟，你既然来了，我们围绕着红红的火炉，喝几杯如何？不用千言万语，还有比这更暖心的吗？

十几年没有回家过年，那年春节回家，见到了不少亲朋好友，自然灌饱了酒。连早饭也要喝酒。而且是高度白酒，三分靠酒量，七分靠酒胆。最后一个中午，一桌的大学同学，“相逢意气为君饮，系马高楼垂柳边”。硬撑着，华丽丽地逃回上海。

酒真是好东西。依李白看来，天地都爱酒，“天若不爱酒，酒星不在天。地若不爱酒，地应无酒泉。”只是我们常常没有读懂酒。茶丰富人的思考，酒直通人的灵魂。一个人喝酒，肯定是借酒浇愁，因为有高兴的事情，自然会呼朋唤友，一醉方休。与人喝酒，一种因认识而喝酒，一种因喝酒而认识。在我看来，都应该是朋友。我不赞成“宁伤身体，不伤感情”，然而只要有真感情，醉一次又何妨？就怕人喝醉了，感情还是假的。

喝酒，是朋友间心灵的对白，不应虚情假意，不能口是心非，更不可有利益交换。所以，禁止公款喝酒，真是件好事情。多少年的有令不行有禁不止，现在终于改变了，还是那句话，最怕“认真”二字。

第三篇　歌曲动寒川

自从有了社会分工，行业越来越多，但依大类而言，最基本的劳动无非两大类：工业和农业。中国是农业社会，所以写农村生活和田园劳动的诗词特别多。但写，相比于田园诗的汗牛充栋，描写工业生产的诗词就寥若晨星，十分地难得一见了。

秋浦歌

（唐）李　白

炉火照天地，红星乱紫烟。
赧郎明月夜，歌曲动寒川。

《秋浦歌》，写得如此之好，更是难得中的难得。秋浦，在现在的安徽池州，是唐代银和铜的产地。赧郎，红脸的汉子。赧（nǎn），脸红。“炉火照天地，红星乱紫烟”，让我们看到了唐代色调明亮、气氛热烈的冶炼场景：炉火熊熊，红星四溅，

紫烟蒸腾，广袤的天地被炉火照得通明。冶炼的生活是热烈而幸福的，并不是想象的那么痛苦和压抑，“赧郎明月夜，歌曲动寒川”，嘹亮的歌声穿透了夜空，也穿透了寒冷的山川大地。“炉火照天地，红星乱紫烟”，这种场景是不是有现代大炼钢铁的感觉？

无数次经过池州秋浦这个地方，杏花村也在这里——“清明时节雨纷纷，路上行人欲断魂。借问酒家何处有，牧童遥指杏花村”，杏花村到底在哪里，各地吵老吵去，最后法院判了，酒的品牌归山西，但诗的地点属池州，诗人杜牧是在池州任上写了这首诗。只是法院的判决能解决文化上的问题吗？大可疑问。

从上海驱车到安庆，过了芜湖，就是铜陵，典型的江南丘陵地带，顾名思义，这是一个盛产铜的地方。自古以来冶炼行业就极其发达，稍稍往西，就是池州，也是产铜的中心，一直到安庆，还有铜的生产。高速公路周边的山头上，大片的挖掘，仿佛是一块一块硕大的疮疤。这便是采矿了。

《秋浦歌》是一组诗，最著名的是下面这一首：

秋浦歌

（唐）李　白

白发三千丈，缘愁似个长。
不知明镜里，何处得秋霜。

第四篇　疾风知劲草

央视曾经有个毕姥爷，过几年大概就没有人记得了。这个社会热点层出不穷，明星层出不穷，已经没有常青树。毕姥爷因为酒桌上骂体制的视频流出而下台。有人骂他，作为一个体制内人士，里外不一，吃了东家的饭还砸东家的锅，虚伪，不忠诚。后来网上又指责那个疑似把视频晒出来的人，卑鄙，不坦荡。进而说拿私下场合的事情进行举报，让人不寒而栗。还有人搬出《人民日报》年初的那篇评论——《不告密是道德底线》，作为论证。作为酒桌上经常胡言乱语的我，自然也十分赞成这个观点。

赠萧瑀

（唐）李世民

疾风知劲草，板荡识诚臣。
勇夫安知义，智者必怀仁。

就忠诚、坦荡这个主题，念一首诗，唐太宗李世民的《赠萧瑀》。萧瑀（yǔ），南朝梁明帝之子，萧皇后之弟。刚正不阿，光明磊落，精通佛法道理。他历经三朝，自己皇室出身，又跟隋炀帝共同生活多年，感情很深。萧瑀秉性耿直刚烈，对隋炀帝的骄奢无道，屡次劝谏，炀帝大为恼火。隋朝灭亡后，追随唐高祖李渊，是唐朝建国的功臣。太宗即位后，萧瑀五次担任宰相，但因为个性刚烈，五次被罢免。唐太宗晚年修建凌烟阁，画上二十四开国功臣，萧瑀列第九位。

这首诗是唐太宗李世民写给萧瑀的一首诗。唐太宗雄才大略，国家治理得好，这就不说了，但留诗不多，而且大多很一般。千年之后还被嘲笑“唐宗宋祖，稍逊风骚”，就是说他文章差了一点的意思。但这首《赠萧瑀》还是很著名。诗歌的意思是说，在狂风中才能看得出是不是强健挺拔的草，在动荡的年代里才能识别出是不是忠贞不贰的臣。勇夫怎么懂得为国为民的道理，而智勇兼具的人内心里必然怀有忠君为民的仁爱之情。

这首诗极富哲理。前两句历来被传颂。“疾风知劲草，板荡识诚臣”，只有经过尖锐复杂斗争的考验，才能检验出一个人的品质和节操。这话说得十分正确。不过，雄才大略的唐太宗恐怕也想不到，酒场如战场，不仅仅拼拼酒，酒桌上也有尖锐复杂的斗争。

第五篇　寒到君边衣到无

身在重庆的妹子听说超强寒潮呼啸而来，慰问在杭州的老妈，得知老妈引领生活时尚，走在潮流之前，作为抢购生鲜蔬菜的主力军一员，正在抓紧囤货。比起还在矫情穿不穿秋裤的重庆妹子来，一日三餐烟火人家原来才是最真实的生活。

天寒地冻，有的地方大雪纷飞，有的地方一直没有雪，但也奇冷无比，给暖冬打了一份折扣。酷寒之中，让我们想起唐代女诗人陈玉兰的这首《寄夫》。

寄　夫

（唐）陈玉兰

夫戍边关妾在吴，
西风吹妾妾忧夫。
一行书信千行泪，
寒到君边衣到无？

无须多说，读到这首诗，“寒到君边衣到无”，身在外地的亲人有没有感受到寒冬中的一丝暖意。冰天雪地，暖衣暖心。虽说如今寄钱比寄冬衣方便千百倍，但来自家人的问候，无疑仍然是世界上最温暖的御寒神器。当然还有丰厚的年终奖，部分也可以取代这种功能。

你对那些寒冷还有记忆吗？你还有满心期待下雪的童心吗？重庆妹子长到三十几岁，不用五个手指头就能数清见过几次下雪，这已经包括天上飘些肉眼看不清的雪花，一落地上就成水的情形。至于唐朝高骈写的“六出飞花入户时，坐看青竹变琼枝”美景，你见过青竹变琼枝的美景吗？反正我是没见过。白居易的《夜雪》写道：“已讶衾枕冷，复见窗户明。夜深知雪重，时闻折竹声。”你听过雪夜折竹声没？反正我是没听过。

好遗憾。古人常见的美，消失了许多。

当年在济南上大学，每年冬天第一场雪，整个校园闹得最欢的就数重庆来的，尤其是新入校的小鲜肉们。山东大汉们很是不屑：就是下场雪而已，至于么？这么大清早大喊大闹的，还让不让人睡个回笼觉。问你，没见过下雪吗？重庆小鲜肉很真诚：长这么大，我真没见过下雪，重庆有一特点，就是不下雪。山东大汉当场被噎倒。（潘乐媛）

第三章 大雪

孤舟蓑笠翁，独钓寒江雪

大雪，二十四节气中的第二十一个节气。冬天的第三个节气，仲冬的开始。春夏秋冬，每个季节都分孟、仲、季三个阶段，一个阶段就是一个月。仲冬就是冬天到了中间那个阶段，中原大地已经不再是初冬了。中国古代以中原为核心，“中国”其实就是“中原”的意思，中原的核心地是洛阳一带，节气的标准地在那一带。就像每个城市都有原点一样，中原，特别是洛阳，是中国的原点。

只是二千年后的今天，全球已经变暖，洛阳下雪了吗？气象学上说，海拔下降一千米，气温下降六度。生长在大别山区，比洛阳来说，稍稍是南方，但是海拔高，所以冬天大雪封山是一定的。那时候还没有改革开放，但也有一点点市场经济，冬天大家猫在家里做点手工业。而老人孩子们则主要是窝冬，围在火盆周边烤火。所谓火盆，就是一个矮矮的木头架子上，放一个铁锅一样的盆，用树根、木头来烧火。有些人家没有火盆，就用砖头四面一支，中间烧火，木头燃烧时候都有烟，虽说晒干以后，烟不大，但日久天长，也把房屋熏得黑黑的。冬天本来水分低，皮肤很干燥，又加上烘火，所以小孩子们一个个皴得更厉害。条件好的人家烤栎树炭，活力大，又持久，让我们穷人家羡慕不已。

冬天上学是极其苦的差事。起床难且不说。来回在雪地里走路，摔跤是难免的事情，如果把陶制的火炉摔坏，挨打是躲不掉的。后来上高中，离家几十里，全靠步行，春季开学，上山下山，把那种黄帮子的回力鞋捆上一团团稻草，在大人的护送下，拄着拐杖，慢慢走山路，要走一整天——在危险的地方，千万不能摔跤，否则摔下悬崖或者深涧，呵呵，就彻底回归自然了。这种故事——其实是事故，总是有，幸好没有落在自己头上。

所以，雪，对山里娃来说，痛苦大于快乐。打雪仗，堆雪人，是城里娃的想象。还有就是诗人的想象——诗人，就是一帮吃饱了饭没有事情干的人。用文学的语言来说，要有闲情。

江　雪

（唐）柳宗元

千山鸟飞绝，
万径人踪灭。
孤舟蓑笠翁，
独钓寒江雪。

比如，这首《江雪》“孤舟蓑笠翁，独钓寒江雪”，蓑笠翁为什么冬天垂钓，他冷吗，他孤独吗，他有什么无奈？诗人不知道，我们不知道。但诗歌很美。很美的诗歌总是不少：

夜　雪

（唐）白居易

已讶衾枕冷，复见窗户明。
夜深知雪重，时闻折竹声。

终南望余雪

（唐）祖　咏

终南阴岭秀，积雪浮云端。
林表明霁色，城中增暮寒。

这些都描写雪景之美。只有下面一首诗是另类，充满了对穷人的关怀。历朝历代，总有人把普通的冷暖放在心上，让人感动。

雪

（唐）罗　隐

尽道丰年瑞，丰年事若何？
长安有贫者，为瑞不宜多。

【关于大雪的延伸阅读】

“大雪”是农历二十四节气中的第21个节气，更是冬季的第三个节气，标志着仲冬时节的正式开始大雪的意思是天气更冷，降雪的可能性比小雪时更大了。到了这个时段，雪往往下得大、范围也广。

常说，“瑞雪兆丰年”。严冬积雪覆盖大地，保持地面及作物周围的温度不会因寒流侵袭而降得很低，冬作物创造了良好的越冬环境。积雪融化时又增加了土壤水分含量，供作物春季生长的需要。雪水中氮化物的含量是普通雨水的5倍，有一定的肥田作用。有“今年麦盖三层被，来年枕着馒头睡”的农谚。

大雪时节，除华南和云南南部无冬区外，我国大部分地区已进入冬季。老南京有句俗语，叫做“小雪腌菜，大雪腌肉”。大雪节气一到，家家户户忙着腌制“咸货”。将大盐加八角、桂皮、花椒、白糖等入锅炒熟，待炒过的花椒盐凉透后，涂抹在鱼、肉和光禽内外，反复揉搓，直到肉色由鲜转暗，表面有液体渗出时，再把肉连剩下的盐放进缸内，用石头压住，放在阴凉背光的地方，半月后取出，将腌出的卤汁入锅加水烧开，撇去浮沫，放入晾干的禽畜肉，一层层码在缸内，倒入盐卤，再压上大石头，十日后取出，挂在朝阳的屋檐下晾晒干，以迎接新年。

大雪是“进补”的好时节，素有“冬天进补，开春打虎”的说法。冬令进补能提高人体的免疫功能，促进新陈代谢，使畏寒的现象得到改善。冬令进补还能调节体内的物质代谢，使营养物质转化的能量最大限度地贮存于体内，有助于体内阳气的升发，俗话说“三九补一冬，来年无病痛”。

第一篇　白狗身上肿

在《中国诗词大会》前，央视曾经有个节目，叫《中国谜语大会》，出了这个题目。这算谜语当然没有问题，但这是诗歌，是正宗的打油诗祖宗。

咏　雪

（唐）张打油

天下一笼统，井上黑窟窿，
黄狗身上白，白狗身上肿。

笼统：遮盖在一起、分不清的意思。在古代，诗歌是一件非常正经、非常严肃的事。做诗有严格的格式、韵律的要求，是文人的基本功和科举考试的重要内容。诗写得好不好，向来都是鉴别文人才气高下的一个标准。你说，突然有人这么滑稽的写诗，岂不有点“糟蹋”诗歌的味道？开这种滑稽、诙谐诗歌之先的，就是唐朝这个叫张打油的人——他的名字真的叫打油。人们就把这样的诗歌称为“打油诗”。

你还别说，这首诗写雪景，还真是让人叫绝。第一句写全貌，第二句特写一个井，第三四句对比黄狗和白狗的变化。

没有提一个“雪”字，但都暗含着下雪。所以像谜语。诙谐幽默，轻松逗人。孩子背几首也是不错的事情。乐趣呗。

这个张打油，做了不少滑稽事。有一年冬天，一位大官去祖祠祭祀，看到大殿墙壁上写了这样一首诗：“六出九天雪飘飘，恰似玉女下琼瑶。有朝一日天晴了，使扫帚的使扫帚，使锹的使锹。”花分瓣叫出，雪花六角，因而称六出。这么严肃的场地，配上这么滑稽的诗句，这位官员顿时大怒。邻居说，这肯定是张打油写的。把张打油抓来，这位官员命令他再写一首。要说那时候的官，还是很开明的。张打油脱口而出，以安禄山围困南阳为题材，写了一首：“百万贼兵困南阳，也无援救也无粮。有朝一日城破了，哭爹的哭爹，哭娘的哭娘。”大家哄堂大笑，这位官员也笑了，饶了张打油。

传说当代人郭沫若有一首诗，《赞石林奇观》：“远看大石头，近看石头大。石头果然大，果然大石头。”也可以列入此类。

第二篇　北风吹雁雪纷纷

又一位在“升（xīn）华（huá）舍（shè）”一起并肩战斗过的前辈离开了。宗凯兄（编者注：魏宗凯）不光在公众号“宝宝念诗”中传出离职的消息，而且不显山露水地炫了一把文才和书法，间接证明了小鳖当年参与念诗中帮他植入的不是虚假广告。

其实，小鳖和宗凯兄相识数年、联络多次，一起署名的稿子有好多篇，却只有一面之缘，现在想想真是遗憾（尼玛我在上海出差的时间都去哪里了啊……）

宗凯兄刚过不惑之年，但人生阅历充满传奇色彩，近年来更是“升华舍”了不得的产经记者、“宝宝念诗”的高产作者，一直是我仰慕的新闻界前辈。看到宗凯兄辞职创业的消息，震惊意外之余，第一时间想到的便是高适的这首《别董大》。

别董大·其一

（唐）高　适

千里黄云白日曛，
北风吹雁雪纷纷。
莫愁前路无知己，
天下谁人不识君。

赠别诗是唐诗的“主旋律”之一。送别情景雷同，但不同诗人笔下的色彩和情调不一，各有各的逼格。王维的“劝君更尽一杯酒，西出阳关无故人”温文敦厚，李白的“孤帆远影碧空尽，唯见长江天际流”寄情山水，王勃的“海内存知己，天涯若比邻”大气豪迈……而高适的《别董大》，则属于直抒胸臆，几乎是用“大白话”表达对朋友的真诚情谊与坚定信念。

这首诗作于公元747年（天宝六年），高适送别的对象是著名琴师董庭兰。“千里黄云白日曛，北风吹雁雪纷纷。”曛（xūn）指的是夕阳西沉时的昏黄景色。夕阳无限好，只是伤别离。所谓触景生情，在此日落黄昏、云沉雪暗、天寒地冻、北雁凄凄之际，很容易渲染出悲伤的情绪、凄凉的别意。

然而，后两句却急转直下，犹如从哀伤乐换为进行曲，一扫千丝万缕的离愁别绪。在即将分手之际，高适满怀激情地鼓励友人踏上征途、迎接未来——“莫愁前路无知己，天下谁人不识君？”

你不要担心以后遇不到知己，天下哪个不知道你董庭兰啊！这样充满强烈反问色彩而又朴实无华的临别赠言激昂慷慨、鼓舞人心，激励他的挚友去奋斗和拼搏，这样的正能量难道还不足以让人满血重生？

宗凯兄刚过不惑之年，上有老下有小，事业有成之际却毅然决然开始了新的人生，令我万分佩服。十多年前，我初次阅读埃德加·斯诺的《西行漫记》，有一章的标题迄今印刻在心中，那是写徐特立的“人生五十始”。（在大革命最低潮的1927年，这个已经五十岁的教书先生居然投身到红色革命潮流中……）

相比之下，宗凯兄可算是“人生四十始”了。虽然小鳖还不知道他辞职之后去新平台具体要干啥，但是“莫愁前路无知己，天下谁人不识君”嘛。

当然，无论去到哪里，切莫忘记曾经一起在道上混的朋友。青山不改，绿水长流，江湖再会！稍微改下台湾文人李敖年轻时写下的诗，祝福您今后逢山开路、遇水搭桥、蒸蒸日上、鹏程万里：

漆黑的隧道终会凿穿，
千仞的高岗必被爬上。
当百花凋谢的日子，
你将归来开放！

（领南土鳖）

第三篇　日暮诗成天又雪

冬天的精灵是雪，冬天的标志是雪。但是，中国区域之大，北方千里冰封、万里雪飘，在冬天是常见的景象。在南方，比如说五岭以南，下雪估计跟下珍珠一样稀罕。在上海，似乎每年都可以期待，每年都担心失望。如果真的下雪，微信朋友圈里肯定一片喜大普奔——这是网络语，“喜闻乐见、大快人心、普天同庆、奔走相告”的缩写——上海要雪啦！因为罕见，所以好玩。

在贫困的大别山区长大，从小对雪有感情，不是因为好玩。其实下雪天，出门上学是一个苦事情，路上摔跤、教室挨冻的滋味都不好受。但爸爸说，因为下雪，大雪覆盖了大地，一是可以杀死虫害，二是雪融化后提供水分，这些都可以确保来年丰收，所谓“瑞雪兆丰年”，是有实实在在的科学依据的。在一个时刻担心食物的年代，哪怕是挨冻中的小屁孩，也学会了对雪充满着感恩。

但是故乡的雪，终究是少了。大雪封山几个月，也成了回忆。

雪　梅

（宋）卢梅坡

有梅无雪不精神，有雪无诗俗了人。
日暮诗成天又雪，与梅并作十分春。

扯远了。念了几次的梅花诗歌，总有隐隐的遗憾，终于等到了雪。梅和雪是不能分的。梅的最大品格不就是傲霜斗雪，不与群芳争艳吗？于是想起这首诗。

这首诗的意思很简单，有了梅花，没有下雪，总归少了一点神韵；有了梅和雪，没有写出一首好的诗歌，总归是俗气了一点。等到傍晚，梅、雪、诗都有了，这才是十全十美的春天啊！

其实《雪梅》是两首诗，上面是第一首。第二首也写得好："梅雪争春未肯降，骚人阁笔费评章。梅须逊雪三分白，雪却输梅一段香。"竟然说梅和雪斗法来了，梅花和雪花都认为各自占尽了春色，谁也不肯服输。降（xiáng），投降，服输。诗人都搁下了笔，难写评判的文章。梅花呢，须逊让雪花三分晶莹洁白；雪花呢，却输给梅花一段清香。骚人，诗人的意思。

真是写得好生动，好有趣的诗歌啊！不要怕冷，带孩子踏雪、寻梅、念诗吧。

第四篇　梅须逊雪三分白

老天不负我们，才过小雪节气，许多地方都下雪了，朋友圈里、微信群里都在晒雪，洛阳下雪、南京下雪、芜湖下雪、武汉下雪……难道不知道，雪是水做的，最怕晒么？

从小在山里长大，冬天大雪封山，阻断了绝大多数的来往。正好也没有农活可以干，于是家家户户在家窝冬。窝冬最常见的方式就是用干燥的树蔸、树桩来烤火。家家户户都有一个火盆——条件好的人家是用一个四四方方的木头架子，中间一个特制的铁锅嵌在里面，有几公分宽的平铺的沿；普通的人家用破了而无法修补的普通铁锅，属于废物再利用；特别穷的人家就用破碎的土砖砌起一个四方形池子。火盆不一样，烧的东西大同小异，都是树根之类。穿着各种破旧棉袄的村民，围在炉子边烤火，听着噼噼啪啪的响声，看着跳动的火焰，穷得很温馨。

穷有穷的味道。没有雪，哪有这么多穷享受？只是苦了我们上学的人。小孩子要上小学，来回少不得要走雪路，冷、皮肤皴得血丝暴露，还有摔跤，都是难免的事情。上高中的学生更可怜，放寒假和开学，都要在大雪中赶几十里的山路。“云横秦岭家何在，雪拥蓝关马不前”，韩愈的诗，据说毛爷爷在长征途中，经常念起，很能体现他心中的迷惘。这两句，也很能表达学子的心境——故乡已经不是理想的归宿，人生的理想国又在哪里？

“瑞雪兆丰年”，雪既能杀灭潜在的虫害，又为大地储藏了水分——保证农作物的生长，所以对人类是有益的。但是，咏雪又是典型的文人诗。雪是有闲情的人才能欣赏的东西。所以宝钗黛玉能赏雪，焦大刘姥姥不会赏雪，只会觉得下雪冻死人。“朱门酒肉臭，路有冻死骨”，有“冻死”之忧的人是不会赏雪的，只有“酒肉臭”的人才能够赏雪吟诗——大多数艺术都是富人创造的，这和我们课本上讲的不一样。

雪梅（其一）

（宋）卢梅坡

梅雪争春未肯降，骚人阁笔费评章。
梅须逊雪三分白，雪却输梅一段香。

雪梅（其二）

（宋）卢梅坡

有梅无雪不精神，
有雪无诗俗了人。
日暮诗成天又雪，
与梅并作十分春。

穷人操心柴米油盐。

富人经常无病呻吟——不少艺术佳作就是这么来的。比方说这两首《雪梅》。先看第一首，“梅雪争春未肯降”，梅和雪都是自然界的无知无识的物件，何时真的争过春天？这都是文人（骚人）惹出的话题，还说自己搁下笔、很难评定梅和雪的优劣（“阁笔费评章”）。结果，他得出结论：“梅须逊雪三分白，雪却输梅一段香”，梅没有雪的白，雪没有梅的香，总之都好，都不是全好。再看第二首，又是无事生非，“有梅无雪不精神，有雪无诗俗了人”，光有梅，没有雪，精神没了；有了梅，有了雪，没有诗，人都俗了。等到天色将晚，诗歌写好了，雪也下了，与正在盛开的梅花一起，成就了十全十美的春天。

真是诗人的情怀，典型的文人诗歌，小资产阶级的调调。但大家都很喜欢，是不是？描写雪的诗歌千千万万，再推荐一首，很喜欢，但很少人知道，“江山不夜雪千里，天地无私玉万家”，比起“千里冰封，万里雪飘”，是不是同样的有气势，但是更加美，更加有诗情画意？

雪

（元）黄　庚

片片随风整复斜，飘来老鬓觉添华。
江山不夜雪千里，天地无私玉万家。
远岸未春飞柳絮，前村破晓压梅花。
羔羊金帐应粗俗，自掬冰泉煮石茶。

第五篇　六出飞花入户时

一到冬天，就有朋友在群里晒雪。不羡慕。雪，上海少见，广州几乎没有，在南方人看来是稀罕物。从观赏的角度来说，“千里冰封，万里雪飘”、“山舞银蛇，原驰蜡象”……确实很美。但是，美，需要变化，一成不变的雪最容易让人感到单调。记得多年前，与老李等几位好友集体到东北过春节。开始看到漫天遍野的雪，女儿开心得不得了，直往里面蹦，我们生怕平坦的雪地下面可能是壕沟，所以很紧张。但这种开心劲头没有维持两个钟头……然后就是没精打采的，怎么总是看雪。山呢，水呢，景呢？都在雪下面，竟有些恨恨的味道。

旅游尚且如此，真要生活在冰天雪地里，日子更加不好过，至少不像诗歌那么浪漫。小时候，在大别山区，从立冬下雪，一直到开春。开始下雪两天挺好玩，堆雪人、打雪仗，不亦乐乎……很快就腻味了。剩下的大把日子就这么熬着，一个个把破衣烂衫裹在身上，麻球似的，村姑的清纯、少年的英俊，全没了。起床麻烦，洗澡麻烦，穿衣麻烦，上学麻烦……

所以从小对雪有些纠结，说不上怎么坏，也谈不上怎么好。爸爸一直说，大雪意味着丰沛的水分，意味着虫害的被消灭，也就意味着第二年粮食的丰收，所以有一句话叫做“瑞雪兆丰年”。但是丰收是间接的，冻死人是直接的，所以，还是不能消除对雪的矛盾。倒是现在，时间过滤了很多的东西，非常怀念故乡的雪。

或许矛盾无所不在。作者高骈就是一个非常矛盾的人。他是一位晚唐名将，军事家，说他是个武人，也是个著名的文人。他的《山亭夏日》，夏天念过，非常好：

山亭夏日

（唐）高　骈

绿树阴浓夏日长，楼台倒影入池塘。
水晶帘动微风起，满架蔷薇一院香。

“满架蔷薇一院香”，看起来真是一位懂生活、有情调的隐士。但实则不然，他的一生大开大合，悲喜交加。他出生于军事世家，一生辉煌之起点为公元866年率军收复交趾（今越南），破蛮兵20余万。那个高喊“冲天香阵透长安，满城尽带黄金甲”的黄巢造反了，高骈多次重创黄巢，成为风雨飘摇的晚唐一大支柱。但后来中计，大将阵亡，高骈由此不敢再战，致使黄巢顺利渡江、攻陷长安。高骈一生功名毁于一旦。

他写夏天以《山亭夏日》为代表，现在的小学课本上都有这首诗，可见这首诗的著名程度，要知道整个唐代的诗人和诗作何止千千万万。他写冬天以这首《对雪》为代表。

对　雪

（唐）高　骈

六出飞花入户时，
坐看清竹变琼枝。
如今好上高楼望，
盖尽人间恶路歧。

这是一首借景抒情之作，作者希望白雪能消除人世间一切罪恶，使艰难险阻都变成光洁的坦途。六出：六瓣。雪的形状如六瓣花。琼枝：白玉雕成的树枝。恶路歧：险恶的岔路。诗歌的基调是高昂的。

谈到写雪，最凄凉的莫过于《红楼梦》。第120回，也就是最后一回，写到贾政扶贾母灵柩回金陵路上，走到陵驿这个地方，在船头的雪影之中，看到贾宝玉俯身下拜，然后随一僧一道，在雪地里飘然而去。贾政追过去，雪地上毫无踪迹，“大地白茫茫一片真干净”，这种凄凉入骨，比高骈的诗歌不知道又冷了多少分。高骈，虽然是晚唐，但毕竟也是生活在唐代，那是一个瘦死的骆驼比马大的时代。

第四章

冬至

一九二九不伸手，三九四九冰上走

冬至，二十四节气中的第二十二个节气。后面还有两个节气：小寒、大寒。于是一个传统的农历年也就结束了。冬至是最重要的一个节气，所以写冬至的诗词当然不少，可是脍炙人口的不多，大多写得又沉重又拗口，既不适合大人读，更不适合小孩子。在我看来，所有的冬至诗词都抵不上这首流传于全国各地的《九九歌》。今天我们来复习这首《九九歌》。这首儿歌，我非常建议孩子们背熟它。里面有很多自然和生活知识。

九九歌

民间歌谣

一九二九不伸手，
三九四九冰上走；
五九和六九，河边看杨柳。
七九河沿开，八九燕子来。
九九加一九，耕牛遍地走。

什么叫“冬至”呢？“至”，在这里不是“到”的意思，“冬至”不是冬天到了——在“立冬”节气的时候，冬天就到了。至，是“最”的意思，至亲、至交、至高无上、至理名言……都是“最”的意思。“冬至”就是最冬天的意思。这跟“夏至”，是最夏天一个样。

“冬至”为什么是最冬天呢？众所周知，太阳照射地球，在北回归线和南回归线之间来回走动，所以叫“回归线”。

太阳直射北回归线的时候，北半球太阳最高，白天最长，获得的热量最多，所以是最夏天，那是“夏至”。太阳直射南回归线的时候，北半球太阳最低，白天最短，获得的热量最少，所以是最冬天，这是“冬至”（北半球的冬至）。

中国古人最早测出了一年夏至和冬至的时间。然后逐渐测算出了二十四个节气，所以夏至、冬至这两个节气，基本上可以算是节气的基准点，也是最重要的节气。

物极必反，从“冬至”之后，太阳逐渐回来了，北半球的白天开始变长。但是北半球却进入了一年最寒冷的时候，所谓“数九寒冬”。从今天开始，“一九”开始了，一直到九九八十一天，春暖花开。其中三九、四九最冷，为什么不是冬至最冷呢？这是因为地球上积累的热量还在散发。虽然冬至之后，北半球接收到的太阳热量逐渐增加，但入不敷出，散发的热量更多，所以温度还会下降，一般到三九、四九之后，热量收支平衡，北半球就开始趋于暖和起来。到了九九，中国大部分地区春暖花开，就是歌中唱的“九九那个艳阳天”了。

勤劳智慧的中国古人总结出一年四季变换的规律，并且形成了大量的歌谣和口诀。比如今天跟大家来念的“九九歌”，有的地方叫“数九歌”。各地版本略有不同。我用的是我爸爸教我的版本，觉得念起来顺口。如果你有另外的版本，当然也可以用啦。

这首简单的“九九歌”，有着丰富的气候知识、天文知识和地理知识。让孩子到大自然去感受冷暖吧，顺便教教这首九九歌。不要总把孩子放在温室里。孩子的一生，不可能总在温室里长大。所有的父母，都无法呵护孩子的一生。或者说，需要父母呵护一生的孩子，也不是父母所希望的。

【关于冬至的延伸阅读】

数九，又称“冬九九”，是一种汉族民间节气。数九习俗，至少在南北朝时已经流行。当时书籍中就写道：“俗用冬至日数及九九八十一日，为寒尽。”数九寒天，就是从冬至算起，俗称“交九”，每九天算一“九”，一直数到“九九”八十一天，即为“出九”，“九尽桃花开”，天气就暖和了。汉族民间广为流传的冬至“九九歌”，生动形象地记录了冬至到来年春分之间的气候、物候变化情况，同时也表述了农事活动的一些规律。各地的九九歌有些区别，但大同小异。

冬至是中国农历中一个重要的节气，也是中华民族的一个传统节日，冬至俗称“冬节”、“长至节”、“亚岁”等。早在二千五百多年前的春秋时代，中国就已经用土圭观测太阳，测定出了冬至，它是二十四节气中最早制订出的一个，时间在每年的公历12月21日至23日之间。冬至这天，太阳直射地面的位置到达一年的最南端，直射南回归线（南纬23° 26'）。对北半球各地而言，冬至也是全年正午太阳高度最低的一日。这一天北半球得到的阳光最少，比南半球少了50%。北半球的白昼达到最短，且越往北白昼越短。如中国最南端——曾母暗沙这天的白昼达11小时59分，而中国最北端的黑龙江省漠河县仅有7小时34分。冬至过后，夜空星象完全换成冬季星空。

冬至日是“阴极之日”，北半球昼至短，夜至长。过了冬至以后，太阳直射点逐渐向北移动，北半球白天逐渐变长，夜间逐渐变短，所以，有俗话说，“吃了冬至面，一天长一线。”

冬至的习俗很多。中国古代对冬至很重视，冬至被当作一个较大节日，曾有“冬至大如年”的说法。周秦时代以冬十一月为正月，以冬至为岁首过新年。直到汉武帝采用夏历后，才把正月和冬至分开。人们认为，过了冬至，白昼一天比一天长，阳气回升，是一个节气循环的开始，也是一个吉日，应该庆贺。汉代高峰时期朝廷休假三天，君不听政；民间歇市三天，热闹程度不亚于过年。唐、宋时期，冬至要祭天祀祖，皇帝到郊外举行祭天大典，百姓要向父母尊长祭拜。明、清两代，皇帝均有祭天大典，谓之“冬至郊天”。宫内有百官向皇帝呈递贺表的仪式，而且还要互相祝贺。

中国人特别注重冬至养生。冬至在养生学上是一个最重要的节气。冬至时节天气寒冷，人体需要足够的能量来抵御寒冷，而肉类含有丰富的蛋白质、碳水化合物和脂肪，有补气活血，温中暖下的功效，是进补的佳品。女性冬至吃些肉类可中和寒气，加快内分泌，增强机体的抵抗力。注意养肝护肝。中医认为，女性肝为主，有疏通经血之用。因此，一旦伤肝，女性就会出现妇科方面的问题。所以，女性要注意养肝、护肝，不可动怒。日常应多吃养肝食物，如菠菜、芹菜、莴笋、大蒜等。

经常听到人说，冬至要早回家。为什么呢？从气候学上说，冬至这一天，太阳最短，太阳最低，太阳最弱。所以中国人传统观念认为，这天也是最阴的日子。据信，阳间为人的世界，阴间为鬼的世界。所以这一天正是大鬼小鬼最活跃的时间。特别是到了晚上，太阳完全落山之后。这时候，人最好要避开它们。从社会学来说，这天又是祭神祭祖的日子，自然也是大鬼小鬼出来东逛西逛的开心日子。所以，冬至，人们就早早回家，关上门窗吧。

第一篇　青海长云暗雪山

国土从来都是一寸一寸打出来的。“一寸山河一寸血”，实在不是夸张。中国，本来的意思就是中原。感谢历朝历代雄才大略的帝王和英雄们，东边和南边打到大海，西边打到难以逾越的高山，西北和北边打到草原和大漠，才有了现在中国的版图。

简要复原一下，中国版图的形成，有几个重要的节点：秦的贡献在于统一，消灭了大大小小的国家，建立了大一统的王朝，所以秦始皇伟大而不朽。汉代征服西域，否则就没有现在的新疆、甘肃，汉武帝的雄才大略是中华民族永远的财富。唐代把东北彻底纳入了中华民族的版图，“唐宗宋祖”并称，但就对疆土的贡献而言，宋祖实在差得太远。元朝疆域曾经达到1 400多万平方公里，兵锋所指，横扫欧亚大陆，给后人增加了无限的想象空间，那些地方都曾是我们的哦。元清朝则将西藏正式划入中国版图。清朝不是只有腐朽，也有康熙的强盛，疆土最大时达到1300万平方公里。可惜，到了近代，先是丢了北面一大片土地，后来蒙古又划出去了。

所谓“爱好和平”的民族，那多半是弱小者的外交辞令。人类学家认为，战争和灾荒是大自然的永恒法则，是上帝的无形之手在调节。中国有句古话，“宁为太平犬，不做乱世人”，一旦有战争，必然生灵涂炭，骨肉分离。所以人类要珍爱和平，可是和平从来就是打出来的。这仿佛是个悖论。其实不然，和平是竞争者实力相当时的媾和。一旦发展有快有慢，实力不平衡了，战争也就不远了。一些小国，在旁人看来很小，一旦后来居上，野心膨胀起来，玩起蛇吞象的游戏，照样不含糊。

有战争，就有描写战争的诗歌。边塞诗是战争诗歌的一种。中国古代的边塞诗，一直绵延不绝，成为主旋律之一。《诗经·小雅·采薇》中就有这样的句子："昔我往矣，杨柳依依。今我来思，雨雪霏霏"，写的是将士出征和归来的场景。古人这时候写杨柳，可不是后来的缠缠绵绵，"相逢意气为君饮，系马高楼垂柳边"（唐·王维），那是一股豪情充斥胸间。到了宋代，"今宵酒醒何处，杨柳岸，晓风残月"（柳永），杨柳就变成儿女情长了。

从军行

（唐）王昌龄

其一

烽火城西百尺楼，
黄昏独上海风秋。
更吹羌笛关山月，
无那金闺万里愁。

其二

琵琶起舞换新声，总是关山旧别情。
撩乱边愁弹不尽，高高秋月照长城。

其四

青海长云暗雪山，孤城遥望玉门关。
黄沙百战穿金甲，不破楼兰终不还。

其五

大漠风尘日色昏，红旗半卷出辕门。
前军夜战洮河北，已报生擒吐谷浑。

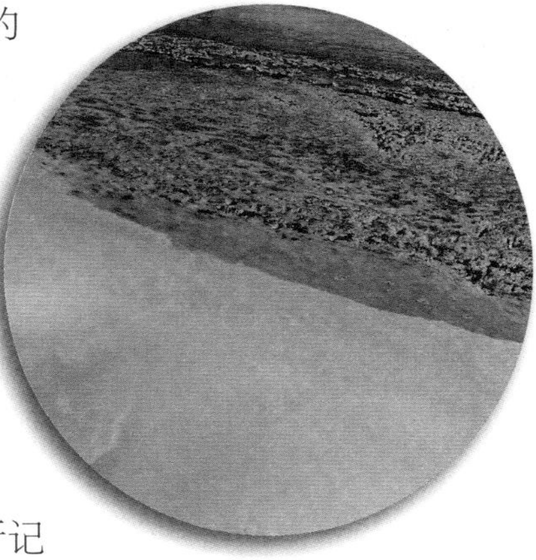

唐代最强盛，所以唐代的边塞诗也最兴盛。唐代边塞诗中，王昌龄是最具代表性的人物之一。他的七首《从军行》更是代表作。这四首我都教女儿背过，不知道她还记得否。但我相信，即便她现在忘记了，将来到了某一个情境，过去所记得的诗句照样会浮现在脑海里，甚至脱口而出——想到这点，我就很幸福。

解释一下里面的几个字词。羌笛：羌族竹制乐器。关山月：乐府曲名，多为伤离别之辞。无那：无奈，指无法消除思亲之愁。新声：新的歌曲。关山：边塞。撩乱：心里烦乱。边愁：久住边疆的愁苦。青海：指青海湖，唐朝大将哥舒翰筑城于此。雪山：即祁连山，山顶终年积雪。孤城：即玉门关。楼兰：汉时西域国名，在今新疆鄯善县一带。洮河：源出甘肃临洮，流入黄河。吐谷（yù）浑：古代少数民族名，唐高宗时被唐朝所击败。

这四首诗有愁苦，有悲壮，但不哀伤，不小家子气，用评论者喜欢的话讲，叫充满了革命英雄主义。任何时代都需要这种英雄主义。人生要有大格局。我教女儿念诗的时候，喜欢教她边塞诗，不大喜欢教她宋词——我一直认为，小孩子读诗要从唐诗开始，不要从宋词开始。不是宋词不美，而是宋词总体来说格局较小，缺乏阳刚之气和进取之心。于国家而言，不思进取，就是不敢进攻。即便在国难当头，进攻，也是最好的防守。主张防守的宋明，国土最小；擅长进攻的汉唐和元朝，疆土最大。人生也是这样，进取的人生，其实就是敢于向未来进攻的人生，就是主动迎接挑战的人生。

第二篇　秦时明月汉时关

王昌龄除了写宫斗剧，也写战争片。在齐梁隋唐时代，写美人的诗人，一般都写边塞诗，大概因为受众差不多。王昌龄的《出塞》被明朝人追认为“唐人七绝压卷之作”。什么叫“压卷之作”呢？今天的人容易理解成“压轴戏”，也就是最后一首，也许倒数第二首，反正都是指最好的一首七绝。

但是，王昌龄是盛唐人，在盛唐以前，还没有什么像样的七绝。难道说七绝一出来就写出了最好的一首？难道说盛唐以后的七绝再也没有好的了？这好像不对。实际上，“压卷”是编入的文集的第一首诗。

出　塞

（唐）王昌龄

秦时明月汉时关，
万里长征人未还。
但使龙城飞将在，
不教胡马度阴山。

当然，“压卷”肯定不是人生第一首诗。人生第一首诗一般都是黑历史，没人愿意

编进诗集去的。一个人二十五岁编诗集的时候，总会把早年的作品删掉一些；三十岁编诗集的时候，又会把二十五岁时编进去的诗再删掉一些。但是总有一些早年的作品是怎么删也删不掉的，在你八十岁编诗集还愿意要的作品中，幸存的最早的一首，就叫“压卷之作”，因为这首诗是压在你的诗集上面的。之所以能压在上面，不是因为它最好，而是因为它最早，当然是好的诗里最早的。

“压卷之作”标志着一个人的初步成熟。“唐人七绝压卷之作”，就是最早的一首大家都选的七绝，也就是七绝里第一首能看的，标志着七绝这个体裁的初步成熟。

“出塞”这个题目历史悠久。中国的乐府喜欢把前代的题目拿来写。汉朝人写过了，南朝人拿来写，唐朝人还拿来写，到现在蔡琴还唱《出塞曲》。用古人的题目，显得古雅一点，高大上一点，真正的题材，还是用当下最流行的。这是中国乐府的传统。

这首诗可以一鸡两吃，有两种读法。

一种是慷慨激昂的读法。盛唐是一个建功立业的时代，中国人在落后挨打的时代，往往拿盛唐来当精神支柱，说我们那时候是万国来朝的。盛唐也是一个盛产出塞曲的时代，那时候的边塞诗人往往是真到过边塞的，对盛唐的军功难免会有自豪感，比如高适，就像今天的军旅作家。

如果认为王昌龄跟高适一样的话，那么这首诗是可以当成对盛唐的歌颂的：秦朝的明月照耀着秦朝抵御匈奴的长城，我们汉朝的祖先曾经在这里把匈奴打跑。那些建功立业的壮士，踏上万里征途就没有回来。

这里好像有点反战，其实也不一定。写打仗艰苦，写牺牲巨大，有时候反而能激起热血青年参战的热情。保家卫国的壮士，倒在战场上，或者为历史的风尘淹没，这可以理解为一种悲壮，进而是一种鼓舞。于是：只要还有汉朝李广那样的飞将军在，我们照样不会放敌人的马越过阴山的。

如果是这样的读法，也难免会有盛唐青年热血沸腾，所以这种读法不能排除。

另一种是低沉深思的读法。盛唐是一个危机四伏的年代，“武皇开边意未已”，四下出击看似辉煌，其实安史之乱马上就要来了。

唐朝和汉朝确实挺像的：都是在一个大乱世之后，从一个短命的暴政手中接过了一个烂摊子；一开始国力很弱，惹不起北方民族，汉高祖在白登被匈奴围了七天七夜，唐太宗差不多把老命扔在朝鲜半岛了。经过五六个皇帝的经营，国力强盛起来了，于是就开始想拿四周的民族试刀了，这就像青春期的小男孩，不是理智克制得住的；然后打得各种解气，但是同时也给老百姓带来了沉重的负担。

唐玄宗打起仗来可以不管不顾，写诗的人可都是读过《汉书》的。所以，盛唐诗人写边塞诗的心情经常很矛盾。杜甫的“三吏三别”就是在盛唐写的。他笔下的盛唐一点也不光明，一点也不解气，而是民不聊生。盛唐的光明和解气，就是用老百姓的民不聊生换来的。一般人说话没杜甫这么狠，但是写到边塞，语气总是很微妙。

让我们再用低沉的调子读一遍这首诗：秦朝的月亮还在，汉朝的长城也在，但是那些曾经意气风发出征的子弟兵，却再也不会回来了。如果我们有李广那样的飞将军，或许也是不会让胡人的马度过阴山的吧。这个版本，听起来更合理一些，所以还是采用这个解释的人多。

王昌龄这首诗用两种解释都毫无违和感，这样的作品往往被视为神作。其实，如果仅仅以“文本的多义性”为追求，做起来也很简单，那就是光写形象，别写议论。就一个形象摆在这，我自己不评论，你爱怎么解释就怎么解释。古人管这个叫“不着一字，尽得风流”。(张一南)

第三篇　寒夜客来茶当酒

中国的节气是以中原为基准点的。中国之大，四季并不在同一个时间点上。“北风卷地白草折，胡天八月即飞雪”，到了农历十月，早已应该是“燕山雪花大如席”了。此时的南方，五岭以南，比如广东、云南，估计还是暖阳如春吧。倘若昆明叫“春城”，大理简直是“春国”了。《天龙八部》中段誉说，大理国有一种极品茶花叫“十八学士”，“一株上共开十八朵花，朵朵颜色不同，红的就是全红，紫的便是全紫，决无半分混杂。”这“十八学士”，就开在入冬季节。茶花又不是天山雪莲，可以开在雪线以上，能在入冬开放，自然也是大理四季如春的缘故。

说到雪，小时候常常见到雪。皖西大别山区，海拔只有千把米高，但冬天要下几个月的雪——当然那是几十年前，不是气候变暖的现在。即便如此，我还是耐不了苦寒。“北国风光，千里冰封，万里雪飘”，念念诗、吟吟词可以，真要去生活，那可苦了。有一年春节，带女儿到哈尔滨过年。在上海长大的女儿看到白茫茫的雪原，看到弧线优美而又高高低低地覆盖着大地的白雪，极为新鲜，真是世间美景啊，套一句古话叫“叹为观止”。第一天，看雪；第二天，看雪；第三天，还是看雪……不干了，躲在屋子里不想出去了。

上海没有雪。隔三岔五的年份，点点滴滴飘下来，不叫雪。怎么不叫雪呢？雪，叫雪花，不是诗人的比喻，是真的像花一样，有各种形状的，既复杂，又非常简洁、对称、优美，大自然的杰作。我一直怀疑民间发达的剪纸艺术，就来自对雪花的模仿。可是在上海下的，大部分都还没有形成雪花，是介于雪花和雪子之间的一种过渡品种。盖在地面上经月不化的雪，挂在屋檐下的长长的冰溜子，在上海更就难以见到了——如果有了，那也不是什么好事情，极有可能是天灾。

寒　夜

（宋）杜　耒

寒夜客来茶当酒，竹炉汤沸火初红。
寻常一样窗前月，才有梅花便不同。

有雪无雪的冬天，都不似春、秋天那么好过。动物可以冬眠，人怎么猫冬呢？今天这首诗给了答案，寒夜中，有好朋友，有竹炉，有热水——汤，就是热水，凡是地名叫“汤”的，基本上都有温泉，温泉就是热水，比如“汤池”、“汤口”。当然热水不是直接来喝的，是

来泡茶的。本来还需要有酒，倘若没有酒了，有茶也行。几杯酒能暖和身子，几碗热茶也能暖和身子。所以，好朋友、竹炉和热水泡的茶，是过冬的“三件套”。如果窗外还有月亮，还有梅花，那就从物质层面上升到精神层面了。前面“三件套”是凡夫俗子都能享受的事情，加上酒、月亮和梅花，“六件套”一并享受，就只有文人雅士了。所以这是一首充满了小调调的文人诗。唐人喜欢大气、豪迈、赤裸裸得有些张狂的牡丹，有些武人气概；宋人则更喜欢小巧、细腻、含蓄的梅花，更多的是文人情怀。

赏牡丹

（唐）刘禹锡

庭前芍药妖无格，池上芙蕖净少情。
唯有牡丹真国色，花开时节动京城。

我呢，喜欢牡丹，也喜欢梅花。不过比起喜欢花来，更喜欢好的地方。有些想念大理了。冬天，其实就应该混在大理，晚上喝酒，白天喝茶。在喝茶和喝酒的间隙，赏一赏茶花，譬如“十八学士”什么的。

第四篇　千里黄云白日曛

谚语说，“霜前冷，雪后寒”。下雪天，喝酒自古就是驱寒的好办法。如果想找人喝酒，不用翻电话本，第一个要找的，自然是真朋友。就我来说，当然是找邢春。说起跟他的交情，必须倒叙，有些矫情，还有些老套。

好像是2001年的夏天，那时我住在浦东的南洋泾路，傍晚，电话响了：你是韩可胜吗？是啊。你知道我是谁吗？邢春！你还记得我啊？当然记得，不但记得你，还记得你我毕业时的留言，我给你留的是“倾盖如故”，你给我留的是“长相思”。说到这里，要补充一下了，这位叫春的同学，是个男生。好兄弟，但不是好基友。就如下面这首诗一样的情感。侍御：官职名。沅水：沅江，在湖南省。武冈：县名，在湖南省西部。

送柴侍御

（唐）王昌龄

沅水通波接武冈，
送君不觉有离伤。
青山一道同云雨，
明月何曾是两乡。

原来，我和邢春之间仅隔三条马路。放下电话就沿着张杨路互相朝对方走去，很快13年各自颠沛流离、相互杳无音信的兄弟见面了。夜色苍茫中，很远就认出了对方，几乎同时喊出来。那种惊喜而又苍凉的情感，你能体会到吗？原来，他刚刚到上海，同一所幼儿园，他女儿在小班，我女儿在大班。幼儿园创办一所报纸，创刊号上，老师吩咐、女儿命令，我必须写一篇文章捧场，这便是《红袖添香有女儿》。报纸被他女儿带回家，发现了我的名字，于是他央求老师给了电话……从此，我们两个就在同一个城市，不再海角天涯。

有朋友的感觉真好。人同此心，心同此理，不管哪朝哪代。唐朝人，出塞、游学、为宦、经商……好朋友的聚聚散散，是最常见的事情，所以也留下了很多很好的诗歌。比如“海内存知己，天涯若比邻”，比如“桃花潭水深千尺，不及汪伦送我情”，比如“孤帆远影碧空尽，唯见长江天际流”，还比如这首《别董大》，太阳暗淡，黄云密布，北风呼啸，雪花纷纷，大雁向南飞去。

别董大

（唐）高　适

千里黄云白日曛，
北风吹雁雪纷纷。
莫愁前路无知己，
天下谁人不识君。

但是，与宋代人分别时的缠绵悱恻、凄凄惨惨、哭哭啼啼不一样，唐代人，特别是盛唐的人，哪怕天气再恶劣，情形再凄惨，朋友间分别都是昂扬的，积极的，充满了相互的信任，充满了对生活的向往，以及对未知世界的追求。你看这首《别董大》，莫愁前路无知己，天下谁人不识君！多么豁达、豪迈，对朋友、对未来又是多么的自信！董大：董庭兰，当时有名的音乐家。黄云：天上的乌云，在阳光下，乌云是暗黄色，所以叫黄云。曛（xūn）：昏暗。

这个世界变化太快，唯有真情永恒。聚散两依依。

第五篇　一尊还酹江月

教孩子念诗，宜从唐诗开始。不是宋词不美，而是因为宋词总体来说没有唐诗的格局大。人生要有大格局，先把格局撑大，而后人生可以细腻，可以婉约，可以柔情，甚至可以哀伤。这段话引发了很多人的兴趣。

总体来说，唐诗昂扬、进取，相当于飞扬的青春，仿佛如日高悬。而宋词，相当于成熟的中年，犹如月光脉脉——唐诗宋词都喜欢写月亮，但唐诗多的是满月："明月出天山，苍茫云海间"、"海上生明月，天涯共此时"、"春江潮水连海平，海上明月共潮生"，格局和境界都很大，是不是？从晚唐开始，特别是词，擅长写残月："今宵酒醒何处，杨柳岸，晓风残月"、"无言独上西楼，月如钩，寂寞梧桐深院锁清秋"……残月很美，但境界和格局却细巧了。

破阵子·为陈同甫赋壮词以寄之

（宋）辛弃疾

醉里挑灯看剑，
梦回吹角连营。
八百里分麾下炙，
五十弦翻塞外声。

沙场秋点兵。

马作的卢飞快，弓如霹雳弦惊。
了却君王天下事，赢得生前身后名。
可怜白发生！

宋词既有婉约派，也有豪放派，豪放派往往也有婉约派的感伤。苏轼、辛弃疾、陈亮是豪放派的代表。这首词就是辛弃疾送给陈亮的词。陈亮，字同甫，与辛弃疾志同道合，都主张北伐。“破阵子”：是词牌名。前面两句好理解，醉里挑亮油灯观看宝剑，梦中听到军营的号角声响成一片。“八百里分麾下炙，五十弦翻塞外声”，我小时候就不理解，也念错了。这两句应该这样念：“八百里——分——麾下炙，五十弦——翻——塞外声。”

八百里：牛名。晋代王恺有一头珍贵的牛，叫八百里驳。麾（huī）下：部下。麾：军中大旗。炙（zhì）：切碎的熟肉。五十弦：原指瑟，此处泛指各种乐器。翻：演奏。意思是说，把牛肉分给部下享用，让乐器奏起悲壮粗犷的战歌。辛弃疾喜欢用典故。“八百里”、“五十弦”是典故，“马作的卢飞快”又是典故。战马像的卢马那样跑得飞快。的卢：一种烈性快马。《三国演义》有一个故事，刘备荆州遇险，前临檀溪，后有追兵，幸亏的卢马一跃三丈，直接飞到对岸，才脱离险境。但的卢马“妨主”，后来“凤雏”庞统就是坐在的卢马上遇难的。

这首词豪放，但最后一句“可怜白发生”，立马把自己的无奈、痛楚、感伤表露得无遗。我们再看豪放派大师苏轼的代表作：

念奴娇·赤壁怀古

（宋）苏　轼

大江东去，浪淘尽，千古风流人物。故垒西边，人道是：三国周郎赤壁。乱石穿空，惊涛拍岸，卷起千堆雪。江山如画，一时多少豪杰。

遥想公瑾当年，小乔初嫁了，雄姿英发。羽扇纶巾，谈笑间樯橹灰飞烟灭。故国神游，多情应笑我，早生华发。人生如梦，一尊还酹江月。

这首词也是豪放到极点，但最后两句“故国神游，多情应笑我，早生华发。人生如梦，一尊还酹江月”，还是回到无奈、感伤的结局上。宋词的豪放往往先是怀古、想象，然后回归到现实的无奈、自怜。我觉得孩子小的时候要培养格局和进取心，等到孩子长大，世事经历多了，再去领悟这种种细腻、忧愁、感伤。

第五章 小寒

来日绮窗前，寒梅著花未

小寒，二十四节气的倒数第二个节气，接下来就是最后一个节气：大寒。小寒、大寒也是一年中最冷的节气。从气象学上看，大多数年份，小寒温度要低于大寒。小寒节气里，我们来念梅花的诗。可好？梅花属于寒冷季节的主人。

从内地到上海，虽然偏居城郊，却幸得一座小院。墙角有一株红梅，一株腊梅。刚刚过去的十二月的某一天，走到树下，忽然看到枝干上爆出极细小的花苞！如米粒，不，比米粒还小，不注意还真是看不见。

真是惊喜。从此心里便十分期待花开的那一天了。

说起花之绮丽多姿，无不令人爱慕赞叹。但是，百花之中，最爱的还是梅花。所有咏梅的诗，最爱的，依然还是陆游的“零落成泥碾作尘，只有香如故”，和他的“何方身化千万亿，一树梅花一放翁”。内心以为，放翁咏梅，物我不分，花品即人品，所以深切、浪漫。蒋捷的“今夜雪，有梅花，似我愁”，将老梅比拟为友，惺惺相惜，亦自动人。而林和靖的名句“疏影横斜水清浅，暗香浮动月黄昏”，词句至美，蕴藉动人，但梅妻鹤子，终究自娱而已。——当年刍议，于今依然如此见识。

杂　诗

（唐）王　维

君自故乡来，应知故乡事。
来日绮窗前，寒梅著花未？

梅花中，对腊梅更是情有独钟。心里面总觉得腊梅花就是家乡的花。家乡的腊梅，树形高大，花朵色泽金黄，花瓣厚如凝脂，花心紫红，香气浓郁，属磬口梅中的檀香梅，是腊梅花中最好的品种。少年时，在家乡，寒冬腊月里，腊梅花开是一件令人人都喜悦的事。街上总会有人手里拿着不知从何处折来的腊梅花枝，笑呵呵地带回家，找个瓶子用清水供起来，满室香飘，可以持续很久。

说到腊梅花，尤其想念家乡的那条老巷子。老巷子里，人家院墙内外，春有蔷薇，秋有白菊，冬天，就是腊梅。当年每天上学放学，都要经过老巷。到冬天，雪飘下来，风吹起来，风雪巷中忽然就飘来了腊梅的花香。循着香气找过去，院落里一株高高的腊梅树，老干虬枝上缀满花朵，所谓“一剪寒梅，傲立雪中”，“遥知不是雪，唯有暗香来”，总觉得就是吟咏我故乡的腊梅花的。冬天里，踏着雪，在腊梅花香里，一来一去地从老巷走过，就这么慢慢地走过了新年。

四季周而复始。而青春终将远去。那老巷里，那院落里的腊梅花，是否依然伫立？这样的时节，是不是也已结满花苞，正等待着开放的那一天？所谓“来日绮窗前，寒梅著花未？”

今天的诗歌念完了。让我们复习一首念过的诗：

早　梅

（唐）张　谓

一树寒梅白玉条，迥临村路傍溪桥。
不知近水花先发，疑是经冬雪未销。

最后再补充念一句诗，“东风吹雨小寒生”。

窦园醉中前后五绝句

（宋）陈与义

东风吹雨小寒生，杨柳飞花乱晚晴。
客子从今无可恨，窦家园里有莺声。

诗是好诗，也有“小寒”的字眼，却不是写“小寒”节气的。“东风”，“春风”的意思。虽然有些微微的寒冷，但已经杨柳飞花，莺啼婉转了。显然诗歌写的是春天的景致。

【关于小寒的延伸阅读】

与大寒、小暑、大暑及处暑一样，都是表示气温冷暖变化的节气。“小寒”的本义是天渐寒，尚未大冷。在上一个节令“冬至”时，地表得到太阳光、热最少，但还有土壤深层的热量补充，所以还不是全年最冷的时候。等到进入“小寒”，土壤深层的热量也消耗殆尽，尽管得到太阳光、热稍有增加，仍入不敷出，于是便出现全年的最低温度。

俗话说，“冷在三九”。“三九”多在1月9日至17日，也恰在小寒节气内。“小寒胜大寒”之说。但这只是一般规律，少数年份大寒也可能比小寒冷。不过天气并不完全靠节气掌控，关键还要看冷空气的声势大不大。

每逢节气，各地都有风俗。过去的风俗是丰富多彩，且富有温情的。中国古代的风俗主要体现在两个方面，一是吃，属于物质文明；二是祭祀，属于古代的精神文明。小寒的风俗主要体现为吃。比如南京吃菜饭。到了小寒，老南京一般会煮菜饭吃，广东吃糯米饭。

中医认为寒为阴邪，最寒冷的节气也是阴邪最盛的时期，从饮食养生的角度讲，要特别注意在日常饮食中多食用一些温热食物以补益身体，防御寒冷气候对人体的侵袭。

民谚曰：“冬天动一动，少闹一场病；冬到懒一懒，多喝药一碗。”这说明了冬季锻炼的重要性。小寒节气是一年中气候最冷的时段。更应加强身体锻炼、提高身体素质，不可偷懒猫冬。

第一篇　孤云独去闲

人生总是有很多梦想或者说是愿望，大的，中的，小的，比小还微不足道的，如果不能实现总是耿耿于怀，不那么畅快。一旦实现了，便心满意足，放下了一块包袱。说这番话，是因为敬亭山。从安徽到上海，从上海回安徽，三十年往返，无数次经过一个叫宣城的地方。每次经过宣城，总是要想起李白的《独坐敬亭山》。但却总是无缘见到真的面目。问人，大多一脸茫然，偶尔有貌似知道内情的人，用手一指宣城北面，那一片绵延却不高的山冈就是敬亭山。来不及遥望，车辆就奔驰而过。

独坐敬亭山

（唐）李　白

众鸟高飞尽，孤云独去闲。
相看两不厌，只有敬亭山。

总算等到有缘，请了三天公休，与几个同学——真的是大学同学，追随着江东书院“跟着李白游徽州——行知乐游学

团”一起来到了宣州，第一站便是敬亭山。“山不在高，有仙则名。”敬亭山，和同在安徽东部的琅琊山一样，都是因为有大诗人、大文学家而著名。琅琊山因为有了欧阳修的《醉翁亭记》而成为天下名山，敬亭山则因为南齐诗人谢朓（tiǎo）、因为唐代大诗人李白、因为无数著名的诗人诗篇而得名。

这个谢朓，可能很多人不熟悉。历史上说的“小谢”就是他，在他之前的谢灵运叫“大谢”。“大小谢”都是写山水诗的高手。但小谢的诗更加语言精美、音韵和谐，成为唐诗的先声。比如“余霞散成绮，澄江静如练”、“天际识归舟，云中辨江树”，都是千古传诵的名句。在宣城做官的几年，是他山水诗创作的高峰，所以被人称为“谢宣城”。敬亭山，也是他第一个写的。唐代大诗人李白，那是对谁都不轻易低头的人，但是“一生低首谢宣城”。就是倾慕谢朓，李白才一次次来到敬亭山，来到宣州的谢朓楼。

宣州谢朓楼饯别校书叔云

（唐）李　白

弃我去者，昨日之日不可留；
乱我心者，今日之日多烦忧。
长风万里送秋雁，对此可以酣高楼。
蓬莱文章建安骨，中间小谢又清发。
俱怀逸兴壮思飞，欲上青天揽明月。
抽刀断水水更流，举杯销愁愁更愁。

人生在世不称意，明朝散发弄扁舟。

引用这首诗，只想说宣州遇到谢朓真是幸运，敬亭山遇到谢朓真是幸运。因为谢朓，所以来了李白。又因为李白，王维、孟浩然、白居易、杜牧、韩愈、刘禹锡、李商隐、颜真卿、韦应物、陆龟蒙、苏东坡、梅尧臣、汤显祖、石涛……都来了。中国历代吟诵敬亭山的诗、文、词、画达千数，一座高不过320米海拔的敬亭山，竟然就这样成为“江南诗山”。还有比这更幸运的吗？

我的同学、校长邢春给大家义务讲解《独坐敬亭山》。听了他的讲解，再亲临敬亭山，对这首熟悉了千百遍的诗，竟然有了新的感悟。“众鸟高飞尽，孤云独去闲。”既有动作，也有时间的因素暗含其中。“相看两不厌，只有敬亭山。”既有空间，也有人情蕴含其中。厌，满足，厌倦。诗人与敬亭山仿佛是好友，互相凝视，互相进入对方的心灵，永远不满足，不厌倦。

不知怎的，我却有丝丝的满足。虽然斗转星移、人世变迁，第一个写敬亭山的谢朓走了，写敬亭山最著名的李白走了，驻足山下画了五百罗汉的清代著名画僧石涛也走了……但是青山不老，绿水长流，如画的江山，又进入了我们的眼帘，还将进入我们后人的眼帘。

于是我又想起两句诗："江城如画里，山晚望晴空"。这也是李白在宣州所作。

秋登宣城谢朓北楼

（唐）李　白

江城如画里，山晚望晴空。
两水夹明镜，双桥落彩虹。
人烟寒橘柚，秋色老梧桐。
谁念北楼上，临风怀谢公。

连续三首都是李白写的宣城，李白这是有多么偏爱宣城啊！有了这么多诗人，有了这么好的诗作，宣城，被称为"诗歌之城"，还有什么问题吗？

第二篇　卷土重来未可知

在城里待久了，忽然有一天发现，女人越来越比男人优秀。不止一个朋友抱怨，在幼儿园里，能歌善舞的是女孩，能说会道的是女孩，甚至能踢能打的还是女孩，男孩子只是老老实实唯唯诺诺的乖宝宝；其实，何止是幼儿园呢，在小学、在中学、在大学，在工作岗位，玩得了外语、学得好数学、上得厅堂下得厨房，斗得过小三打得过流氓的，还是那些的女汉子。

有意思的是，女汉子们无论如何强悍，却肯定是铁了心不肯找个窝囊的男人当伴侣，她们也倾慕疆场驰骋、金戈铁马的英雄，哪怕这个人曾经因为战败而跌入低谷、哪怕这个人曾经因为失意而落魄江湖。正所谓“胜败兵家事不期，包羞忍耻是男儿”，胜败从来是兵家常事，从哪里跌倒又能从哪里爬起来，历经千折百回而不屈，虽千万人吾往矣，那种坚韧、那种坚毅、那种由岁月沉淀人事积累，而在眼角眉梢呈现的逼人气息，才是男人的气息。在唐代诗人杜牧的想象里，千古名将项羽，应该收敛刚愎自用的想法，忍一时之辱，回到江东，也就是今天的长江下游芜湖、南京以下的江南地区，收拾人马，或许能再和刘邦一战，到那时，逐鹿中原，鹿死谁手，尚未可知。

题乌江亭

（唐）杜　牧

胜败兵家事不期，包羞忍耻是男儿。
江东子弟多才俊，卷土重来未可知。

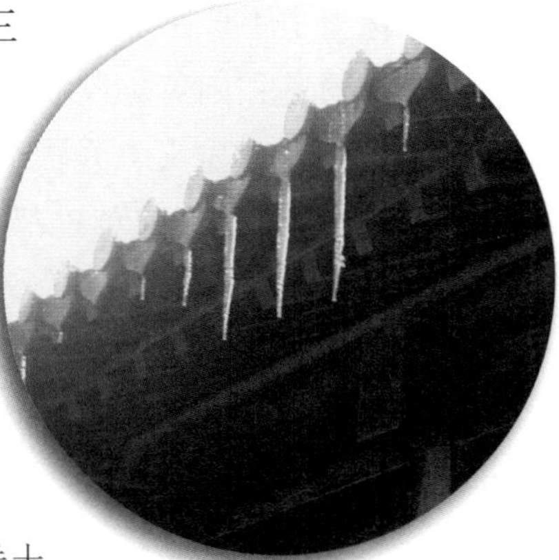

然而，力能扛鼎、勇冠三军，项羽之神勇，虽然千古无二，却也不善用人，耳根子太软，所以宋代的王安石就对杜牧的观点不以为然，他在《叠题乌江亭》一诗中就说：“百战疲劳壮士哀，中原一败势难回。江东子弟今虽在，肯与君王卷土来？”乌江亭：在今安徽和县乌江浦，相传为项羽自刎之处。

且不去管杜牧与王安石的口角，且不去管天下终归谁手。那个看到秦始皇，张口就来一句“这厮，我可以取而代之”的男子汉；那个在乌江走到末路，惨别虞姬，横刀自刎的大将，项羽，却深深切切地留在了后人心中。不论成败，项羽都是我心目中的英雄。南宋女词人李清照，就曾赋诗：“生当作人杰，死亦为鬼雄。至今思项羽，不肯过江东。”（李治国）

第三篇　铁马冰河入梦来

世界是丰富多彩的。仁者见仁，智者见智。所以虽然喜欢高谈阔论，但从来不喜欢与人争辩。但近年有些人对抗美援朝、对抗美援越中的烈士有意识地污蔑了起来，说他们是炮灰，保卫了不该保卫的政权。真是似是而非的言论！立马跳出来，写道："向英雄致敬！一个民族要保护、要讴歌、要弘扬自己的英雄主义、爱国主义，否则国家有危难的时候，谁会挺身而出？"任何英雄都是当时当下的产物，他们的挺身而出，他们的舍生忘死，就足以可歌可泣，如何能用几十年后的论调来污蔑当时战士的无畏和牺牲？

非常神往古代战场上的兵对兵、将对将。斩颜良，诛文丑，灭华雄……关羽靠的是自己盖世神功。但吕布的武功又比关羽高了一筹，刘（备）关（羽）张（飞）"三英战吕布"，才打成一个平手。但将军决战岂止在战场。战场上从来不乏文人。孙膑、张良、诸葛亮……这些大军事家不算，唐宋以后，文人从军更是常态。魏征、陈子昂、骆宾王、王昌龄、李益……唐代无数的大文人出现在疆场。就连李白二十五岁时第一次出远门，也是"仗剑去国，辞亲远游"。

过零丁洋

（宋）文天祥

辛苦遭逢起一经，干戈寥落四周星。

山河破碎风飘絮，身世浮沉雨打萍。
惶恐滩头说惶恐，零丁洋里叹零丁。
人生自古谁无死，留取丹心照汗青。

宋代的辛弃疾、陆游、文天祥都是大文人，有的还是状元出身，但在国家危难关头，没有退隐，没有躲避，率领千军万马，直至肝脑涂地。“人生自古谁无死，留取丹心照汗青”！他们身上的英雄气，贯穿到他们的作品之中，催人奋发，荡气回肠，胜过了多少风花雪月，儿女情长。

十一月四日风雨大作

（宋）陆　游

僵卧孤村不自哀，
尚思为国戍轮台。
夜阑卧听风吹雨，
铁马冰河入梦来。

诗歌的意思是说，虽然独居孤村，但不为自己悲哀，心里想着为国家去戍守边疆；夜深人静，听到风雨大作之声，梦见了自己骑着披着铁甲的战马跨过冰封的河流出征北方。戍，守卫。轮台：在今新疆境内，是古代边防重地，代指边关。而今，轮台仍不安宁，北土尚未恢复。东边、南边挑衅不断。时代永远需要军人，需要英雄主义，需要牺牲精神。

好男儿当顶天立地，最喜欢英雄主义的诗句，“捐躯赴国难，视死忽如归”。最喜欢英雄主义歌曲，每次听起来都让自己隐隐有挺拔之势。“担当生前事啊，何计身后评。长江有意化作泪，长江有情起歌声。历史的天空闪烁几颗星，人间一股英雄气，在驰骋纵横。”没有英雄气的民族，富而不强，注定是一个孱弱的民族，一个任人宰割的民族。

最后，重温一下陆游的另外一首诗，没有实现恢复中原理想的悲怆。悲戚属于懦夫，悲怆属于英雄。

示　儿

（宋）陆　游

死去元知万事空，
但悲不见九州同。
王师北定中原日，
家祭无忘告乃翁。

赤　壁

（唐）杜　牧

折戟沉沙铁未销，

自将磨洗认前朝。
东风不与周郎便，
铜雀春深锁二乔。

三八节那天说过，中国古代有四大美女，分别是“沉鱼”的西施，“落雁”的王昭君，“闭月”的貂蝉，“羞花”的杨玉环。合称“沉鱼落雁，闭月羞花”。此外，还有一个绝世佳人、倾国倾城的李夫人。除了这五个人，还有一对姐妹，用诸葛亮的话讲，“有沉鱼落雁之容，闭月羞花之貌”，那就是大乔和小乔。据严肃的史书《三国志》记载，建安三年，公元198年，孙策去抢荆州，派周瑜为中护军，先攻占皖地，得到了桥公的两个女儿，都是国色。孙策娶了大桥，周瑜娶了小桥。后人大概嫌这“桥”不好听，改成了乔，果然好听多了，英姿飒爽，又不失娇媚。

皖，现在的潜山，周朝皖伯的封地，安徽简称“皖”就由此而来。皖，太阳明媚美好的意思。大概是名字好，所以一直出美女。之前，出了个刘兰芝，“古今第一长诗”《孔雀东南飞》的主角。美女多的地方，爱情就多，家喻户晓的黄梅戏《天仙配》、《牛郎织女》、《女驸马》就出在这里。美女配英雄，英雄多而美女少，不够分就打仗。所以战争也多。

比如说，这首《赤壁》写的就是一个典故。建安十三年（208），曹操大军把刘备追得丢盔弃甲，刘备到了生死存亡的关头，赶紧要和孙权联盟，对抗曹操。据小说《三国演义》讲，诸葛亮生怕周瑜明哲保身，就用激将法说，其实我们也用不着打仗了，把大乔小乔送给曹操，曹操一定退兵。曹操建了一座铜雀台，里面全是美女，据说曹操亲口说只差大乔小乔了。果然年轻气盛的周瑜勃然大怒，同意孙刘联盟，于是中国历史上最著名的以少胜多的赤壁之战打响。里面发生了一系列的故事：舌战群儒、草船借箭、周瑜打黄盖（一个愿打一个愿挨）、反间计、连环计、借东风（万事俱备只欠东风）、火烧赤壁……最后曹操因为战船被烧，军中又发生瘟疫，不得不败退北方。

曹操是不是为了“二乔”才来打仗的，不知道。但即便只是诸葛亮的激将法，周郎也一定知道，如果他们不联合起来抵抗曹操，曹操灭了刘备之后，一定会剑指东吴，孤军奋战的孙权、周瑜不可能独自对付曹操。如果东吴失败，那么大乔、小乔被曹操俘虏，当成小老婆，被关进铜雀台，也是非常顺理成章的事情。所以，这一仗，周瑜于国于家，还真不能不打。周瑜，吴军大都督（最高军事统帅）。据说他有才气，又帅气，又懂军事，又精音乐，人称周郎，是三国时期最风流倜傥的一个人物。孙刘联军几万人，对付曹操几十万人（号称八十三万），这场看起来力量非常悬殊的战争，即便曹操不是为了美女而打仗，周瑜也不能不为了美女来放手博弈一把。

英雄难过美人关，美女和英雄，是人世间两种最杰出的“动物”。英雄与战争更加密不可分，没有战争哪有英雄？没有英雄，谁来主导战争？说起动物，可能有点诋毁人这万物之灵。但人就是动物，最高等动物而已，看赵忠祥的“动物世界”，雄性为了雌性大打出手，非常自然。所以，人类为美女打仗还真不用难为情。用电脑的人都知道木马病毒，希腊人使用木马计赢得胜利的特洛伊战争，也是以争夺世上最漂亮的女人海伦为起因。这场战争长达十年，死亡无数。为了不打仗，也有一个办法，把美女送给人家，这就叫“和亲”，王昭君、文成公主都是。

第四篇　莫笑农家腊酒浑

有一次念诗，说了一句，猪肉是我的乡愁。谁知道，这句大白话引得了很多人的共鸣。嗯，中国人喜欢吃羊肉，喜欢吃鸡肉，现在条件好了，城里有条件的人也开始喜欢吃牛肉，甚至追求好的牛肉来了，比如我的一个老乡平地一声雷，搞出了一个精品的牛肉品牌叫“牛哈哈”，专门卖澳洲牛肉。但是，所有的肉都没有猪肉那样深入中国人的心，特别是中国农村人的心。是不是？

临近年关，要说惦记故乡，除了越来越少的亲人，偶尔惦记早已空置接近坍塌的百年老宅，主要也就惦记老家的腊肉、挂面和米酒。真是没有出息。还有腌猪耳朵，猪肝，猪肠子。记得，有一年过年前开车经过一个村庄，看到人家院子里面晒着腌的一对猪耳朵，当即把车子停下来。敲门，一个老奶奶开了门。问问猪耳朵买来多少钱，十五块一对。20块钱，卖给我好吗？老奶奶坚定地说，不行，给读高中的孙女留的，她最喜欢吃腌猪耳朵了。30块钱？老奶奶眼中晃过一丝犹豫。50！老奶奶收下了钱，在送我出门的时候，又喃喃自责，我怎么跟丫头交代哦。

想起那句话，这世界没有做不成的交易，关键是你出的价码够不够。有些道理，但也很邪恶。我打心眼里认为，在一个世界上，金钱买不到的东西越多，就越美好。比如爱情，比如亲情，比如邻里情，比如绿水青山，还比如乡愁……怀揣着这一份纠结，因此，明明是花钱买的，我怎么还是带着一份罪恶感，拿着猪耳朵就跑了。钱啊，真是好东西，又真不是好东西。

扯远了。除了腊肉，还有米酒，自己酿的米酒，过年的酒也叫“腊酒”。浑浊，有些像淡淡的米汤。甜甜的，入口绵软，喝个半茶缸都没有问题，不过，当心不知不觉地醉了，而且保证一个晚上醒不过来。还有鸡鸭，以及平时难得一见的鱼。

游山西村

（宋）陆　游

莫笑农家腊酒浑，
丰年留客足鸡豚。
山重水复疑无路，
柳暗花明又一村。
箫鼓追随春社近，
衣冠简朴古风存。
从今若许闲乘月，
拄杖无时夜叩门。

诗人总是真性情。跟我等凡夫俗子一样，也喜欢吃喝玩乐，特别是过年的时候。这首诗，第一、第二句“莫笑农家腊酒浑，丰年留客足鸡豚”，讲的吃和喝；第三、第四句“山重水复疑无路，柳暗花明又一村”，讲的是玩；第五、第六句，“箫鼓追随春社近，衣冠简朴古风存”，讲的是乐，热闹。社，是古代祭祀土地神，一切都靠土地，所以土地神很重要。所谓“社会”，最初的意思就是大家一起来聚会祭祀土地神，穿着古朴的服装，吹箫打鼓很热闹；最后两句，“从今若许闲乘月，拄杖无时夜叩门”，还说，以后还要经常来敲门做客，真不把自己当外人。

这首诗最著名的是第三、第四句，大家都喜欢啊，“山重水复疑无路，柳暗花明又一村”，寻寻觅觅，山峦重重叠叠，溪流迂回曲折，似已无路可走，继续前行，忽然柳树茂密，山花鲜艳，又一村庄出现在眼前。当心，这句诗歌总是有认错。常常有人说，“山穷水尽疑无路”。既然山穷水尽，当然没有路了，还疑什么。真正疑无路，是山重水复疑无路。不要搞错了。

自然的乡村，美丽的乡村，富裕的乡村，能够过年的乡村，才是理想的乡村，望得见山，看得见水，记得住乡愁。

第五篇　今夜雪，有梅花，似我愁

咏梅花的诗句太多了。“疏影横斜水清浅，暗香浮动月黄昏”，描摹梅花秀洁的姿态和品格，历来为人们所传颂。小时候独爱陆游的《卜算子·咏梅》：

卜算子·咏梅

（宋）陆　游

驿外断桥边，寂寞开无主。
已是黄昏独自愁，更著风和雨。

无意苦争春，一任群芳妒。
零落成泥碾作尘，只有香如故。

经历了一些世事之后，再读此诗，惟有一声长叹。诗中的意味，孤清苦寒，即使于浊世之中流转、毁灭，我自清香如故。其孤傲高洁，可悲可叹。陆放翁还有一首咏梅的诗，有句云：“何方可化身千亿，一树梅花一放翁”。浪漫深切，岂是“暗香浮动”之句可媲拟的？

梅花引·荆溪阻雪

（宋）蒋　捷

白鸥问我泊孤舟，是身留，是心留？
心若留时，何事锁眉头？
风拍小帘灯晕舞，对闲影，冷清清，忆旧游。

旧游旧游今在否？花外楼，柳下舟。
梦也梦也，梦不到，寒水空流。
漠漠黄云，湿透木棉裘。
都道无人愁似我，今夜雪，有梅花，似我愁。

蒋捷的这首“梅花引”，算不上是咏梅的诗。但这句“今夜雪，有梅花，似我愁”，十分打动人心。梅花是这孤旅中，冰封雪阻之时，唯一与我心意相悉的解语花；是我冷清清，愁思漫漫时，忧我所忧，叹我所叹，默默无言，相伴在身边的有情有义的知心美人。

这首诗写在诗人乘舟沿荆溪而行，途中遇雪，夜泊溪畔之时。诗写得很美，尤其流利。被誉为“长短句之长城”，高高低低，一气呵成。“白鸥问我泊孤舟，是身留，是心留？心若留时，何事锁眉头？”——彼时，从伊人口中第一次听到这首诗，还有那双明亮的关切的眼睛，留在心中的感动，此生难忘。此后再有什么事情，不由自主蹙眉时，就会想起伊人在耳边叨叨的这句呵斥：“不要锁眉头！”——是啊，心若留时，何为锁眉？

对于羁旅中，身处雪夜孤舟的诗人来说，夜风袭来，拍打着舱帘，舱内灯影闪烁，冷清清，只有身影为伴。此时此刻，怀想起往昔与朋友们徜徉在花间柳下、酒楼舟楫的欢乐悠游的好时光啊，已不复存在。旧日的好朋友，如今又在何方？梦啊，梦啊，也梦不到。只有眼前的寒水空自流淌。漫天浓密的阴云，飞舞的雪花，寒湿衣裘。都说再没有人有如我这般绵长的怅惋，而今夜，雪中的梅花点点，忧愁似我。

最后再说一下诗人。蒋捷的诗名今日不如苏轼、李清照、辛弃疾等人之盛，其实其词甚美。比如下面这首：

一剪梅·舟过吴江

（宋）蒋　捷

一片春愁待酒浇，
江上舟摇，楼上帘招。
秋娘渡与泰娘桥，

风又飘飘，雨又萧萧。

何日归家洗客袍？银字笙调，心字香烧。
流光容易把人抛，红了樱桃，绿了芭蕉。

最后一句:“流光容易把人抛，红了樱桃，绿了芭蕉”，最为流传，因此人称之为“樱桃进士”。诗人生于南宋，南宋亡后，深怀亡国之痛，隐居不仕，有《竹山词》一卷，又称“竹山先生”。

第六章

大寒

忽如一夜春风来，千树万树梨花开

大寒，二十四节气中的最后一个节气。顾名思义，大寒就是最寒冷的意思。其实，按照气象学的统计，大寒的平均温度现在反而比小寒要高。现代人的解释是，因为已近春天，所以不会像大雪到冬至期间那样酷寒。但我一直觉得，这个解释不可靠，估计是气候变暖的缘故，温暖会提前到来。因为中国的节气早在两三千年前就确定了，那时候的“大寒”应该是全年最寒冷的时候，古人为节气的划分和命名，是极其科学和严谨的事情。说科学，二十四节气，可以精确到分——即便古人没有秒的概念，因为年年在测算，所以误差也从来不会积累下来，每年的节气划分都是非常精确的。用现代天文学的知识，通过太阳黄道、地球赤道、公转和自转等来测算，与二十四节气的划分，完全吻合。不能不佩服中国古人的智慧和中国古代科学的伟大。

下面一首诗有些长，为了怕读者恐惧，我破例进行了注音。

白雪歌送武判官归京

（唐）岑　参

北风卷地白草折（shé），胡天八月即飞雪。
忽如一夜春风来，千树万树梨花开。
散（sàn）入珠帘湿罗幕，狐裘（qiú）不暖锦衾（qīn）薄。
将军角弓不得控，都护铁衣冷难着（zhuó）。
瀚海阑（lán）干百丈冰，愁云惨淡万里凝。
中军置酒饮归客，胡琴琵琶与羌（qiāng）笛。

纷纷暮雪下辕门，风掣（chè）红旗冻不翻。
轮台东门送君去，去时雪满天山路。
山回路转不见君，雪上空留马行处。

不管怎么样，大寒总是最冷的节气之一。写大寒节气的诗歌很多，没有看到合适的。念一首著名的边塞诗《白雪歌送武判官归京》。按照道理说，这首诗写的是“八月”，农历八月，大概就是公历九月，所以，不应该是这个节气念的。但是，我们就不要这么胶柱鼓瑟了。诗歌描写的景象最符合大寒这个节气。此诗是一首咏雪送人之作。天宝十三载（754），大诗人岑参再度出塞，充任安西北庭节度使封常清的判官。武判官或为其前任。为送他归京，写下此诗。这是咏边地雪景，寄寓送别之情的作，全诗句句咏雪，勾出天山奇寒。不解释了，直接意译一下，诗歌的韵味是不能翻译的。所以懂的人，千万不要看这段翻译：

北风席卷大地把白草吹折，胡地天气八月就纷扬落雪。忽然间宛如一夜春风吹来，好像是千树万树梨花盛开。雪花散入珠帘打湿了罗幕，狐裘穿不暖锦被也显单薄。都护将军手冻得拉不开弓，铁甲冰冷得让人难以穿着。沙漠结冰百丈纵横有裂纹，万里长空凝聚着惨淡愁云。主帅帐中摆酒为归客饯行，胡琴琵琶羌笛合奏来助兴。傍晚辕门前大雪落个不停，红旗冻僵了风都无法牵引。轮台东门外欢送你回京去，你去时大雪盖满了天山路。山路迂回曲折已看不见你，雪上只留下一行马蹄印迹。

其实这首诗，我喜欢的是他对大雪严寒的描绘，生动（“风掣红旗冻不翻”）中，竟然有一种小清新——“忽如一夜春风来，千树万树梨花开”，竟然有一种人情人性的温暖——“山回路转不见君，雪上空留马行处”。

按我国的风俗，特别是在农村，每到大寒节，人们便开始忙着除旧布新，腌制年肴，准备年货。在大寒至立春这段时间，有很多重要的民俗和节庆。如尾牙祭、祭灶和除夕等，有时甚至连我国最大的节庆春节也处于这一节气中。赶年集、买年货，写春联，准备各种祭祀供品，扫尘洁物，除旧布新，准备年货，腌制各种腊肠、腊肉，或煎炸烹制鸡鸭鱼肉等各种年肴。同时祭祀祖先及各种神灵，祈求来年风调雨顺。

此外，旧时大寒时节的街上还常有人们争相购买芝麻秸的影子。因为“芝麻开花节节高”，除夕夜，人们将芝麻秸洒在行走之外的路上，供孩童踩碎，谐音吉祥意“踩岁”，同时以“碎”、“岁”谐音寓意“岁岁平安”，求得新年节好口彩。这也使得大寒驱凶迎祥的节日意味更加浓厚。

【关于大寒的延伸阅读】

热胀冷缩，心血管病人要特别注意。又因为大寒与立春相交接，讲究的人家在饮食上也顺应季节的变化。大寒进补的食物量逐渐减少，多添加些具有升散性质的食物，以适应春天万物的升发。广东佛山民间有大寒节瓦锅蒸煮糯米饭的习俗，糯米味甘，性温，食之具有御寒滋补功效。安徽安庆有大寒炸春卷的做法。还有其他的节气食品，比如八宝饭、芪杞炖仔鸡、白胡椒煲猪肚汤、羊肉炖白萝卜、炒双菇、小白萝卜泡菜、姜羊肉汤、红杞田七鸡、糖醋胡萝卜丝等。

第一篇　江春入旧年

“潮平两岸阔，风正一帆悬”——我觉得，新华社最应该感谢唐代诗人王湾，他留下的诗歌不多，但是这两句诗，确实太好了，是现成的新华体标题。说经济形势好，“潮平两岸阔，风正一帆悬”；说两岸关系好，“潮平两岸阔，风正一帆悬”；说两国关系好，“潮平两岸阔，风正一帆悬”——难怪新华社不舍，习近平总书记2014年7月、9月，也一连两次用这它来祝福中国与巴西、与马尔代夫的关系形势大好、前景壮阔。

次北固山下

（唐）王　湾

客路青山外，行舟绿水前。
潮平两岸阔，风正一帆悬。
海日生残夜，江春入旧年。
乡书何处达？归雁洛阳边。

实话实说，这也是我最喜欢的两句诗。突然想起这两句诗，是因为自己人生半百，觉得应该对自己说点什么。就用这两句来祝福自己吧，遇天时地利，得顺风顺水，寓意是极其美好的。不过，在作者王湾那里，估计就是写实——一个无比真实的场景，作者船停镇江时候所见的场景。

江苏有两座隔江相望、当年都是临海的城市。一个是地处江北的扬州，一个是地处江南的镇江。奇怪的是，江北的扬州，文化上更像江南。而江南的镇江，在文化上则更像江北。这两座当年的临海城市，都极其富有故事。既有人文的兴衰成败，也有自然的沧海桑田。说起来，现在人可能很难相信，唐代的长江出海口是在镇江扬州一带。镇江扬州以下，长江是一个宽阔的喇叭口，与大海连成了一体。“春江潮水连海平，海上明月共潮生”，写在扬州。“潮平两岸阔，风正一帆悬”，写在镇江。两者景致都差不多。只不过一个写夜晚，一个写白天。

据记载，作者王湾经常来往于吴楚之间——吴，就是苏南一带，从南京到上海，镇江、无锡、苏州都是吴地。楚的范围更大，湖南、湖北和安徽这广阔的地方都是楚。次，旅途中暂时停宿，这里是停泊的意思。

这首诗中，历史上更有影响的，不是“潮平两岸阔，风正一帆悬”，是另外两句，唐代人自己最为欣赏的——“海日生残夜，江春入旧年”，旭日升起，黑夜将尽；新春又到，驱走旧年。境界壮阔，格调高朗，寓意鲜明，一直被作为盛唐诗的代表。宰相张说亲自书写，悬挂于宰相政事堂上，作为文人学习的典范。直到唐末诗人郑谷还说，“何如海日生残夜，一句能令万古传。”

就是这首诗让我从小就对北固山有了很深的印象。后来又读到了大词人辛弃疾的两首《北固亭怀古》，更加加重了对这里的向往。地处镇江北边，三面临水的北固山，虽然不高，但留下这么多的佳作，能不成为“天下第一江山”吗？

“山不在高，有仙则灵”——是“诗仙”给了江山以高贵的灵魂。

第二篇 灶君今日上青天

“百里不同俗，十里不同风”，就说过小年吧，有的地方是腊月二十三，有的地方是腊月二十四。相差几十里的地方，风俗都不一样，互相不以为然，特别有意思。从小年开始，正式进入过年的节奏。我们经常羡慕西方国家圣诞节前前后后，放假的时间很长，动不动就是十几二十天。殊不知中国式过年，其实时间也挺长的。前面的铺垫不算，从过小年正式开始，到除夕、春节为高潮，一直到正月十五，赏好花灯闹好元宵，才华丽丽地算结束。这样算来，是不是也得二十多天啊。所以，人人质疑的假日办，如果，倘若，假如，能决定放二十天的假就好了，我赌咒发誓一定拥护它，非但不要撤销，而且永久存在。唉，可惜曾经风光一时的假日办，居然就没有了。

祭灶诗

（宋）吕蒙正

一碗清汤诗一篇，
灶君今日上青天。
玉皇若问人间事，
乱世文章不值钱。

中国之大，过小年的时间并不一致。但共同的主题活动是祭灶，又叫祭灶君，俗称祭灶王爷。祭灶，又叫“辞灶”，是中国民间源远流长、普及各地的祭祀活动。灶神，亦称灶君、灶王，民间则把灶神夫妇称为灶王爷爷奶奶。灶王爷是职数最多、职级最低的神仙。

中国人不是说，“举头三尺有神明”吗？大部分神仙都住天上。道教是国产的宗教，玉皇大帝、赤脚大仙、太白金星什么的，就住在我们头顶的天庭中。佛教是西方来的，如来佛、观音菩萨什么的就住在西天。佛教的四大菩萨在东土中国有办事处，就是普陀、峨眉、五台、九华四大佛教名山。道教神仙是自家的，管得很具体，以至于零零碎碎的各个地方，都有一个小神仙管着，这就是土地爷。土地爷有时候是一个，有时候是夫妻俩——土地公公土地婆婆。以前中国各地都有土地庙。

土地爷是不进各家各户的。进各家各户的就是灶王爷，比土地爷还小的神仙。灶王爷有时候是一个，有时候也是夫妻俩。灶王爷每天观察一家人的言行得失。凡人做大的坏事，会招致大惩罚，雷公电母不是吃素的。做小的坏事，平时小的过失，灶王爷观察下来，年底打个评语，上天庭一并禀报。天庭就据此决定对这一家如何奖惩，是赐福、增寿呢，还是降灾、减寿。灶王爷虽然在神仙中地位最低，但对每家每户的重要性可想而知。

灶神是与人们距离最近的神。人们对他既害怕，又赶不走，还不能敬而远之。根据社会的“潜规则”，既然可以行贿通官，应当也可以行贿通神，于是形成一种独特的祭灶风俗。每到腊月二十三、二十四日，传说灶王回天之时，都要在灶王面前摆上麦芽糖，相当于时下流行的“封口费”，还要贴上“上天言好事，下界降吉祥”的对联，希望他在玉皇大帝面前隐恶扬善，为自己降福消灾。

宋代吕蒙正这首《祭灶诗》就记载了这一风俗。不过这时候的他贫困潦倒，没有像一般人那样供麦芽糖和鸡鸭鱼肉，而是一碗清汤、一首诗，不仅没有阿谀奉承，而且牢骚满腹，请灶王在玉皇大帝面前直言：身逢乱世，斯文扫地，文章不值钱了！真有点愤世嫉俗、反潮流的味道。

是金子总会发光。不管什么时代，好文章还是值钱的。这个吕蒙正后来中了进士，宋太宗、宋真宗年代，做了三任宰相。他廉洁奉公、知人善用、敢于直言，在历史上留下了很好的名声。特别是他器量宏大，宰相肚里能撑船，连著名的明君宋太宗都说他的器量不如吕蒙正。可见，当年的灶王爷，并没有因为他的一碗清汤而坏了他的锦绣前程。

第三篇　月恋冰河雪恋桥

我发现徽州姓汪的男人都特别豪爽。当年泾县豪士汪伦用一封信，就把大诗人李白忽悠过来了。信是这么写的，“先生好游乎？此地有十里桃花。先生好饮乎？此地有万家酒店。”李白过来一看，呵呵，一株桃花没有，倒是有一条山溪，叫桃花潭。酒店也只有一家，主人姓万，可不是“万家酒店”？尽管有点忽悠，但主人家好吃好喝的伺候着。住了一段时间，李白要走了，这位汪伦大哥又送了骏马八匹，绸缎十捆，还有一堆的金银，把李白同学感动了，写下了这首著名的诗歌，中国的小学生都会背：

赠汪伦

（唐）李　白

李白乘舟将欲行，
忽闻岸上踏歌声。
桃花潭水深千尺，
不及汪伦送我情。

千百年来，这首诗早已成了泾县的旅游招牌，带来了无穷无尽的财富。汪伦真不亏，给后人造福造大了。

今天不说汪伦，说的是婺源的汪鹏——也是徽州豪士。有人说，婺源不是江西的吗？怎么是徽州的？千真万确，婺源是古徽州“一府六县”（徽州府，下辖歙县、黟县、休宁、祁门、婺源、绩溪六个县）之一，婺源人说的是徽州话，吃的是徽州菜，住的是徽派建筑——至于怎么划给江西了，说来话长——反正，我们不顾历史和文化，把行政区划来划去，又不是第一次。

托魔都豪士蔡总和金兄弟的福，那年，也是在腊八前一天，和一干兄弟姐妹去婺源山里，主人汪鹏把养了一年多的肥猪杀了，提前杀年猪，让我们吃杀猪菜——离开家乡几十年，还是第一次看到杀猪，第一次吃到杀猪菜。那个香啊！每个人都吃得肚皮圆溜溜的。晚上走的时候，还把猪肉给分了，我除了分上一份猪肉，还把猪油全捎上了。

腊八之后，腊月正式开始了，准确地说，是过年的节奏开始了，农历年拉开了大幕。什么叫“腊”，有三种解释：一是祭祀，用肉来祭祖祭神，驱赶瘟疫和妖魔；二是干肉，就是腊肉；三是交接，含有新旧交替的意思。前两个哪一个是本义，哪一个是引申，很难判断。中国人造字是有讲究的。读小学时，爸爸告诉我，“月”字边，其实跟“月亮”的“月”多半没有关系，古代大多叫“肉”字边。凡是“月”字边，大多与肉体相关，比如肝、脏、肚、肠、肺、肌、肩、膀、肿、胀、脂、肪……当然还有现在的美女最讨厌的那两个字：“肥”和“胖”——其实，肥胖是常态，“瘦”才是有病，都是病字头。“腊”，当然也与肉相关。

腊月第一个高潮就出在腊八节。腊八节的习俗来源于“腊日”、“腊祭”。佛教传入中国后，腊祭固定为腊月初八。

从此“腊日”就专指“腊八节”。据说佛祖释迦牟尼就是这一天在菩提树下悟道成佛，所以这一天又谓之“佛成道节”，是佛教一个盛大的节日。中国文化的一个特点是叠加，各种民俗叠加，各种宗教叠加，结果，一个节日有很多的含义，大家都能找到自己的解释，都能为自己所用，因此大家都能接受。这是中国文化兼容并蓄的长处。

夜过扬州

（宋）杨万里

新晴残冻未全销，
月恋冰河雪恋桥。
两岸红灯成白昼，
扬州腊月看元宵。

比起上海和北京，唐宋时代，扬州是绝对的国际化大都市。灯红酒绿的扬州，真是让人遐想万分。这首《夜过扬州》，写出了扬州腊月的璀璨夜景，真是波光月影、酒绿灯红，堪称古代东方的拉斯维加斯。诗歌说，天气刚刚放晴，寒冷尚未全部消除，两岸的红灯照得像白昼一样，虽然是腊月，却像是元宵节的灯会。我最喜欢的一句诗是“月恋冰河雪恋桥”，写得十分的冰清玉洁，与红灯把两岸照成白昼相呼应，形成了一个十分奇特而复杂的世界。“红灯”，据我所知，是第一次出现在诗词中，这算不算红灯区的源头呢？

第四篇　霜鬓明朝又一年

过年是中国人最大的节日。别的节日，比如端午节、中秋节、重阳节，都是单个的节日，长度也就一天。过年是一组节日——相当于俄罗斯的工艺品套娃，一个套一个——前前后后差不多是一个月。从腊月最后十天准备大包小包年货开始，就集中进入过年的节奏，到了过小年（有的地方是腊月二十三，我老家是腊月二十四），气氛就开始浓了，除夕（大年夜）和大年初一是高潮，一直到正月十五元宵节才算结束。

节日都有习俗，过年最大的习俗就是团圆。其他节日也有团圆的概念。比如《九月九日忆山东兄弟》“独在异乡为异客，每逢佳节倍思亲”，是重阳节（九月初九），王维思念自己的兄弟。比如《水调歌头》“人有悲欢离合，月有阴晴圆缺，此事古难全。但愿人长久，千里共婵娟”，是中秋节苏轼想念自己的兄弟。

但是，重阳也罢，中秋也罢，想念归想念，可以各忙各的。过年不行，有条件回家，没有条件也要创造条件回家。有钱没钱，回家过年——这是中国人的过年宣言。看下面这首除夕之夜写的诗歌。

除夜作

（唐）高　适

旅馆寒灯独不眠，客心何事转凄然？

故乡今夜思千里，霜鬓明朝又一年。

但总有人因为生计所迫，因为关山阻隔，所以在外漂泊，遥望着家的方向，心中黯然，却又不能在外人甚至家人面前表现出来。这首诗写出了游子除夕不能归家的痛苦、孤单和忧伤。

岂止不能回家的人孤独？在家盼望的父母和儿女更会孤独。2016年底，一张照片让人泪奔，打工的父亲二一四小时不停顿的坐车转车回家，三岁的儿子站在路口在寒风中等待。前几年，安徽望江发生过一个悲剧，一名9岁农村留守儿童，得知在外打工的父母不能回家过年，在厕所横梁上自缢身亡。诗人陈先发说，很想为他一哭。

过年团聚，对中国人太重要了，无论是父母，还是孩子。尽管关山阻隔，尽管颠沛流离，阻隔不了人们要团聚的心。像非洲角马的长途迁徙一样，春节团聚似乎已是中国人与生俱来的本能。这就是春运客流一年多过一年的原因。有的专家说，可以增加平时休假，来代替春节。且不说增加平时假日可不可能，想通过平时假日来取代春节，真是不知道中国人心灵的无稽之谈。

第五篇　爆竹声中一岁除

上海外环线以内已经禁放烟花爆竹，我的故乡，地处安徽西部的小县城潜山没有。去年回家过年，大年三十下午，爆竹声就断断续续、远远近近的传来。从七仙女大酒店的九楼望过去，整个县城笼罩在一片灰黄色的烟雾之中，那就是传说中的PM2.5，火药的硝烟味道隔着玻璃窗，渗透到房间里面。到了下午五点左右，爆竹声突然密集了起来，哥哥和侄子也捧了一个硕大的盘子——数万响的鞭炮盘在一起，比汽车轮胎还要大，在公路边上呈“回形针”一样展开，然后点响，爆炸声中火光四溅。

现在的鞭炮比我儿时，真是大了很多，又响了很多。年夜饭之前要放一轮鞭炮。第二轮更加密集的鞭炮声在跨年，半夜十二点前后，大约半个小时，全城震耳欲聋。伴随着鞭炮声，各种烟火照亮了小城的夜空，近处的鲜明和远处的隐约，看不到边际。第三轮则在早晨，第一波序曲在凌晨四点，到了七点多，爆炸的爆炸声、烟火像口哨一样的破空声，从未间歇，让你无法入眠。

您还别说，有了爆竹，年味浓了很多很多。

元　日

（宋）王安石

爆竹声中一岁除，春风送暖入屠苏。

千门万户曈曈日，总把新桃换旧符。

“爆竹声中一岁除”。除旧迎新，首推爆竹。农村人都知道，竹子油分重，是很好的柴火。但是它是空心的，一节一节的。如果不剖开，里面是密闭的，遇火一烧，里面空气膨胀，形成高压，快要烧穿的时候，“砰”的一声炸开，轻则火灰裹着火星四溅，重则把锅底炸裂。这就叫“爆竹”。真正大自然的产物。

隋唐发明火药后，人们很快学会用火药做成了人工爆竹，就是鞭和炮。鞭炮制作不复杂，用纸把火药一层层卷得很严实，两头用黄土堵死，从火药里安放一根引线，引线一端露在外面。点燃引线，引燃火药，把纸炸开，产生响声。我们老家皖西山区，把小的爆竹叫“鞭”，把大的爆竹叫“炮”。过年，每家每户都要买几挂大鞭，至少超过一千响，现在五千响、一万响也很常见。大年初一，老宅子的各家招呼着一起出来，拿出各家各户最长的大鞭，迎接新年。大人把鞭炮绕在竹竿上，或者晒衣服的竹架上，点好后，快走两步跑开，鞭炮声密集而响亮。常常是一家连着一家，前面燃到快结束了，后面一家点上。农村里聚族而居，一个老宅子住几户，乃至几十户。不同宅子放的时间不一样，山冈起伏，看不到宅子，但声响完全听得出。鞭炮声此起彼伏，谁放得多，谁放得少，竟有互相比较的意思。

除了大鞭，更多是小鞭。大小，指的是串在一起的鞭的个数，究竟以多少来划分，并没有固定的数字。小鞭，一般百把响，所以也叫“百子鞭”。春节第一次放鸡鸭出来，第一次开猪圈的门，都要放一挂小鞭。小孩子常常在口袋里揣上小鞭，拆开来，一个个地放。走家串户，主人家常常塞一挂小鞭。不是每个孩子都能得到，这就看小孩子嘴巴甜不甜，还有父母亲的人缘好不好了。谁口袋里的鞭多，谁就很自豪地接受小伙伴们的羡慕嫉妒恨。

鞭炮炸开后，一地的红纸屑。孩子们就在里找没响的鞭炮，通常是引线烧没了，但没有炸，捡起来，拗断，把中间的黑色火药集中在一起，用火柴点着，刺啦，一阵蓝色火焰，几公分高，很好玩。大人看到，总是黑着脸制止，怕伤了眼睛。有调皮的小孩子把鞭塞进纸烟里面，把烟丝塞好，诡笑着递给大人。如果没有识破就中招了，抽着抽着，砰的一下，吓一跳，好在小鞭的威力小，不会有实际的风险。

“春风送暖入屠苏”，屠苏，据说是一种泡酒的草，用来指代酒，过年喝酒自然是不可少的。“千门万户曈曈日”，曈曈日，是指明亮的太阳。“总把新桃换旧符”，古代有门口挂桃符的传统，不过在王安石时代，春联已经取代了桃符，这里桃符就指贴春联的习俗了。

这首《元日》，顾名思义，是农历年第一天，现在叫春节，究竟放在哪个节气，颇费了一些脑筋。考虑到立春常常在春节之后，就放在“冬”之大寒这一节气，而没有放在“春”了。

后　记

一

据说，当然是据说，我是完全不记得了，1966年农历11月12日，我出生的那天，大雪纷飞。哥哥、姐姐多次用带有夸张的语气来描述大别山区那场罕见的雪。山里的婴儿夭折率几乎过半，能健康长大，不知道要冒多少次的风险，也不知道是多大的幸运。总之，终于让我活了下来。这要托祖宗的福，托神明的福，托小姐姐的福——我是在小姐姐的背上长大的，她大我四岁，在妈妈卧病早逝、父亲和哥哥需要经常外出艰难谋生的岁月里，比我只大四岁的小姐姐，是我唯一的依靠。在风雨交加的夜晚，姐弟俩，都是孩子，守着黑森森的百年老宅，就着摇曳的煤油灯，用抬水的杠子把门从后面顶上，屋子里的每一份动静，哪怕是老鼠跑过的窸窸窣窣的声音，都放大了很多倍。多少年后，那种恐惧，依然屡屡出现在我的梦中。

在一个接受了现代文明洗礼的书香家庭里，小姐姐没有读过哪怕一天的书，是父亲永远的痛——新中国成立前出生的大姐姐，倒是认认真真读完了文明小学。等小姐姐入学的年龄，爸爸先是说让她等我一起读书，否则谁带我呢？等我读书时，爸爸又不得不让她承担起洗衣做饭、挑水砍柴、种菜种田的重任。小姐姐对我说，我的书你要帮我一起念，别人考一百分，你要考二百分。我就这样怀着考二百分的使命感，进了中学，进了大学，到了上海——那时的读书并不像现在这么容易，我所就读的初中，那年送走了我们十几个学生后，就关闭了。而当年十几个出山赶考的人之中，也只有我一个人以考试的方式走出了大山。

今天，节气诗词一书终于交稿了。并不是第一次写书，也不是第一次出版书，但为这本书写后记的时候，第一个想到的就是小姐姐。想到她，我就忍不住要流泪。或许因为小时候的辛苦所导致的身体底子差，她已经走了多年，去年清明节为她扫墓，杂树乱草已经遮蔽了墓前的道路。印象中，后来她多少认识几个字，但诗是绝对不会背的。这套念诗，是我和女儿一起念诗的产物。比起那个时代的姐姐，女儿这一代太幸运了。同样是聪明伶俐的女孩子，生活在不同的时代，生活在不同的地方，人生的路径何止天壤之别。感谢伟大的改革开放，又一次的天翻地覆。

二

念诗，不是端庄的朗读，更不是强行的背诵，就是随心所欲的瞎叨叨，高亢也行，低沉也行，正经也行，随意也行。“小和尚念经，有口无心”，在家里，在旅途中，在上学的路上，我们胡乱的念诗，念着念着，就记得多了——时间总会积累一切。经常有人问我，你教女儿念诗的诀窍是什么？我总是回答，爱会锻造耐心，罗马不是一天建成的，诗歌也不是一天背好的。

记得有一次我和女儿开车到徽州去，在车上，我们俩你一句我一句，你开一个头我接一句的念诗，没有书，全在脑海里找，从上海一直念到了徽州。没有断过——想起“弦歌不辍”这个成语，似乎没有什么不恰当，因为诗也是歌。

还有一次，爬黄山，下着雨，大雾弥山，除了眼前的台阶，什么景色也看不到，枯燥的一次次的抬脚，显得比平时爬山更加特别的累。明代大旅行家徐霞客发现的黄山，那个时代早已过了中国诗歌的巅峰。没有黄山的诗来念，其他的诗，没有新鲜劲。所以，当我们在路边发现一首诗歌时，一下子就提神了：“遥望天都倚客松，莲花始信两飞峰。且持梦笔书奇景，日破云涛万里红。”喜出望外，两个人强记下来，你一句我一句，一个台阶一句诗，爬上了黄山。在北海景区，原本什么也看不见的黄山，突然云开雾散，给我们打开了，让我们看到了那举世无双的秀丽，几分钟之后，老天爷又关闭了窗口，黄山重新没入大雾之中。但那几分钟，于我和女儿都是极大的满足。

三

我和女儿一起念诗十五年，直到她进入高中。不是我教她，也不是她教我，是我们一起念。“宝宝念诗”这个公众号也是在她考取大学后，允许我开设的一个公众号，“用当代情怀，念古典诗词”，七扯八拉讲述自己的生活，拒绝拘泥于逐字逐句的解释，提倡在亲身体验中感悟相关的诗词。

开一个公众号，是极其辛苦的。自媒体是一场比拼耐力的长跑。如果没有特别的动力，一个人风雨无阻、经年累月的、一天不落的写文章、编文章、发文章，真是一件苦不堪言的差事。是人都有懈怠的时候，是人都有忙碌的时候，是人都有累得爬不起来的时候，是人都有疲倦或者厌倦的时候——对不起，要想做好自媒体，你都不许有这些，或者说，你都必须战胜这些，出差途中，醉酒之后，加班回来，都还有写稿编稿发稿的任务，哪怕生病也不可以。就这样，我坚持了两年多，写满了每一天，念了一千多首最经典的诗词，也赢得了一批有同样爱好的读者。2015年，“宝宝念诗”在腾讯大申网的评选中，获得上海“社会自媒体十强”；2017年，在中央网络主管部门指导的一次全国评选中，“宝宝念诗”获得中国“十大国学公号”的殊荣。

衷心感谢读者的信任和支持！我不称呼他们是“粉丝”，“粉丝”是依附于某个人身上的追随者和崇拜者。我把他们叫读者，他们和我一样，都是“宝宝念诗”的主人，没有他们的阅读，就没有坚持下来的动力！

还要感谢帮助我创立“宝宝念诗”阅读服务中心的诸位好友，他们的参与、鼓励，让念诗不再是一个人的自娱自乐。杨金志、魏宗凯、颜维琦、李治国、邢春、范静雅、俞秋晴、ROSA……他们或是媒体精英，或是教育家，或是银行家，或是公务员，或在外企重要岗位上，都是卓有成就的成功人士，成功人士一个共同的特点就是忙碌。但他们在百忙之中，还是为“宝宝念诗”写了很多的稿子，策划、组织、参与了大量的线下活动。很开心。听到那么多优美的童音念诗，特别动听，比我非常熟悉的电视上、广播里、主席台上一味高亢的声音动听多了。这才是生活中的美。还有不少认识和不认识的朋友为“宝宝念诗”提供了稿子，部分文章也收进了此书。衷心感谢他们！

四

我前面学的是中文，后来学的是地理——经常吹嘘自己是文理双修。把诗歌和人文、和历史、和地理结合起来，跨界就产生了。跨界的结果是趣味，是发现，但跨界的结果，是杂而不专，广而不精。

我不是专业的诗歌学者。您要找诗词考据、注释上的错误，想必有很多。记得我在浦东建设部门工作时，每年主持写的工作报告，总被某位长者批判得体无完肤，包括用错标点符号若干。感恩这样的“挑剔”，如果发现本书的硬伤，请务必发邮件给我，尽量用各种方式更正，对读者负责。

我不是专业的自然工作者。节气涉及的自然、天文、地理、农业、植物，特别是花卉、养生……是一门博大的学问。在我看来，中国的“节气”应该成为一门“节气学”，节气学里甚至包括星象乃至中国古代的算命术——千万不要因为不懂就否定其中的科学，不信，先把洪丕谟先生《中国古代算命术》一书读懂再说——对这样的一门学问，我的驾驭能力更加有限，所以，更多的疏漏需要读者的慧眼。

让我屡屡困惑的是，诗词与节气之间并没有严格的一一对应。节气与农历的日期之间也没有严格的对应，比如说，春节，可以在立春前，也可以在立春后。节气和气候、自然、花卉的对应，也不是非常严格的，中国之大，南北相差太多。所以如果用严格的标准来要求，你为什么把这首诗放在这个节气，而不是放在那个节气？我还真的说不上来。准确的推算出每一首诗歌产生的日期，或者描写的日期，据此来确定相应的节气，是不可能的。即便个别诗歌（如苏轼《定风波·莫听穿林打叶声》）有准确的日期，可以倒推，对绝大多数的读者似乎也没有太大的必要了。“诗无达诂”，我们只能根据诗歌描述的景象，结合自己的经历来体验式的感受了。

爱在于传递，生命在于传承，文化在于传播。让我们享受诗歌的美好，感悟世界的美好。感恩我的老师、著名美学家、北京大学教授朱良志先生为本书作序，每一字每一句都是思想的结晶。感恩一切应当感恩的人，我的老师、我的师母，我的领导、我的同事的，我的读者、我的作者，我的朋友、我的兄弟姐妹，感恩所有我爱的人和爱我的人，不再一一点名，任何点名都是挂一漏万。

韩可胜

2017年7月19日

最美的节气诗词

我言秋日胜春朝

韩可胜等 著

上海科学技术文献出版社
Shanghai Scientific and Technological Literature Press

目录

第一章　立秋

——睡起秋声无觅处，满阶梧叶月明中 / 1

第一篇　天气晚来秋 / 6

第二篇　快走踏清秋 / 9

第三篇　碧云天黄叶地 / 12

第四篇　阶前梧叶已秋声 / 16

第五篇　月子弯弯照九州 / 21

第二章　处暑

——秋风清，秋月明 / 25

第一篇　我言秋日胜春朝 / 29

第二篇　已带斜阳又带蝉 / 32

第三篇　芙蓉生在秋江上 / 35

第四篇　金风玉露一相逢 / 38

第五篇　夜深篱落一灯明 / 43

第三章　白露

——露从今夜白，月是故乡明 / 47

第一篇　举头望明月 / 52

第二篇　海上生明月 / 55
第三篇　碧海青天夜夜心 / 63
第四篇　今夜月明人尽望 / 66
第五篇　天阶夜色凉如水 / 69

第四章　秋分
——红藕香残玉簟秋，轻解罗裳，独上兰舟 / 73

第一篇　昨夜寒蛩不住鸣 / 79
第二篇　霜叶红于二月花 / 83
第三篇　画眉深浅入时无 / 87
第四篇　清秋燕子故飞飞 / 90
第五篇　自是花中第一流 / 94

第五章　寒露
——可怜九月初三夜，露似真珠月似弓 / 99

第一篇　谁解助茶香 / 105
第二篇　非是藉秋风 / 108
第三篇　每逢佳节倍思亲 / 111
第四篇　天寒红叶稀 / 115
第五篇　飒飒西风满院栽 / 117

第六章　霜降
——渡船满板霜如雪，印我青鞋第一痕 / 121

第一篇　白露为霜 / 126

第二篇　何处得秋霜 / 128
第三篇　天地一沙鸥 / 132
第四篇　白云红叶两悠悠 / 136
第五篇　月落乌啼霜满天 / 139

第一章

立秋

睡起秋声无觅处，满阶梧叶月明中

天若有情天亦老！转眼又是下半年了。立秋，二十四节气中的第十三个节气，也是下半年的第一个节气。暑去凉来，一年四季，走到了第三个转折点上。秋天的诗词，特别多，古人最善于写的季节，一是春，二就是秋。所以有“伤春悲秋”之说。这首《立秋》，是节气诗歌中最好的一首。

立　秋

（宋）刘　翰

乳鸦啼散玉屏空，一枕新凉一扇风。
睡起秋声无觅处，满阶梧叶月明中。

听到秋天的声音，却什么也找不到，只见落满台阶的梧桐叶，沐浴在朗朗的月光中。“只有一枝梧叶，不知多少秋声”、“春风桃李花开日，秋雨梧桐叶落时”……一叶落而知天下秋，梧桐落叶是秋天的象征。据说立秋时节，梧桐的叶子最先凋落。宋代有一个礼仪，这天将一盆梧桐搬进殿内，等到立秋时辰一到，太史官便高声奏道：“秋来了。”奏毕，梧桐应声落下一两片叶子。

采桑子

（宋）晏　殊

时光只解催人老，不信多情，
长恨离亭，泪滴春衫酒易醒。

梧桐昨夜西风急，淡月胧明，
好梦频惊，何处高楼雁一声？

时光总是比我们想象的跑得快，今人只会说“岁月是把杀猪刀”，比古人俗很多啊！古人却会说，“时光只解催人老”，时光什么都不会干，只会一步步催人变老。这一催，不知不觉就催到了秋天。我们貌似还在承受夏天的煎熬，实际上秋天已经不知不觉地到来。惨淡、朦胧的月亮，照在离别的长亭上，任何青春、任何情感都抵不过时间的摧残。这难道不让人从梦中惊醒？

“一枕新凉一扇风”，但是，秋后还有第三伏，还不会马上凉下来，气温甚至还会出其不意的反弹，所以民间有“秋老虎”之说。去年秋天机场接女儿，她说，全世界最热的地方，上海占了七个——估计说的是区县吧。但是，既然立秋，凉下来就是大趋势了。所以古人常常咏叹，“天凉好个秋”。

说到秋，就要说到花——黄花，说到“明日黄花”这个成语。这个词总被很多人误成“昨日黄花”。这是望文生义，大错特错。黄花，特指菊花，昨天含苞待放，今天花香四溢，明天枯萎凋零，所以过时的、过气的东西叫“明日黄花”，出自苏轼《九日次韵王巩》诗：“相逢不用忙归去，明日黄花蝶也愁。”

这个王巩，也介绍过，字定国，北宋诗人、画家，苏轼的好友。受苏轼冤案的牵连，被贬最远，处罚最重，牺牲最大。贬到宾州（今广西宾阳）后，一个儿子死在那里，一个儿子死在家里，自己也差点病死在贬所。幸好，有歌女柔奴愿意生死相随，在苦难人生中增加了一点亮色。王定国和柔奴回来后，苏轼写了一首词，记录与柔奴的对话，极美极感人，不知道让多少男人羡慕：

定风波

（宋）苏　轼

常羡人间琢玉郎，天教分付点酥娘。
自作清歌传皓齿，风起，雪飞炎海变清凉。

万里归来年愈少，微笑，笑时犹带岭梅香。
试问岭南应不好？却道，此心安处是吾乡。

“笑时犹带岭梅香”，这个笑容多美！多富有诗意！这首词是我在读书时，所有同学都最喜欢的一首词。有一个同学在熄灯之后的卧谈会上，高声背诵了这首词，然后叹息，如果遇到这样的女子，就私奔了吧，还回来干嘛。时光荏苒，一刹那，过了近三十年。多年不闻这位同学的消息，不知道他的生命中，遇到了柔奴没有？

【关于立秋的延伸阅读】

古人说，春生夏长，秋收冬藏。秋天是收获的季节，也是补充的季节，既要弥补夏天的消耗，也要储存冬天的能量。秋天的水果，普遍成熟，应该多吃水果，重视机体水分和维生素的摄入。芝麻、蜂蜜、银耳、乳品等具有滋润作用的食物，也是好的食品。

中医认为，秋天对应于五脏中的肺，对应于五情中的悲。所以，调整情绪最为重要。要做到内心宁静，神志安宁，心情舒畅，切忌悲忧伤感，即使遇到伤感的事，也应主动予以排解，以避肃杀之气，同时还应收敛神气，以适应秋天容平之气。

秋高气爽，应开始“早卧早起，与鸡具兴”。早卧以顺应阳气之收敛，早起为使肺气得以舒展，且防收敛之太过。人不是夜行动物，熬夜是文明人的发明，但熬夜和睡懒觉都有违人的本性。

秋天是运动的季节。自己喜欢的运动、适合自己的运动，就是最好的运动。总之不宜宅在家里，宅在床上。

第一篇　天气晚来秋

所谓“见识”，顾名思义，不见到，就不会有知识。第一次知道大城市里的水也可以干净的，是在加拿大。海湾延伸进温哥华的市区，洁净得成深蓝色，完全不像咱们东海岸的一片灰黄，更不提那时的上海苏州河无比黑臭了。第一次知道落叶不用扫，也是在加拿大。初秋的温哥华满街飘黄，突然发现一尘不染的黄叶原来也是一道风景，是季节送给城市的礼物。步行在深入到城市中心的海堤上，踩着一尘不染的落叶，听那沙沙响声，真是别样的享受。身在都市，心在田园。那是很多年前的事情了。

多年后，当“闺蜜”ZH悄悄地对我说，要去加拿大定居的时候，不免有一些惆怅，却理解她的选择。这位昔日的中国网络小姐，现在定居那里，做起了专栏作家，还开了一个公众号，指点外来者如何在加拿大就业、就学和购房。时光荏苒，ZH去加拿大也已经有了三四年。有一日，她回到上海探亲，带着牙牙学语的小女儿到我家做客，小家伙开始长牙，可爱极了。我开玩笑地说，女儿留给我吧。她絮絮叨叨的无非是温哥华，最适宜于人居的城市。云云。我都相信。

山居秋暝

（唐）王　维

空山新雨后，天气晚来秋。
明月松间照，清泉石上流。
竹喧归浣女，莲动下渔舟。
随意春芳歇，王孙自可留。

其实，这么好的环境，咱们原也是有的。比如这首王维《山居秋暝》。记得老师是这么评论的，说这首诗将空山雨后的秋凉，松间明月的光照，石上清泉的声音以及浣女归来竹林中的喧笑声，渔船穿过荷花的动态，和谐完美地融合在一起，给人一种丰富新鲜的感受。我讨厌对诗歌的条分缕析。我一直认为，好的诗歌是让人感悟的，不是用来分析的。这就像拿手术刀给美女解剖，一点美感都不会有。何况这是一首最美都是田园诗，没有之一。既像一幅清新秀丽的山水画，又像一支恬静优美的抒情乐曲，还充满了清净和禅意，是典型的王维风格，“诗中有画，画中有诗”。暝（míng）：日落，天色将晚。浣（huàn）女：洗衣服的姑娘。

青山依旧在，几度夕阳红。王维的诗歌，在于心境之澄净，不浮躁——这种澄净，这种不浮躁，不是自然，是自身的内心修炼达到了极高境界的结果——所以人们叫他“诗佛”，区别于“诗仙”李白——仙人飘逸，神龙见首不见尾；也区别于“诗圣”杜甫——圣人忧国忧民，一天到晚操碎了心。

秋天是成熟的标志，也是衰老的开始，所以有成语“老气横秋”。但是唐诗写秋天，可以澄净也可以斑斓，可以欢欣也可以悲伤，可以昂扬也可以忧愁，就是没有“老气横秋”。比如李白“长安一片月，万户捣衣声”，比如杜甫“无边落木萧萧下，不尽长江滚滚来”，比如杜牧“停车坐爱枫林晚，霜叶红于二月花”，比如刘禹锡“晴空一鹤排云上，便引诗情到碧霄”。

第二篇　快走踏清秋

我一直觉得，所有的动物中，马最俊秀，最洒脱，也最忠诚。古人也极爱马，写马的诗歌很多。借秋天，欣赏一首写马的诗歌，是很短的一首诗，很苍凉的一首诗，也是一首值得慢慢品味的一首诗。不过，在小朋友看来，完全是朗朗上口的一首儿歌。

马　诗

（唐）李　贺

大漠沙如雪，燕山月似钩。
何当金络脑，快走踏清秋。

“旦辞黄河去，暮至黑山头。不闻爷娘唤女声，但闻燕山胡骑鸣啾啾”，这是《木兰辞》中的几句诗。燕（yān）山，古代史书中最重要的山脉之一。燕山的北面是蒙古一带，燕山的南面是华北平原。因此，燕山是北边的少数民族进入华北的必由之路，也成了兵家必争之地。于是，万里长城就从这里开始修建了起来。我们熟悉的山海关、居庸关，都是建在燕山山脉上。

因此到了北京，如果去爬长城；到了河北秦皇岛，看到山海关，指着那片绵延无尽的苍茫大山，告诉孩子，这就是燕山。估计大致不会错的。古代这是燕国所在地。北京也叫燕京。我就是在长城上教会孩子念这首诗的。当时是白天，看不到月似钩，当然也看不到沙漠。我真不知道她懂了没有。但因为是旅游，她很开心地背熟了。

燕山拱卫着辽阔的华北平原。所以是将士拼命、战马驰骋的地方。在古代，没有战争，英雄没有用武之地，战马也就没有了用武之地。英雄和宝马，永远属于需要出生入死的战场！

这首诗很好懂。有两个地方稍微解释一下。何当，什么时候的意思。金络脑，用金丝来装饰马的笼头，显得很珍贵、很珍惜。顺便说一句，唐代的诗人，不像后来的文弱书生，都是喜欢佩着宝剑，随时要投笔从戎，在战场上建功立业的。我最喜欢这个时代，最喜欢这个时代的文人，他们是知识与豪迈，甚至狂野的结合体。这时候的千里马，不用耕田，不用拉车，战场上驰骋去吧！

李贺《马诗》是一组诗歌，还有一首也非常著名，比

起“铁骨铮铮”还高了一个等量级：

马　诗

（唐）李　贺

此马非凡马，房星本是星。
向前敲瘦骨，犹自带铜声。

第三篇　碧云天黄叶地

秋天最适合出游。旅程中，最常见的一幕是你45度角仰望天空，看看白云苍狗；低头看地，落叶缤纷；再平视远眺，有山有水有斜阳，天、地、山、水融为一体，草地上还有小朋友在放风筝。真美啊！——你由衷地发出一声感叹，然后就去找美食美酒去了。

大约在970年前，一个50多岁的老男人也45度角仰望天空，又低头看地，再平视远眺，看到山、水、斜阳和草地，长叹一声，也去找美食美酒去了——牛逼的是，人家喝完酒后写下了这首词。历代写秋天的诗词中，这是我最喜欢的，没有之一。

苏幕遮·怀旧

（宋）范仲淹

碧云天，黄叶地。
秋色连波，波上寒烟翠。
山映斜阳天接水。
芳草无情，更在斜阳外。

黯乡魂，追旅思。
夜夜除非，好梦留人睡。

明月楼高休独倚。酒入愁肠，化作相思泪。

范仲淹词存世只有五首，篇篇皆为精粹。只这一首，就足以让他笑傲词坛。有人表扬他“状难写之景如在目前，含不尽之意见于言外”——表扬的话都这么有水平，不像现在我们只会说：真美啊，真好啊。

后来元朝王实甫写《西厢记》“长亭送别”时，脑子里绕来绕去绕不开这首词，索性直接化用：碧云天，黄花地，西风紧，北雁南飞。晓来谁染霜林醉，总是离人泪。后面这句“总是离人泪”化用了苏轼的“点点是，离人泪”——估计再用“相思泪”范仲淹要诉他抄袭了。王实甫也很牛逼，这么“借”一下也是千古绝唱。

要知道，大宋朝写词的猛人很多。比如范仲淹的老师晏殊，就是写“无可奈何花落去，似曾相识燕归来”和“昨夜西风凋碧树，独上高楼，望尽天涯路”的那个猛人，一生写了一万多首词。奉旨填词的柳三变（柳永）更不用说了，“忍把浮名，换了浅斟低唱”，凡有井水饮处，皆能歌柳词。还有文坛领袖欧阳修，“月上柳梢头，人约黄昏后”，写得多好啊！凭什么要服你范仲淹啊？只见老范不慌不忙又写了一首，叫《渔家傲·秋思》：

渔家傲·秋思

（宋）范仲淹

塞下秋来风景异，衡阳雁去无留意。

四面边声连角起，千嶂里，长烟落日孤城闭。

浊酒一杯家万里，燕然未勒归无计。
羌管悠悠霜满地，人不寐，将军白发征夫泪。

这下就没什么人唧唧歪歪了，人家老范的确与众不同。有什么不同呢？这里需要讲讲诗与词的不同。“诗言志”，是文人抒写怀抱、反映社会的重要工具；而“词为艳科”，是士大夫娱宾宴客的消遣品，尤其是文人词，本身就是在灯红酒绿、浅斟低唱中长出来的，脱不了男女相悦。想想柳永的调调就知道了。

正当一片靡靡之音时，范仲淹以悲壮苍凉的豪放词风，一扫北宋初年词坛的颓废风气，不写宫廷豪门、都会市场、风花雪月、儿女情长，开创了词也言志、也反映社会生活的崭新局面，在中国文学史上确立了重要地位。

打个比方，这就相当于周围都在唱周璇的“天涯呀海角觅呀觅知音”，突然有人大吼一声，唱起了“大刀向鬼子头上砍去”，当然是满座皆惊了。所以说这首词在词史上开了边塞词的先声，是个很大的突破。以后，苏轼、辛弃疾这些猛人的豪放词风都是从这儿来的，一脉相承。

又过了三四年，也就是庆历六年（1046），老范因得罪了宰相吕夷简，被贬河南邓州。老朋友滕子京重修岳阳楼，请范仲淹作记。老滕知道老范来不了岳阳楼，于是就派人送了一幅《洞庭晚秋图》过去，牛逼的老范居然只凭借此图就写出了《岳阳楼记》！身处困境，老范依然想着国家，“先天下之忧而忧，后天下之乐而乐”，安慰同样被贬的老滕“不以物喜，不以己悲”，何等胸怀！所以苏轼说老范“出为名相，处为名贤；乐在人后，忧在人先”。朱熹也赞他是“有史以来天地间第一流人物”。你看，有文化的人赞扬人都很有文化，不像现代人只会点赞，心情好的时候再跟个千篇一律的电脑表情。

范仲淹也很会表扬人。严子陵高风亮节，不为功名利禄而改变自己的理想，老范这么赞美他的：“云山苍苍，江水泱泱。先生之风，山高水长。”（魏宗凯）

第四篇　阶前梧叶已秋声

一年春夏秋冬，都有景色，都有声音，但只有“秋”可以和“声”联系在一起，组成一个词叫“秋声”。

偶　成

（宋）朱　熹

少年易老学难成，
一寸光阴不可轻。
未觉池塘春草梦，
阶前梧叶已秋声。

那什么是秋声？前面文章说过一位牛逼的词人，秋天里一抬头一低头再一远眺就能写出“碧云天，黄叶地”的范仲淹，还有一位登楼一望就能写出“昨夜西风凋碧树”的晏殊，再介绍一位牛人，他夜里读书累了，只是把耳朵支起来听了听风声，就写了篇后人难以逾越的文章。

秋声赋（节选）

（宋）欧阳修

初淅沥以萧飒，忽奔腾而砰湃，如波涛夜惊，风雨骤至。其触于物也，𪇓𪇓铮铮，金铁皆鸣；又如赴敌之兵，衔枚疾走，不闻号令，但闻人马之行声。

他叫欧阳修，与范仲淹同出晏门，同样是个内外兼修、文武双全的高手，应当说其文学方面的成就与才华，要远远超过师傅和师兄，是个宗师级人物。唐宋八大家中，他和他的弟子抢了六把交椅，可见一斑。

关于秋天的诗词，写景写人写物者居多，这篇是写秋声的，而且体裁也不是诗词，而是赋——这是一种介于诗和散文之间的文体，更接近于散文。诗词曲都能歌唱，赋不能歌唱，只能朗诵，所以比词要正经得多（你懂的），而且朗诵起来节奏感极强——我记得我中学时尤其喜欢读赋，这一篇《秋声赋》和杜牧的《阿房宫赋》都是背得滚瓜烂熟。

这一段是描写秋天的声音的，“初听时像淅淅沥沥的雨声，其中还夹杂着萧萧飒飒的风吹树木声，然后忽然变得汹涌澎湃起来，像是江河夜间波涛突起、风雨骤然而至。碰到物体上发出铿锵之声，又好像金属撞击的声音，再（仔细）听，又像衔枚奔走去袭击敌人的军队，听不到任何号令声，只听见有人马行进的声音”。这声音由远而近、由小到大，由无形到可见可闻，令人悲秋之意油然而生，且比直写秋景更浓。

当然，《秋声赋》全文都非常精彩，而且立意高远，是宋代文赋的典范，值得诵读。欧阳修不仅赋写得好，散文、诗词都写得好，尤善散文，最有名的是《醉翁亭记》，就是他因同情大（hao）师（ji）兄（you）范仲淹被贬滁州所记，与范仲淹的《岳阳楼记》是同一年写的，一写忧，一写乐，两篇文章风格迥异，但“后天下之乐而乐”和“与民同乐”的思想却是遥（ji）相（qing）呼（si）应（she）的，他们都在宣扬一种“不以物喜，不以己悲”的“古仁人之心”。

欧阳修比范仲淹小18岁，那个时候男人娶妻生子早，应当算是两代人了，但是二人却是忘年之交，在政治斗争中结下深厚的友谊，范仲淹受到排挤压迫陷害的时候，小弟欧阳修都挺身而出为其仗义疏言，打抱不平——当然，为了大师兄，这小弟也两次被贬。

欧阳修第一次被贬时29岁，贬为峡州夷陵令（今湖北宜昌）。次年，朋友丁宝臣（元珍）写了一首题为《花时久雨》的诗给他，欧阳修便写了著名的《戏答元珍》回赠：

戏答元稹

（宋）欧阳修

春风疑不到天涯，
二月山城未见花。
残雪压枝犹有橘，
冻雷惊笋欲抽芽。
夜闻归雁生乡思，
病入新年感物华。
曾是洛阳花下客，
野芳虽晚不须嗟。

这首诗是欧阳修诗歌当中的精品，在宋诗中亦属杰作。特别是最后一句，立意远远胜过唐代元稹的“曾经沧海难为水，除却巫山不是云”，表现了其不怕艰难险阻，不怕流血牺牲的革命的乐观主义精神。

我猜，欧阳修这种“与天斗其乐无穷；与地斗其乐无穷；与人斗其乐无穷”的精神源于童年不幸及青少年的挫折，他四岁丧父，寄人篱下，高考也两次失利——这对他的性格应该有很大影响。但是欧阳修确实有才气，后来三次考试都是第一。

欧阳修觉得，在即将到来的殿试中，自己肯定也能考第一，那就是状元了。于是特意做了一身新衣服，准备考试时候穿——悲剧往往就是在主角最得意的时候发生的——一个名叫王拱辰的损友同学出场了，他也获得了殿试资格。晚上，这哥们调皮地穿上欧阳修的新衣服，得意地说："我穿状元袍子啦！"没想到，殿试那天，真的是王拱辰中了状元，欧阳修排到第十四名——估计当时欧阳修生吃了王拱辰的心都有。据时任主考官晏殊后来披露，欧阳修未能夺魁，主要是锋芒过于显露，众考官欲挫其锐气，促其成才。

回过头来再说说这个王拱辰——当时状元可以说是全国最优秀的青年了，如果未婚，一般都会被招为驸马。可能是皇帝没看中，也或者是皇帝的女儿没到嫁龄，所以就轮到大臣挑，这个王拱辰就被副宰相薛奎看中了，把三女儿嫁给他。欧阳修后来则娶了薛奎的四女儿——你抢我状元，我抢你小姨子。王拱辰嘿嘿一笑，咱们接着玩吧。后来，王拱辰的夫人去世了，他又娶了薛奎的五女儿——抢了欧阳修的小姨子。欧阳修从妹夫变成姐夫，所以写诗调侃王拱辰说："旧女婿为新女婿，大姨夫作小姨夫"——真够乱的。（魏宗凯）

第五篇　月子弯弯照九州

我小时候，看电影是稀罕事。提前几天甚至十几天，消息灵通的乡亲们就说要放电影了，于是一直期待着。确实，对山区农村来说，一场露天电影，绝对是娱乐大餐。可看的电影也不多，最受欢迎的是战争片，比如《南征北战》《红日》《上甘岭》《英雄儿女》《洪湖赤卫队》。记得《洪湖赤卫队》，那个地下党小红唱到："月儿弯弯照高楼，高楼本是穷人修。寒冬腊月北风起，富人欢喜穷人愁。"印象很深。后来发现，这首歌是从宋代民歌演化而来的。

月子弯弯照九州

宋代民歌

月子弯弯照九州，
几家欢乐几家愁。
几家夫妇同罗帐，
几家飘零在外头？

不要瞧不起民歌，《诗经》三大部分，风、雅、颂，最好的是"风"，就是民歌。凡是我们耳熟能详的几乎都是民歌。比如"关关雎鸠，在河之洲。窈窕淑女，君子好述”。今天这首民歌是宋代的，就是写家庭生活的有苦有乐，苦乐不均。有的幸福，颠鸾倒凤；有的艰难，颠沛流离。月子：月亮。九州：指中华大地。同罗帐：这里是团聚在一起的意思。罗帐，用纱罗做成的帐幔。飘零：漂泊，生活不安定。

真是同一个月亮，不是同一个世界……

这首民歌里面，最有解释价值的是“九州”。据说，大禹治水之后，将天下规划为九个州，分别是冀州、兖州、青州、徐州、扬州、荆州、豫州、梁州和雍州。此后“九州”就成了“中国”的代名词，当然中国是不断扩大的，慢慢就超出了大禹时代九个州所规划的范围。

“九州”一词经常出现在诗词中，最著名的莫过于以下两首。一首是南宋诗人陆游在临终前写给儿子们的一首诗《示儿》，写得极其悲痛。现在的新疆、甘肃一带，在汉代纳入中国的版图；现在的大东北（远远超出现在东三省的范围），在唐代纳入中国的版图。可是到了北宋，这个版图大大缩小了，位于山西的雁门关，就已经是北宋的边疆前线，著名的“杨家将”镇守的就是雁门关。而到了陆游时代，南宋边疆更加退回到长江南岸，镇江成了前线。在镇江的北固楼上，南宋词人辛弃疾写下了两首怀古，渴望收复中原，统一九州。好好的中国，这时候不但只有汉唐的几分之一，就是跟大禹所规划的“九州”相比，也小得多了，难怪爱国诗人陆游痛心疾首。

示 儿

（宋）陆游

死去元知万事空，但悲不见九州同。
王师北定中原日，家祭无忘告乃翁。

不但诗人陆游，整个南宋都没有等来统一中原的那一天。从南宋之后，经历了元代、明代，到了清代前期的“康乾盛世”，中国的版图又比“九州”大了许多。不过到了晚清，割地赔款，数百万平方公里的土地被外国人侵占。在这亡国灭种的危难关头，许多有识之士开始用振聋发聩的声音，呼唤这头东方睡狮醒来。清代诗人龚自珍《己亥杂诗》就这样写道：

己亥杂诗

（清）龚自珍

九州生气恃风雷，万马齐喑究可哀。
我劝天公重抖擞，不拘一格降人才。

在无数仁人志士的奔走呼号、浴血牺牲中，中国终于走上了站起来、富起来、强起来的道路。

第二章 处暑

秋风清，秋月明

处暑，二十四节气之中的第十四个节气。在小暑、大暑的时候解释过，“暑”是热的意思。所谓暑假就是大热天放假，有钱人或者有权人还要去避暑——承德就有个皇帝的避暑山庄，老早听到，可以没有去过。而“处”在这里是终止的意思。因此，到了处暑，一年的暑热就正式终止了。后面如果还有高温，那就属于反常天气。当然，全球气候变暖是不是真的，我不知道，但我老家那个地方，这二十年变暖了，是能感受到的事实。所以如果有反常，那也很正常。

“一阵秋雨一阵凉”，古人对季节比我们敏感。他们生活在自然之中，没有空调、冰箱……比起古人，我们的感官粗糙多了。处暑是一个过渡性的节气，每年，我都是通过网络、通过微信，才知道处暑的到来。

秋风词

（唐）李　白

秋风清，秋月明。
落叶聚还散，寒鸦栖复惊。
相思相见知何日？
此时此夜难为情！
入我相思门，知我相思苦。
长相思兮长相忆，短相思兮无穷极。
早知如此绊人心，

何如当初莫相识。

处暑的古诗词有一些，可惜我没有发现好的，或者适合于大家读的。这首《秋风词》，倒是很美，是我看到的最美的秋风词。李白还能写出这样的诗歌，真是让人惊诧。不瞒大家说，我是看到金庸《神雕侠侣》才第一次接触到这首诗词——只要培养了对诗词的兴趣，一辈子都会有新的发现……

《神雕侠侣》的第四十回，写了华山之巅的一段场景，豪迈与真情，兼而有之："却听得杨过朗声说道：'今番良晤，豪兴不浅，他日江湖相逢，再当杯酒言欢。咱们就此别过。'说着袍袖一拂，携着小龙女之手，与神雕并肩下山。其时明月在天，清风吹叶，树巅乌鸦呀啊而鸣，郭襄再也忍耐不住，泪珠夺眶而出。正是：'秋风清，秋月明。落叶聚还散，寒鸦栖复惊。相思相见知何日，此时此夜难为情'"。

看到此处，我几乎眼泪夺眶而出，从此记住了李白的《秋风词》。词的意思是说，秋天的风如此的凄清，秋天的月如此的明亮。落叶飘飘聚了还离散，栖息在树上的鸦雀又重新惊飞。想当日彼此亲爱相聚，现在分开后何日再相聚，在这秋风秋月的夜里，想起来真是情何以堪。入我相思之门，知晓相思之苦。长远的相思是永远的回忆，短暂的相思却无止境。早知相思如此的在心中牵绊，倒不如当初就不要相识。

把这首《秋风词》吟唱得最美的是我的好友、古琴仙子王珑，她的边弹边唱，不知催下了多少人的泪水，触动了多少人柔弱的心灵。一段时间，我经常在各种活动中，请她演绎这首《秋风词》。

爱情、离别、相思……都是正向的情感。无论如何忧伤，如何纠结，如何刻骨铭心，都可以用美好来归纳。击碎这一切美好的，只有婚姻。所以古人说，婚姻是爱情的坟墓。爱情是幸福的，离别是惆怅的，相思是忧伤的，只有婚姻的油盐酱醋是现实而琐碎的。圣贤富贵，贩夫走卒，概莫能外。有关贫富，无关冷暖。以浪漫来面对现实，或者把现实想象得那么理想，都不是正视现实，恰恰是对现实的不负责任。

说起冷暖，曾经一篇关于“暖男”的文章十分流行，激发了很多讨论。可惜，所举的都是“打飞的”送鸡汤之类的富贵例子，贫贱夫妻哪能如此轰轰烈烈？倒是有一篇文章更加让我有同感。文章说，女人是天生的，男人是需要雕琢的。从妈妈手上交出去的是男孩，半成品，经过女人的雕琢，才成为男人——成为什么样的男人，全靠女人了。能不能把青苹果捂成红苹果，就看女人的能耐了。所谓成功的男人背后，站着一个更成功的女人。

嗯，说得有些沉重了。最后，补充一句，秋天要豁达，不要悲秋。人生短暂如白驹过隙，没有什么事情值得永远放在心上。秋天，养心为上。还要多吃点，肉类蛋类都好，牛肉土鸡蛋为佳，贴养秋膘。如果嫌腻了，喝点红茶。

第一篇　我言秋日胜春朝

同一个季节，同一个日子，在不同诗人那里，有不同的念法，有不同的味道。秋天斑斓，但也开始肃杀——落叶飘零，总是引发无数人的忧伤。即便风神潇洒的大诗人李白写起秋天来也有一股凄凉入心的味道。这就是前面文章所念的《秋风词》。还有下面这一首：

子夜四时歌·秋歌

（唐）李　白

长安一片月，万户捣衣声。
秋风吹不尽，总是玉关情。
何日平胡虏，良人罢远征。

悲秋，“愁”，几乎是大多数咏秋诗的主题。于是只要有一首写得昂扬的诗词，就极为难得。这便是刘禹锡的《秋词》。

秋　词

（唐）刘禹锡

自古逢秋悲寂寥，

我言秋日胜春朝。
晴空一鹤排云上，
便引诗情到碧霄。

确实秋天，是值得细细品味的。在浦东政府工作的最后两年，受同事徐建军兄的感染，步行上下班，幸亏只有三公里。虽然上海比不上铁岭那么有名气，好歹也算大城市，这么近的上班距离是一种幸福。换了一种交通方式，更加感受到秋日的美好，迎春路上的桂花从初绽后的第一缕香，到盛开后的繁华满树香味满怀，再到凋零过半后的余香绕城……这种感觉是车行所体会不到的。透过栅栏和冬青树丛，看到进才实验学校操场上整整齐齐的队伍，一个个少年面孔，稚气和朝气同在。足够幸运的话，还能听到杨龙校长的讲话，睿智、坚定而有号召力。忍不住站住多听几句，以这种方式听到老朋友的声音格外新鲜，也格外亲切。然后在会心一笑中继续前行。

最诗意的还有浦东行政中心、市民中心和少年宫夹着的那块很大的绿地。大树小草，低矮的灌木，我认不出的多，各种植被高高低低、层层叠叠、错错落落。阳光透过树丛，斑斑驳驳洒在地面上、草丛中。一条红砖铺成的路弯弯绕绕，最适于步行。那天看到紧邻路边的长椅上，一对年轻的恋人依偎在一起。忍不住多望了一眼，是因为他们绝对不是都市中长大的男孩女孩。这是一对年轻的农民工，但脸上的幸福与都市少年并无二致。快步走过，不忍心打扰他们。次日早晨在同一处遇到一个迎面打电话的姑娘，对着手机说，我给你唱首歌吧，然后就咿咿呀呀地唱了起来。擦肩而过，歌声还隐约而来。

秋天之美，不输给春天。春花烂漫，秋叶斑斓；春光明媚，秋日高爽；春流淙淙，秋水澄澈。唐代大诗人刘禹锡说，秋日在他心目中胜过春天，“我言秋日胜春朝”。依我看来，未必一定要比个高下胜负，但“自古逢秋悲寂寥”似乎真的不必。《秋词》中还有一句“晴空一鹤排云上”，在城里是不大见到的景观。鹤，动物园偶尔也有，但都是剪了翅膀的、可怜的鸟儿。没有了自由，也就没有了神采，几乎与囚徒无异。为了“欣赏”，剥夺了属于它们的蓝天，人类常常是自私和残忍的。

第二篇 已带斜阳又带蝉

安徽有个江城芜湖，芜湖有个安徽师大。安徽师大分量最重的是中文系。中文系有位先生叫刘学锴，有真学问。当然那时候有真学问的，不止一个刘学锴。八十年代初期的大学，还有象牙塔的味道，大学之间也没有挖墙脚的习惯，所以积累了好多优秀的教授。比如宛敏灏先生，可惜年纪太大，已经不给本科生授课了；比如祖保泉先生，六十几岁还在给本科生授课，他那门《文心雕龙》，不完整背上十几篇根本就不要想及格，即便背完了，分数也肯定不会高到哪里去，可是人人争相去“受虐”，没听过祖先生的课，还好意思说自己是安徽师大中文系毕业的吗？比如教美学的汪裕雄——我毕业论文的指导老师，把“意象”这么抽象的概念解释得通透澄澈，人生味道十足；比如教唐宋文学的刘学锴，他浑厚而又宛转有致的男中音，是我迄今为止唯一清晰记得的声音。

柳

（唐）李商隐

曾逐东风拂舞筵，乐游春苑断肠天。
如何肯到清秋日，已带斜阳又带蝉。

估计迷上刘学锴声音的不在少数。那时的毕业分配颇有些不妙了，许多人都考研究生，最多的选择就是考唐宋文学，包括我最要好的两个同学，以至于我很长时间都认为唐宋文学是中文系最正宗、最热门的方向。最记得刘学锴先生声情并茂地朗诵“自在飞花轻似梦，无边丝雨细如愁”，还有这首“如何肯到清秋日，已带斜阳又带蝉”，陶醉了他自己，也陶醉了我们。与贺知章的《柳》“不知细叶谁裁出，二月春风似剪刀”那种初春活泼泼的生命完全不一样，李商隐写的是秋日之柳。但秋日之柳也曾经是春日之柳，曾与如云的美女共舞，在盛筵上展示自己的婀娜，繁花似锦，盛况一时。而今到了秋日，荣华凋零，斜阳夕照，蝉声急促冷落，是何等的凄凉入心。

立秋多日，中秋将至，这时候的安徽师大应该是一幅“已带斜阳又带蝉”的景致了吧。师大坐落在芜湖市中心的赭山和镜湖之间，风景最为秀美。教工宿舍集中在西边的几个小山坳里，更是依山而建。几年前，汪裕雄先生做手术，我从上海赶回去看先生。从一条岔道往上，两旁是高大的梧桐树和附幼、附小。我正急匆匆地走，前面有一个缓缓而行的老者。在超越他的一瞬间，看到了是刘学锴老师，心头一

阵激动，却不知怎的，没有张开口，默默退在了他身后，亦步亦趋地陪着他慢慢往上走，不知道的人还以为是孩子护着老人，直到他走进一个门洞。我站了一会儿，怅然若失——敬祝先生健康长寿。

那晚，汪裕雄先生极为兴奋，完全没有大病未愈的样子，给我指点各种X光片上密密麻麻的癌细胞，大大小小的黑色圆点，触目惊心，可先生仿佛是说另外一个人。兴高采烈之余，又从墙上拿下二胡，拉了好几首曲子。师母说，先生十几年没有拉过二胡了。而今，汪裕雄先生已经仙去，我所熟悉的继学翘楚朱良志、胡晓明等又去了北京、上海，不知道中文系还是否兴盛如初。据说，学校在开发区建了新的校区。可以想象，新校区会大很多，华丽丽很多，但没了依山傍水的神韵，还是安徽师大吗？就像我的第二所大学，远离了丽娃河和夏雨岛的华东师大，恐怕也不再是过去那所华东师大……

怀念那些学为人师、行为世范的先生们——那时不叫“大师”，可是现在的“大师”很少堪与他们相比；怀念那时有神韵有传统有个性的校园，现在的许多大学，不少都是一个景象，楼高了，人多了，少了点“学”，空有一个“大”而已，当然这不是指我的母校安徽师大。

第三篇　芙蓉生在秋江上

批评中国教育的文章很多，有的也很有道理。比如说，有人讲现在中国所有的高校加在一起，也抵不上抗战时期的一个西南联大。比如说，现在的清华大学、博导、教授何其之多，但找不到当初的梁启超、陈寅恪、王国维、赵元任——原因何在，我也说不清楚。但高考的大方向是正确的。让文盲和白卷先生治理天下，一定是开历史的倒车。

不过，高考当然也不是人生唯一的一条出路。早在科举如日中天的唐代，貌似李白就没有参加考试，杜甫则没有考取进士。还有一位更让人哭笑不得，就是写这首诗的李贺，他20岁到京城长安参加科举考试，但不幸的是他父亲名叫李晋肃，因为进士与他父亲的名字“晋”同音，要避讳，所以取消了他的考试资格。

南园十三首·其五

（唐）李　贺

男儿何不带吴钩？
收取关山五十州。
请君暂上凌烟阁，
若个书生万户侯？

还有这样的怪事情。一直为他愤愤不平，直到后来读了他这首诗才心里好过一些。诗歌是说，男子汉大丈夫为什么不带上锋利的吴钩，去收复那黄河南北割据的关山五十州？请你且登上那画有开国功臣的凌烟阁去看，又有哪一个书生能被册封为万户侯呢？吴钩：吴地出产的弯形的刀，此处指宝刀。凌烟阁：唐太宗为表彰开国功臣而建的殿阁，上有秦琼等二十四人的像。确实是这样，有几个读书读得好的人能够成为万户侯啊。秦皇汉武、唐宗宋祖，都不是靠读书而取得天下的。

话虽这么说，读书还是有用的，至少可以安身立命。李白杜甫是没有考上进士，但也有状元是真有本事的，比如诗书画都超一流的王维。还有柳公权、文天祥、陈亮、张孝祥都是状元出身。如果不走高考路线，就要善于借势了。用现在人的话，越穷就越要站在富人堆里。

上高侍郎

（唐）高　蟾

天上碧桃和露种，
日边红杏倚云栽。
芙蓉生在秋江上，
不向东风怨未开。

有雨露，碧桃才能长好；有太阳的照耀、云彩的滋润，红杏才能美丽。芙蓉长在萧瑟的秋天的江边，没有春风，只好抱怨不能开放。晚唐时候，科举弊端很多。虽然才气横溢，但没有人推荐，高蟾连续十年落榜，所以说自己“颜色如花命如叶”。这首诗是在多次落榜之后写给主考官侍郎高骈的。高骈是晚唐大将，也是诗人。果然在高骈的力荐下，高蟾中了进士。万物生长靠太阳，与这首诗意境相似的还有《断句》：

断　句

（宋）苏　麟

近水楼台先得月，
向阳花木易为春。

这两句话很容易懂。只是“断句”两个字很少见。所谓断句，就是按照格律来写，没有写下去，断了。

第四篇 金风玉露一相逢

中华民族是一个善于讲故事的民族，即便是讲理论，也是用故事来表述。抽象的理论，这个学说那个主义，大都是从洋人那里引进的，大多不是中国人自己的发明。中华民族又是一个极其务实的民族，不管是哪朝哪代，吃是第一要务，“民以食为天”，因此中国传统的节日，多半是与故事有关、多半与某种特定的食品有关。中秋节吃月饼，讲嫦娥奔月；端午节吃粽子，讲屈原投江；重阳节吃糍粑，讲“老”的故事；大年夜吃团圆饭，讲“年”的故事……所以，中国人的道理基本上都是生活的道理。

于是，也给人一个感觉，中国人缺少真正的浪漫——连“浪漫”这个词也是来自英文“romantic”（罗曼蒂克）。有人或许跟我较真，说不对，“浪漫”这个词中国古代原本就有的——是的，原本就有的，而且意思也有点像（水满出来、纵情、随意、烂漫），但与我们现在理解的“浪漫”——富有幻想，充满诗意——有很多本质的不同。

但凡规则必有例外，七夕这个节日，浪漫的因素多了许多。可以说，七夕是中国所有节日中最浪漫的一个节日。浪漫就浪漫在讲了一个爱情故事。爱情本来就令人神往，何况是在天上最高贵的仙女和人间最普通的牛郎之间。

鹊桥仙

（宋）秦　观

纤云弄巧，飞星传恨，银汉迢迢暗度。
金风玉露一相逢，便胜却人间无数。

柔情似水，佳期如梦，忍顾鹊桥归路。
两情若是久长时，又岂在朝朝暮暮。

每到七夕，我爸爸就说，这天没有喜鹊。所有的喜鹊都飞到天上去了，在银河上架起一座桥，织女和牛郎就在鹊桥上相会——这种相会十分难得，所谓“金风玉露一相逢，便胜却人间无数”。那为什么只能一年一次，而不是长相厮守呢？爸爸告诉我，织女原本是王母娘娘的外孙女，心灵手巧，每天的任务就是编织云彩，那千姿百态、巧夺天工的云，就是织女的杰作。有一天织女动了凡心，下凡了，遇到穷苦而又善良的放牛娃（牛郎），就嫁给了牛郎，在凡间生活，生了一对龙凤胎……

牛郎织女是中国人对幸福生活的故事化诠释，是中国人幸福的象征。中国人理想的境界是男耕女织，牛郎是男耕的代表，织女是女织的象征。再加上儿女双全，还有什么比这种生活更让人满足？黄梅戏《牛郎织女》中，有一段经典唱腔《到底人间欢乐多》，极美，极好听，也非常符合中国人男耕女织的理想境界，我不厌其烦地把歌词记下来：

架上累累悬瓜果，风吹稻海荡金波。
夜静犹闻人笑语，到底人间欢乐多！
……
闻一闻花香心也醉，尝一尝新果甜透心窝，
听一听乡邻们问寒问暖知心语，看一看画中人影舞婆娑。

“天上一日，人间一年”，话说王母娘娘这天发现天上没有云彩了，一查，织女下凡了！于是派遣雷公电母，将织女抓回天庭。而牛郎在老牛的帮助下，挑着一对儿女，也飞到天上，眼看就要追上了，王母娘娘拔下金簪，往牛郎前面一掷，于是在牛郎织女之间出现了一条波涛汹涌的银河。还好王母娘娘也不算太绝情，每年准许他们相会一次……你想一想，秋风起、秋月明，凡夫俗子仰望星空，看到梭子形状的织女星和扁担形状的牵牛星，能不神往？能不浮想联翩？

为了这个故事，古人写了很多诗。我们选两首，通俗易懂，朗朗上口。

秋　夕

（唐）杜　牧

银烛秋光冷画屏，轻罗小扇扑流萤。
天阶夜色凉如水，坐看牵牛织女星。

七　夕

（五代·后唐）杨　璞

未会牵牛意若何，须邀织女弄金梭。
年年乞与人间巧，不道人间巧已多。

上面三首都值得记下来，值得背诵。如果你嫌太简单了，我再推荐两首，稍微难一点，但也是极美的。《古诗十九首》“盈盈一水间，脉脉不得语”，缠绵恩爱，无以复加。《行香子》的音节独特，尤其是最后一句，那种节奏，着实让人喜欢不已。

古诗十九首

（汉）佚　名

迢迢牵牛星，
皎皎河汉女。
纤纤擢素手，
札札弄机杼。
终日不成章，
泣涕零如雨。
河汉清且浅，
相去复几许。
盈盈一水间，
脉脉不得语。

行香子·七夕

（宋）李清照

草际鸣蛩，惊落梧桐，
正人间、天上愁浓。
云阶月地，关锁千重。
纵浮槎来，浮槎去，不相逢。

星桥鹊驾，经年才见，
想离情、别恨难穷。
牵牛织女，莫是离中。
甚霎儿晴，霎儿雨，霎儿风。

第五篇　夜深篱落一灯明

那次到九华山，正值初秋，蝉声响亮。奇怪的是，九华山的蝉，洪亮中带有一种金属的声音。与我小时候听惯了的蝉鸣很是不一样——我们老家天柱山，距离九华山不过百十里的距离。有了这次经历后，就注意了各地的蝉鸣，果然有新的发现，音质、音高、频率都不一样。是品种不同？还是蝉也有方言？

蝉是一种很奇特的生物，幼虫要在地下待几年，短的三年，长的十七年（都是单数，而且是素数，神奇吧），在地面上只能生活几十天。有人说，正因为在黑暗中久了，在阳光下它要尽情歌唱。这是诗人的语言。还有人说，蝉能检验土壤有没有被污染，因为污染的土壤中，蝉的幼虫无法成活。我专门请教过环境学家，答曰有一定道理，极端地说吧，一个在长期污染的化工厂的土地上建成的小区，是不长蝉的。那么，是不是可以通过小区里有蝉还是没有蝉，来判断土壤有没有污染？——如此说来，各位不但不能讨厌蝉声，还要挑着蝉声去买房了。

也有人说，蝉是害虫——可我认为，上帝创造的一切生命，本无善和恶之分、害和益之别，每一种生命都是平等的，都有它存在的理由。不能因为人类可以剥夺蜜蜂生产的蜜，就让全世界都是蜜蜂，没有其他虫类。这样的世界未免太恐怖了。想起几十年前，人类对麻雀的态度。人，一定会慢慢明白，所有的生物都应该得到尊重，都必须得到尊重。

人不能太功利。

除了讨厌的蚊虫外，小时候听得最多的虫鸣，除了蝉，就是促织。我们那里，促织又叫纺织婆婆。通俗的说法叫蟋蟀，或者蛐蛐儿——这两种叫法我都不喜欢，没有“促织”、“纺织婆婆”来得有韵味，而且形象动人。抓蝉在白天，抓促织要到晚上。

夜书所见

（宋）叶绍翁

萧萧梧叶送寒声，江上秋风动客情。
知有儿童挑促织，夜深篱落一灯明。

促织到了秋天才开始吟唱。大概是它一叫，天就要冷了，就要抓紧织布做衣服了。《夜书所见》，写的是久居在外的游子所见所感。江上的秋风吹过来，梧桐沙沙作响。夜已深了，还有儿童点着灯，在篱笆边捉促织。诗歌写的是眼前，想的是自己的家乡如何，自己的孩子又在干什么？古代农耕文明发达，土地、故乡、亲人，总能直击人的灵魂深处，让人荡气回肠，一唱三叹。

这首诗歌的作者是叶绍翁，他的《游园不值》写得真好。

游园不值

（宋）叶绍翁

应怜屐齿印苍苔，小扣柴扉久不开。
春色满园关不住，一枝红杏出墙来。

现在是大变革时代，也是大迁徙、大流动时代，很多人离开了乡土，但忘不了的是乡音，常惦记的是乡情，最缠绵的是乡愁。秋风起，促织鸣，当回家看看。

第三章

白露

露从今夜白，月是故乡明

白露，农历二十四节气中的第十五个节气。早晨四点被淅淅沥沥的雨声打醒，扯了一床被子盖上，果然天气转凉了。不管有没有雨水，到了这个节气，清晨，你会发现在草地和树叶上有许多晶莹的露珠。这就是白露的含义。古人以四时（春夏秋冬）配五行（金木水火土），秋属金，这就是“金秋”一词的来历。金，泛指金属（不是特指黄金），古人认为金色白，所以用“白”来形容秋露。进入“白露”，晚上会感到一丝丝的凉意。

白露节气来念一首相关的诗歌，作者是“诗圣”杜甫。想到杜甫，就想到李白，我经常把他们联系在一起品味。李白、杜甫都是盛唐最伟大的诗人，相比较之下，我个人更喜欢李白的天马行空、激情澎湃、汪洋恣肆、不受约束。这并不意味着我认为，李白比杜甫更好，只是个人的喜好不同而已。

李白的光芒在于没有规则限制，极大展现了人性的自由、心灵的自由；杜甫则是悲天悯人的“圣人”，把光芒照进了社会最卑微的角落，记录了人世间最真实的苦难，体现了人性最真切的关怀。李白，确实是“诗仙”，像石头缝里蹦出来的一样，诗歌里面几乎看不到他有爹有娘有兄弟，但杜甫不一样，弟弟妹妹妻子儿女（“遥怜小儿女，未解忆长安”），还有许许多多最卑微的人物，比如《石壕吏》中的老妇，都屡屡成为他诗歌的主角。

为什么李白是李白，杜甫成为杜甫？我认为首先是他们所处的时代。俗话说，国泰民安，国泰是民安的前提。个人的命运总是服从国家的命运。一个兵荒马乱的岁月，不要以为自己就能成为那个站在万千枯骨上笑到最后的大英雄。所以古人讲，“宁为太平犬，不作乱世人”。从这个角度讲，杜甫，就不如李白的命好。同样，我们也比父辈的命运好。

月夜忆舍弟

（唐）杜　甫

戍鼓断人行，边秋一雁声。
露从今夜白，月是故乡明。
有弟皆分散，无家问死生。
寄书长不达，况乃未休兵。

安史之乱后，杜甫在月华之下，白露之中，想念自己的弟弟。舍弟：家弟，杜甫有四个弟弟。戍鼓：戍楼上用以报时或告警的鼓声。断人行：指鼓声响起后，就开始宵禁。边秋：秋天边远的地方。一雁：孤雁，比喻兄弟分散。况乃：何况是。未休兵：此时叛将史思明正与唐将李光弼激战。

此诗是乾元二年（759）秋杜甫在秦州所作。天宝十四年（755），安史之乱爆发，山东、河南等中原大地都处于战乱之中。当时，杜甫的几个弟弟正分散在这一带，由于战事阻隔，音信不通，引起他强烈的忧虑和思念。“露从今夜白，月是故乡明”，是这首诗留下的千古名句。写白露的诗歌还有很多。最著名的还有：

蒹葭（节选）

《诗经》

蒹葭苍苍，白露为霜。
所谓伊人，在水一方。

【关于白露的延伸阅读】

露水是凉性的，当年薛宝钗要解从娘胎里带来的热毒，用的药叫冷香丸，其中一味原料就是白露节令的露，其他还有雨水节令的雨、霜降节令的霜、小雪节令的雪，等等。

俗话说，白露身不露，光膀子睡觉的哥们姐们要注意了，以免着凉，特别是要防止睡觉时“寒从脚起”。这个季节，容易出现口干、唇干、鼻干、咽干及大便干结、皮肤干裂等症状，多喝水，多吃蔬菜和水果，也可选用一些宣肺化痰、滋阴益气的中药，如人参、西洋参、百合、杏仁、川贝等。虽然说要“春捂秋冻”，但是体质弱者不宜冻，谨慎点为好。

一年之中，阴阳循环往复。阳气是在夏至达到顶点，物极必反，阴气也在此时兴起。到了白露，阴气逐渐加重，并占据了上风。阴气占优，当然就要保养阳气。保养阳气的办法是很多的。爱茶者，推荐经常喝点红茶；适当饮酒也不错，特别是家酿米酒。

中国古代相信，“天人合一”，人和大自然有某种对应的关系。到了秋天，特别是白露之后，人的情感会趋于沉寂、忧伤，所以，要注意调节自己的情绪，不管遇到什么情况都要开心一点，没有什么事情大不了的，天不会塌下来。放下心思，敞开心扉，最好的方法就是远足。秋高气爽的季节，最适合于旅游。

前面说过，古人以“四时”春夏秋冬配“五行”，秋属金，这就是“金秋”一词的来历。“金秋”的本义不是金色的秋天，但是，稻谷金黄，树叶金黄，金黄确确实实是这个季节的颜色。

推荐几个好去处。首先是英国的温德米尔湖（大湖区），连绵的山峦、斑斓的树叶、透明的空气、清澈的湖水，秋天去了一次，就会魂牵梦绕很多年。如果去不了大湖，新疆的喀纳斯和四川的九寨沟，也极美，是秋天赏叶的胜地。至于香山红叶，也就只能稍微弥补一下出不了远门的遗憾。

第一篇　举头望明月

这首诗呀，每个人都读过。记得小时候，在老家的院子里乘凉，月亮挂在树梢上，奶奶在旁边织网，我就背这首诗给奶奶听。奶奶没文化，但也会背这首诗，只是背完后，抹抹眼泪。我那时候不懂事，现在想来，也许奶奶在想着她的故乡吧。

静夜思

（唐）李　白

床前明月光，疑是地上霜。
举头望明月，低头思故乡。

长大后，四处奔波，有时也会想起这首《静夜思》。直到做了父亲，教女儿背诗，才又念起“床前明月光”来，只是感觉异样了。女儿那时才三岁，是个乖乖女，小嘴一张，光呀、霜呀、乡呀，声音稚嫩清脆，特别好听。我牵着她的小手，

走在庭院里，她头顶一个冲天辫，摇摇晃晃，总指着天上的那轮明月。

后来，女儿开始识字、读书，也常常在亲戚朋友面前显摆她跟爸爸背的古诗，虽然那些诗，她似懂非懂。有一次，她忽然问我：“爸爸，为什么‘望明月’就要‘思故乡’呀？”我听了，心里一丝震颤，不禁想起我的故乡，还有在老家的父母了。于是，我给她讲：“你想爷爷奶奶吗？”她点点头：“想！”我摸摸她的冲天辫儿，指着窗外的明月说：“天上的那个月亮呀，我们这里能看到，你的爷爷奶奶在老家也能看到，你想他们，就看看月亮，爷爷奶奶马上就知道了。”女儿高兴了一会儿，就跑过来追问我：“要是天上没月亮呢？我想爷爷奶奶，他们还知道吗？”我只好敷衍她：“你只要想，爷爷奶奶都知道，只是有月亮时，知道得快一些。”掐指一算，有些日子没回去看父母了，心里满是愧疚。

现在女儿已经长大了，每年寒暑假，我们总要带她回去看望两位老人。前些日子，女儿拿出一沓资料，跟我讨论起“床”是什么意思来，是窗，是胡床，还是井栏？我们俩并没有最终的结论。不过，理解成一般的床也是可以的吧。试想一下：

秋冬时节，夜深人静，一轮明月洒下清辉，透过窗户照到床前，白亮亮的地面如同涂了一层寒霜。诗人不觉起身走到窗前，抬头望月，低头神伤，这明月呀，故乡的亲人也在凝望吧？

女儿点点头，神情凝重，若有所思。搂着女儿的肩膀，走到阳台，我知道，她对这首诗的领悟又多了一些，不仅是几个字的理解，还有故乡，还有人生，还有广渺的世界。（邢春）

第二篇　海上生明月

与春节、元宵、端午、重阳、除夕等相比，中秋节无疑是最有文化底蕴的一个节日。既有浪漫主义情怀，洋溢着中国人特有的诗情画意；又有现实主义关怀，充满着中国人心中的伦理家国。描写中秋节的诗词汗牛充栋，不可胜数，构成了中秋灿烂文化的一部分。中秋，一个文化的节日。让我们集中重温十首最美的中秋诗词。描写月亮，最多最好的当属李白。苏轼《水调歌头》一词，为中秋诗词中的绝唱。论壮阔和情怀，张孝祥《念奴娇》并不输给苏轼。辛弃疾《木兰花慢》，虽然很多人不很熟悉，但其科学追问却在中国诗词中独树一帜。这个节气里，我们集中来念十首中秋的诗，过一把瘾。

最雄浑的当属“海上生明月，天涯共此时”。

望月怀远

（唐）张九龄

海上生明月，天涯共此时。
情人怨遥夜，竟夕起相思。
灭烛怜光满，披衣觉露滋。
不堪盈手赠，还寝梦佳期。

张九龄是唐代的一代名相，遭受奸臣排斥，贬谪荆州，中秋之夜怀念远方，写了这首诗。诗歌意境雄浑阔大，骨力刚健，但又情感真挚，特别是前两句早已成为千古名句。

最寂寥的则为“今夜月明人尽望，不知秋思落谁家”。

十五夜望月

（唐）王　建

中庭地白树栖鸦，
冷露无声湿桂花。
今夜月明人尽望，
不知秋思落谁家。

这首诗先写中秋月色，再写望月怀人，展现了一幅寂寥、冷清、沉静的中秋之夜的图画。以写景起，以抒情结，想象丰美，韵味无穷。

最有边塞味的是“长安一片月，万户捣衣声”。

子夜吴歌·秋歌

（唐）李　白

长安一片月，万户捣衣声。
秋风吹不尽，总是玉关情。

何日平胡虏，良人罢远征。

《子夜吴歌》分别有春歌、夏歌、秋歌和冬歌四首。这首秋歌，写征夫之妻秋夜怀思远征边陲的丈夫（“良人”）。虽未直写爱情，却字字渗透着真挚情意。李白描写月亮的作品真多：“小时不识月，呼作白玉盘”、“举杯邀明月，对影成三人”、“明月出天山，苍茫云海间”、“举头望明月，低头思故乡”、“今人不见古时月，今月曾经照古人”等，当然大部分不是写中秋的。

最亲情的是“遥怜小儿女，未解忆长安”。

月　夜

（唐）杜　甫

今夜鄜州月，闺中只独看。
遥怜小儿女，未解忆长安。
香雾云鬟湿，清辉玉臂寒。
何时倚虚幌，双照泪痕干。

明明是自己在长安，望月而遥想鄜（fū）州（今陕西省富县）的亲人。但诗歌却从对面着想，只写妻子“独看”鄜州之月而“忆长安”。这种从对方设想的方式，写出了一家人的真挚感情，经常被后人借鉴。

最清冷的则为“西北望乡何处是，东南见月几回圆”。

八月十五日夜湓亭望月

（唐）白居易

昔年八月十五夜，曲江池畔杏园边。
今年八月十五夜，湓浦沙头水馆前。
西北望乡何处是，东南见月几回圆。
昨风一吹无人会，今夜清光似往年。

月亮还是昔日的月亮，地方却不是往年那个地方，自然，身边的人也不再是往年的人。被贬湓浦（pén pǔ，今江西九江），物是人非，故乡不见，孤苦伶仃。诗歌清冷至极，悲苦无形。

最感伤的或许是“此生此夜不长好，明月明年何处看”。

中秋月

（宋）苏　轼

暮云收尽溢清寒，银汉无声转玉盘，
此生此夜不长好，明月明年何处看。

作者苏轼与其胞弟苏辙（字子由）久别重逢，共赏中秋之月。如此赏心乐事，却让作者想到了聚后不久又得分手的哀伤与感慨。诗歌境界高远，语言清丽，意味深长。

最让人共鸣的是“但愿人长久，千里共婵娟”。

水调歌头

（宋）苏 轼

丙辰中秋，欢饮达旦。大醉，作此篇，兼怀子由。

明月几时有？把酒问青天。不知天上宫阙，今夕是何年。我欲乘风归去，又恐琼楼玉宇，高处不胜寒。起舞弄清影，何似在人间？

转朱阁，低绮户，照无眠。不应有恨，何事长向别时圆？人有悲欢离合，月有阴晴圆缺，此事古难全。但愿人长久，千里共婵娟。

这是苏轼的代表作之一，也是自古以来写中秋的作品中，公认的绝唱。它构思奇拔，独辟蹊径，神话与现实、出尘与入世、感慨与旷达，层层交织，极富浪漫主义色彩，也极富哲理与人情。通观全篇，皆是佳

句，很好地体现出苏词清雄旷达的风格。

最具科学幻想的“是别有人间，那边才见，光影东头”。

木兰花慢

（宋）辛弃疾

可怜今夕月，向何处，去悠悠？是别有人间，那边才见，光影东头？是天外，空汗漫，但长风浩浩送中秋？飞镜无根谁系？姮娥不嫁谁留？

谓经海底问无由，恍惚使人愁。怕万里长鲸，纵横触破，玉殿琼楼。虾蟆故堪浴水，问云何玉兔解沉浮？若道都齐无恙，云何渐渐如钩？

一连串的发问，使得这首词几乎是中国古代最有科学色彩的一首词。月亮为什么能在空中不会掉下来？沉到海里，不会被碰坏吗？为什么圆月渐渐变成一道弯月？是不是这边沉下去，那边就升起来？……八百年前的辛弃疾，竟然在词中接触到月亮绕地球旋转这一科学现象。王国维赞叹说：“直悟月轮绕地之理……可谓神悟。”辛弃疾还有一首《太常引》“一轮秋影转金波，飞镜又重磨。把酒问姮娥：被白发欺人奈何！乘风好去，长空万里，直下看山河。斫去桂婆娑，人道是清光更多”，也是写中秋的作品中，一首富于浪漫主义色彩的优秀辞章。

最壮阔的我认为是“玉鉴琼田三万顷，著我扁舟一叶”。

念奴娇·过洞庭

（宋）张孝祥

洞庭青草，近中秋，更无一点风色。玉鉴琼田三万顷，著我扁舟一叶。素月分辉，明河共影，表里俱澄澈。悠然心会，妙处难与君说。

应念岭表经年，孤光自照，肝胆皆冰雪。短发萧骚襟袖冷，稳泛沧溟空阔。尽挹西江，细斟北斗，万象为宾客。扣舷独啸，不知今夕何夕。

碧空万里，水波不兴，月照湖面，寰宇澄澈。泛舟湖上，以长江之水为酒，把北斗星当酒杯，再请天上的星辰万象作为宾客来，和我一起细斟慢酌。此情此景，没有天地物我，不知今夕何夕。这种壮阔、这种豪情，遍观宋词，无以复加。

最伤心的是"似此星辰非昨夜，为谁风露立中宵"。

绮怀

（清）黄景仁

几回花下坐吹箫，银汉红墙入望遥。
似此星辰非昨夜，为谁风露立中宵。
缠绵思尽抽残茧，宛转心伤剥后蕉。
三五年时三五月，可怜杯酒不曾消。

诗人年轻时曾同自己的表妹两情相悦，但以温馨开始，以无言结局。在诗人的眼中，那伊人所在的红墙虽然近在咫尺，却如天上的银汉一般遥遥不可即。“世界上最遥远的距离，不是生与死，而是明明心中相爱，却不能在一起”。如何不让人伤心？

最后再强调一下，不少人一知半解，以为只要有月的就是写中秋。那是不对的。比如，张若虚《春江花月夜》“春江潮水连海平，海上明月共潮生”，明明写的是春月。刘方平《月夜》“更深月色半人家，北斗阑干南斗斜。今夜偏知春气暖，虫声新透绿窗纱”，写的也是春月。欧阳修“月上树梢头，人约黄昏后”，写的是元宵的月。古人七夕节的月写得也很多，比如施肩吾“幼女才六岁，未知巧与拙。向夜在堂前，学人拜新月”……

第三篇　碧海青天夜夜心

记得几年前北京高考作文是“仰望星空与脚踏实地”。现在盛夏，正是星空灿烂的季节。只是现在仰望星空太难了。在偏远的农村，比如我的老家，大别山深处，能够仰望星空，无奈在那里活不下去，那块土地不踏实；在上海，能够脚踏实地地活下去，但是雾霾和灯光掩盖了星空。最近，微信中北京大学的宣传片流传很广，就是杜撰了一个仰望星空和脚踏实地的例子。催人泪下，也催人汗下。理想不易，生存更不易，且活且珍惜。

老祖宗屈原感叹过，“哀民生之多艰”。周末看完了一本书，《中国人的民生》，俺对经济学不太感兴趣，但这本书把工资、住房、养老、通胀、税收……这些与每个人息息相关的事情说得很清楚，写得很通俗，解释了为什么“穷人越穷，富人越富”的道理。很多人生着，活着，但是没有生活。但愿他指出的道路，能够让穷人也能有机会仰望一下星空。

嫦　娥

（唐）李商隐

云母屏风烛影深，长河渐落晓星沉。
嫦娥应悔偷灵药，碧海青天夜夜心。

仰望星空，就怕星空也不那么纯粹。让无数人感慨的，屌丝牛郎和豪门织女，因为社会地位和家庭条件相差太大，家长不同意，只好分居银河两岸，千万年来屌丝逆袭也未成功。光有爱情没用，放牛娃是娶不了白富美的。还有那让多少诗人浪漫地吟诵过的一轮明月和明月里的嫦娥，其实故事也不是那么美好。嫦娥和后羿本是夫妻，嫦娥固然是美若天仙——后来果然就成了天仙；后羿更是了不得。天上出现十个太阳，烤得大地都焦了，后羿抖擞精神，射掉九个。这对夫妻也算是神仙伴侣吧，唯一的遗憾就是不能长生不老。后羿从西王母那里讨来了灵药。两个人吃了，能够长生不老；一个人吃了，可以成仙。“夫妻本是同林鸟，富贵临头各自飞”——嫦娥独吞了，飘飘成仙，霞举飞升，飞进了一片凄冷的广寒宫……

碧海青天，独守寒宫的嫦娥后悔吗？这首诗写的是这个故事。云母屏风，以云母石制作的屏风。长河，银河。晓星，启明星，清晨时出现在东方。我想，嫦娥会后悔的。只是天上也没有后悔的药。当初嫦娥决心偷吃灵药的时候，她一定考量过现实的利害得失，才让她抛弃了后羿。在决策之时，现实，往往是力量最为强大的。也正是现实，摧毁了很多浪漫的故事。周末看了一本《故事会》，上面有一段话很有趣，说，“我们能做朋友吗？”这是故事的开始；“我们还能做朋友吗？”这是故事的结束。

第四篇 今夜月明人尽望

每到中秋，微信上的人们纷纷晒月亮。不是摄影家多了，是照相机和手机的摄影功能越来越好。那年的中秋晚上，开车从张江晨晖路上经过，看到了灯光不甚明亮的华东师大二附中，想起过去接送女儿的情景，许多细节和场景，清晰如昨。而今，女儿已经飞走，心中不免有些感伤。开车回来的路上，一直没有看见月亮的踪迹。直到回到房间，看到窗外月华铺在大地，花草树木斑斑驳驳的样子。于是探头看到了挂在树梢上的一轮明月。上海的月亮还真不错。老天帮忙，空气透明，月中的阴影清晰可见。

太阳和月亮，是地球最亲密的伙伴。地球是太阳的卫星，没有太阳，地球上的生命就不会存在。但中国人对太阳没有什么感情。在中国文化中，太阳扮演负面角色的倒是比较多。神话夸父追日，大勇士夸父被太阳烤得渴死了——太阳几乎就是凶手。神话后羿射日——太阳多了，把大地烤焦了，大英雄后羿一口气射掉了九个，太阳成了要管制的犯罪嫌疑人。“赤日炎炎似火烧，野田禾稻半枯焦”——还是说太阳烤人、烤大地、烤死了人们赖以生存的禾稻。除了烤，“近水楼台先得月，向阳花木易为春”——太阳还有点偏心眼。

相反，中国人特别喜欢月亮，写月亮的诗歌特别多。与太阳的“烤”相比，月亮显得“温”许多——温和、温顺、温情脉脉。而且，月亮不会一成不变，它不停地在圆和缺之间变换。这很像人的感情，跌宕起伏，有时候很饱满，有时候很低沉。“人有悲欢离合，月有阴晴圆缺”，就是这个意思。

人们想象，同在一个月亮下，我有悲欢离合，我所思念的亲人也有悲欢离合。我在想他（她），他（她）也肯定会在想我。于是月亮成了我们之间感情的媒介：所以这样的诗句——“海上生明月，天涯共此时”（注意，是“生明月”，不是“升明月”），“但愿人长久，千里共婵娟”（婵娟就是月亮）才会那么感人。复旦大学教授、博士生导师、国学家骆玉明先生说，第一首确信是写中秋月亮的诗歌，是下面这首：

十五夜望月

（唐）王　建

中庭地白树栖鸦，
冷露无声湿桂花。
今夜月明人尽望，
不知秋思在谁家？

因为中秋是一个并不很早的节日，一直到中唐才真正形成，但盛唐已经有了先声。王建是中唐时

期的人。“今夜月明人尽望”，“人尽望”说明中秋的习俗这时候已经很普遍了。我前面曾推荐十首中秋的诗词，最后一首是《绮怀》。这首诗好像很多人都解释不清楚具体的意思，无非就是作者和爱人，从相爱到不得不分开的一个感情倾诉。

绮 怀 诗

（清）黄景仁

几回花下坐吹箫，银汉红墙入望遥。
似此星辰非昨夜，为谁风露立中宵。
缠绵思尽抽残茧，宛转心伤剥后蕉。
三五年时三五月，可怜杯酒不曾消。

然而，诗歌的好处是，你即使不完全明白每一个字词的意思，照样不妨碍你产生共鸣。“似此星辰非昨夜，为谁风露立中宵”、“三五年时三五月，可怜杯酒不曾消”的意思，大家都能听懂。多年前，从一个好友那里偶尔听到这首诗，就喜欢它了。“昨夜星辰昨夜风”（李商隐），昨夜星辰，总是让人伤感，让人不舍。

第五篇　天阶夜色凉如水

地理学得不好，我到现在还是不理解，为什么中国的火炉都在长江一带，比如重庆，比如南京，比如武汉，比如南昌，都有火炉的称号。为什么不在光照更强的南方，也不在缺水的北方？

大暑小暑，睡觉吃苦，这是指没有空调的时代。没有空调之前，在老家皖西南山区，老房子是百年老宅，很高大，一进一进的，好几重，也很阴凉。但即便如此，晚上还是有纳凉的习惯。印象中，纳凉就像农家没有歌声的晚会，是乡下最快活的时刻，这种快活不是事后回忆的，当时就感觉得到。

太阳西坠，只是被大山挡住了，天空一片敞亮，晚霞还要等半个时辰才登场。在“稻床”——我怀疑应该叫“稻谷场”——上自由散漫的鸡们，就被孩子们赶进了自家鸡圈，捣蛋的公鸡、老资格的母鸡还恋恋不舍，一步三回头。清场之后，总归有哪家的大人挥动着竹制的大扫把，把稻床扫干净。这块地方，两三百平方米，对小孩子来说，未免过于大了点。有哪个孩子也模仿着大人挥动着比自己高两个头的扫把，总是引起大家的哄笑。

小凳子、竹椅子、竹凉床统统扛出来。竹凉床，四条竹腿，床面也是细竹篾编成的，新的时候是青色的，很快就变黄色了。年代愈久，就愈加变成老黄色，凉性也更重。一个大屋子的人，除了卧床不起的老人，陆陆续续到稻床上了。出来的时候大多人手一个碗，饭上面象征性的有一两个菜，或者只有一点辣椒酱。吃好，把饭碗送回家，又都出来了，变成了人手一只蒲扇。

大人最多的话题是商量农务，抱怨或赞美一下天气，张家长李家短，谁生病了谁过世了，谁家娶媳妇嫁女了，是不是门当户对。隔壁什么生产队发生了什么事情。还有对面几十里外的山上通水电了，电灯贼亮的那家是谁家谁家。

睡竹凉床是小孩的专利，一般都不用枕头，直挺挺地面朝天。讲究一点的人家会给小孩子垫一块布。小孩子占据了竹凉床，却不安分，爬上爬下的，最多的事情就是追萤火虫。萤火虫飞来飞去，“轻罗小扇扑流萤”？哪里这么秀气，追着萤火虫，用大蒲扇一挥，萤火虫立即掉在地上一闪一闪，捡起来放在小玻璃瓶里。一会儿就捡满了半瓶。蓝幽幽的光穿过瓶子，映得巴掌有点亮，根本看不了书。因此很怀疑古人囊萤读书的故事是假的。

放了一个晚上的萤火虫必死无疑，所以总是玩够了又放掉。四周稻田里蛙声一片，大人不让小孩子走到田边，因为有蛇。青蛙欢唱的时候也是各种蛇享受盛宴的时候，有时听到青蛙突然尖利、凄惨、呜咽的叫声，很快变得无声无息，大人说又有一只青蛙被蛇吃掉了。小孩子毛骨悚然。

秋 夕

（唐）杜 牧

银烛秋光冷画屏，轻罗小扇扑流萤。
天阶夜色凉如水，坐看牵牛织女星。

玩累了，爬到竹凉床上仰面躺下。“坐看牵牛织女星”，大多时候不愿意坐着看，是仰卧着看。星星可真多啊。就像嵌在一个半球的顶部，看得出明暗，看不出远近。有很亮的，有比较亮的，有不那么亮的。银河，我们叫天河，是一条有无数星星组成的贯穿天空的大河。有的地方宽，有的地方窄，真像一条河。

在天河的两侧牛郎星、织女星遥遥相望。牛郎星，是三颗星，排成略微弯曲的一字型，俗称扁担星，据说是牛郎挑着一对儿女。织女星是四颗星，成菱形，据说是织女的梭子，所以也叫梭子星。中间就是王母娘娘用金簪变出的天河，让他们夫妻俩一年只见一次面的大河。还有北斗星、北极星、启明星、长庚星等。我全部的天文学知识就是在竹凉床上学到的，老师就是我爸爸。爷爷、哥哥则经常讲故事，多半是三国、薛仁贵征东征西、三侠五义、七侠五义、五鼠闹东京什么的，偶尔也有水浒。奇怪，没有人讲红楼。估计不打仗的小说，老百姓看不懂。

一边听故事，一边看星星。时而有流星划过，我们叫它扫帚星，会引发一道欢呼，没有看到的孩子会遗憾好一会儿。经常看到天上有“跑星”，与流星不一样，它是匀速地缓缓从天边的某一个角走到另一个角。一个人发现了，其他人一起找。我爸爸是老师，说那是人造卫星。老人们不信。

杜牧的这首诗，“银烛秋光冷画屏，轻罗小扇扑流萤。天阶夜色凉如水，坐看牵牛织女星”，是已故的高中老师杨鸣钟先生教的，他用好看的粉笔字写在黑板上，带我们念了两遍。据说写的是宫女生活，因为“天阶”，只能是宫殿里的台阶，而银烛、画屏、罗扇……自然也不是一般老百姓可以享受的。但是，我却以为这首最美的夜景诗歌，不管写的是谁，照样能打动我们平民百姓的心灵，“与吾心有戚戚焉”。

读完这首最美的诗篇，让我们神往那最美的夜色，最浪漫的萤火，最璀璨的星空。

第四章

秋分

红藕香残玉簟秋，轻解罗裳，独上兰舟

秋分，二十四节气中的一个很重要的节气，全年两个昼夜均等的日子之一。从地球上看，太阳夏至那天直射地球的北回归线，然后就一天天往南移动，秋分这一天太阳直射地球赤道，一直到冬至那天直射地球的南回归线。到了南回归线之后，又一天天往北移动，到了春分这一天再次直射地球赤道。春分和秋分，都是太阳直射地球赤道的日子，这一天的这一个时刻，地球上每一个点都是昼夜均等。

我多次在公益讲座上说过，中国古人真是厉害。两三千年前，根本就不知道地球是圆的，也不知道地球围绕太阳转。但通过在地球上观察太阳的高度，观察宇宙星辰，观察自然万物，就精确地测算出了夏至、冬至、春分、秋分等重要节点。然后逐步分割，完善了二十四节气，把本来没有头尾的时间流分成了二十四等份。这二十四节气，与现在的天文学完全吻合，一丝不差。

秋总是与愁联系在一起，比如宋代豪放派代表辛弃疾的词：

丑奴儿·书博山道中壁

（宋）辛弃疾

少年不识愁滋味，爱上层楼，
爱上层楼，为赋新词强说愁。

而今识尽愁滋味，欲说还休，

欲说还休，却道天凉好个秋。

这首词很短，主旨就是“愁”:“秋”在“心”上，就是“愁”，中国古人造字就是奇妙。小时候不知道愁，故意要说愁；老了，愁绪满怀，偏偏不敢说愁。这是大老爷们的愁。

一剪梅

（宋）李清照

红藕香残玉簟秋，轻解罗裳，独上兰舟。
云中谁寄锦书来？雁字回时，月满西楼。

花自飘零水自流，一种相思，两处闲愁。
此情无计可消除，才下眉头，却上心头。

换一个女词人，宋代婉约派词人的代表——李清照。这首词特别著名，也是愁，闲愁——其实，也不是闲来无事，而是想念亲人，离别的相思，在眉头和心头之间宛转、萦绕。玉簟（diàn）秋：精美的竹席已嫌清冷。兰舟：木质坚硬而有香味的木兰树是制作舟船的好材料，木兰舟或兰舟为

舟之美称。锦书：对书信的一种美称。意思很纯洁，很简明，用不着多解释。诗歌如果一个字、一个字的解释，就没有味道了，要自己去念，去品味。

秋天总是让人七想八想，容易生出愁绪。豪放派的辛弃疾，婉约派的李清照，概莫能外。除了他们，写愁的人很多很多。比如下面这首我很喜欢的诗歌：

秋 思

（唐）张 籍

洛阳城里见秋风，欲作家书意万重。
复恐匆匆说不尽，行人临发又开封。

家书：家信。书信，书就是信的意思。意万重，形容思绪万千。行人：指送信的人。开封：把封好的信拆开，不是那座叫开封的城市。

【关于秋分的延伸阅读】

秋分，一个很重要的节气。“分”，从中间分开。叫

“分”的节气有两个，“秋分”，就是把约90天的秋天分成前后两半；“春分”，同样，也是把约90天的春天分成前后两半。无论春分，还是秋分，太阳在这一天直射地球赤道，因此这一天24小时昼夜均分，各12小时；全球无极昼极夜现象。有诗曰：“暑退秋澄转爽凉，日光夜色两均长。”

众所周知，太阳照射地球，在北回归线和南回归线中，不断地来回走动。到达北回归线的时候，北半球的白天最长，北极有极昼，南半球的黑夜最长，南极有极夜；到达南回归线的时候，南半球的白天最长，南极有极昼，北半球的黑夜最长，北极有极夜。太阳一年两次直射地球的赤道。从南回归线往北回归线移动，经过赤道，是北半球的春分、南半球的秋分；从北回归线往南移动，经过赤道，是北半球的秋分、南半球的春分。

咱中国处在北半球，太阳从北往南经过赤道，就是我们北半球的秋分啦。此后，白天越来越短，天气越来越冷，冬天就在眼前了。但反过来，南半球是春分，白天越来越长，天气越来越暖，夏天还会远吗？

我国古代以立春、立夏、立秋、立冬为四季的开始。古人认为，雷是因为阳气盛而发声，秋分后阴气开始旺盛，所以不再打雷了。冬天如果打雷，和夏天下雪一样，属于一种罕见的例外。所以，古诗中有情人赌咒发誓，只有“冬雷震震，夏雨雪”，才能够分手，以此表达自己的忠贞不贰。

秋季，自然界的阳气由疏泄趋附向收敛、闭藏，起居作息要相应调整。早卧以顺应阴精的收藏，以养“收”气；早起以顺应阳气的舒长，使肺气得以舒展。秋天宜多吃蔬菜、水果，栗子、梨子、苹果、葡萄……都是非常好的水果。不要迷信进口水果——尝尝鲜可以，但一方水土养一方人。当地、当令的水果，最好。

第一篇　昨夜寒蛩不住鸣

年轻时，很怕失眠，越是睡不着，越是焦躁得很。后来突然悟出，只要没有器质性的毛病，只要不是经常性的失眠，那就没有什么了不起，天不会塌下来。失眠就失眠吧，黑夜中瞪大眼睛，听听夜晚、想想心思，要是勤劳一点，趁机盘点梳理一下工作，也是一件美好的事情。

果然，夜晚自有夜晚的发现。夜深人静，窗户底下的虫鸣声一声一声传来，十分的清晰。短促、尖细，可能就是传说中的蟋蟀。《诗经》中说，“七月流火，九月授衣……十月蟋蟀入我床下”。蟋蟀的鸣声是对秋天的告白。这玩意儿所以也叫“秋虫”。秋虫声声，秋意就已经很重了。立秋后，下了几场雨，秋天就来了。果然是“一层秋雨一层凉”——有人把这句口语写成“一阵秋雨一阵凉”，一是因为用“阵”的意思没有用“层”好，凉意是一层层裹起来的，裹厚了，冬天就到了。二是用“层”，平仄更顺口，有些唱歌的韵味。你细细体会一下，是不是。

小重山

（宋）岳　飞

昨夜寒蛩不住鸣。惊回千里梦，已三更。
起来独自绕阶行。人悄悄，帘外月胧明。

白首为功名。旧山松竹老，阻归程。
欲将心事付瑶琴。知音少，弦断有谁听？

想起岳飞这首《小重山》。岳飞是一个家喻户晓的人物。“撼山易，撼岳家军难”，没有战死在沙场，却以“莫须有”（意思是“不一定有”）的罪名，被杀害于风波亭。关于他遇难的深层次原因，后世有很多讨论。但岳飞，是一个真英雄也是一场真悲剧是肯定的。很喜欢岳飞的诗词。他的诗词有真性情、真感情。感情外露，却没有一点造作。他的诗词就是他的生活，他的心思，他的志向，他的感情……比如：这首最著名的《满江红》：

满江红·怒发冲冠

（宋）岳　飞

怒发冲冠，凭栏处、潇潇雨歇。抬望眼，仰天长啸，壮怀激烈。三十功名尘与土，八千里路云和月。莫等闲、白了少年头，空悲切！

靖康耻，犹未雪。臣子恨，何时灭！驾长车，

踏破贺兰山缺。壮志饥餐胡
虏肉，笑谈渴饮匈奴血。
待从头、收拾旧山河，
朝天阙。

一点不是中国人追求的温柔敦厚，一点不是诗词讲究的含蓄委婉，简直有些金刚怒目了。但无人不感动于这首词。下面一首诗，就委婉些，同样是一腔爱国之情、报国之心。

登池州翠微亭

（宋）岳　飞

经年尘土满征衣，特特寻芳上翠微。
好水好山看不足，马蹄催趁月明归。

《小重山》是词牌名。寒蛩（qióng）：秋天的蟋蟀。千里梦：指赴千里外杀敌报国的梦。三更：指半夜十一点至深夜一点。月胧明：月光不明。胧，朦胧。功名：此指为驱逐金兵、收复失地而建功立业。瑶（yáo）琴：饰以美玉的琴。

一片苦闷，全在最后一句发问中体现出来："知音少，弦断有谁听？"据古书记载，春秋时候，伯牙善弹琴，钟子期善听琴。伯牙琴音志在高山，子期说，啊，像泰山一样巍峨啊；琴音意在流水，子期说，啊，像江河一样浩荡。伯牙所想，钟子期一定听得出。后人说“高山流水觅知音”，就是讲他们的故事。后来钟子期去世，伯牙把琴摔碎了，没有知音欣赏，还弹什么琴呢？

这个故事，后人演绎了四句诗：

无　题

佚　名

摔破瑶琴凤尾寒，
子期不在对谁弹。
春风满面皆朋友，
欲觅知音难上难。

第二篇 霜叶红于二月花

一方水土养一方人。中华民族，骨子里是农耕民族，每个人与土地、与故乡的感情，是其他民族很难理解的，经常说“故土难离”。欧美人搬家，一点都不会拖泥带水，他们也不大购房置业，走到哪租到哪，比我们的游牧民族还像游牧民族。汉族人不行，不买房落户就不觉得扎了根，即便买了房还是会想家——故乡，年轻时不想老了也想，叶落归根，已经融入了血液。有一首歌“谁不说俺家乡好”，是唱山东的歌。其他地方的人也喜欢唱，不过山西人唱的时候想的是山西，陕西人唱的时候想的是陕西，湖北人唱的时候想的是湖北，湖南人唱的时候想的湖南……

我不是湖南人，但对湖南的感觉却莫名的很好。很多年前第一次到湖南，就记住了“三湘四水”的说法，湖南的地名很有诗意，就像湖南的大地很有诗意，张家界的“水绕四门”、凤凰古镇、岳麓山、醴陵、湘潭、岳阳、郴州……这些名字都充满了诗情画意，水多，还氤氲着酒香——醴陵的“醴”就是美酒的意思。难怪湘女多情，既有水的温柔，又有酒的豪放。

每次到长沙，必到岳麓山，必去爱晚亭。那一次，雨中，与初识的新华联的苏兄共撑一把雨伞——偏我一点淋了他，偏他一点湿了我，互相谦让的结果是两个人都湿身了。

面对岳麓书院的深厚底蕴，你不能不恭敬有加。但到了书院后面的爱晚亭，却大不同，身心一下子便放松了起来。山不高，树多；亭不大，人多——每一个人似乎都不会在乎这座亭子的显赫身世，几个平方米，它就是普普通通的凉亭，学子可坐，游客可憩——我们甚至连拍照留念的冲动都没有，信步穿亭而过。

山　行

（唐）杜　牧

远上寒山石径斜，白云深处有人家。
停车坐爱枫林晚，霜叶红于二月花。

爱晚亭得名于杜牧《山行》:“停车坐爱枫林晚，霜叶红于二月花。”这首诗大家都读过，据说全国的通用教材和各省的教材都选入了这首诗，通俗易懂，明白如话。稍稍费解的就是这个“坐”字，“因为”的意思：停下车来，是因为爱上了傍晚枫林的美景。千万不要写成“做”，那洋相出大了。

《山行》写的真是岳麓山吗？我看未必，几乎不可能。

从诗歌描述的景色来看，可能要比岳麓山更大。“远上”，古人的脚力比我们好，说远当然不会近。“寒山”，应该有一定的高度，似乎要比岳麓山更高一点。当然也不会很高，因为车能到。这里的车不是现在四个轱辘的奔驰、宝马、奥迪……是马车，牛车，骡车，乃至人力车什么的。诗歌到底写的是什么地方，就不要刻舟求剑了。你的家乡有什么山，就理解成什么山。

古人的一支笔，就是现在的GDP，所以现在的人常常为了一首诗、一个神话、一个传说、一个成语、一个名人，争得不亦乐乎。争得最厉害的，比如诸葛亮出生地是襄阳还是南阳，比如杏花村是在山西还是安徽——争议源于下面这首诗，同样是杜牧写的。

清　明

（唐）杜　牧

清明时节雨纷纷，
路上行人欲断魂。
借问酒家何处有，
牧童遥指杏花村。

山西人说是在山西，安徽人说是在池州。安徽人的理由是，杜牧没在山西做过官，但做过池州刺史。进一步的理由是，清明时节雨纷纷，是江南的气候。唐人据此画了一幅画，水边杨柳依依，牧童骑在水牛之上，这也是江南独有的景致。但是，作为安徽人，我觉得也不必较真，安徽山西都可以开发利用，没有根本的冲突，何必非此即彼——人世间很多矛盾都不是你死我活的。

从湖南又扯远了，再回到湖南。湖南的地名很有诗意。比如郴（chēn）州。这个“郴”比较少见，很多人不大认识，但这不妨碍郴州大大的人杰地灵。“苏门四学士”之一的秦观有一首词，不知道您读没有读过，十分的著名：

踏莎行·郴州旅舍

（宋）秦　观

雾失楼台，月迷津渡，桃源望断无寻处。
可堪孤馆闭春寒，杜鹃声里斜阳暮。

驿寄梅花，鱼传尺素，砌成此恨无重数。
郴江幸自绕郴山，为谁流下潇湘去？

第三篇　画眉深浅入时无

古代的科举和当代的高考，是最公平的政策。我不是说高考没有问题，但是比起其他政策，高考至少开启了底层人民上升的通道。前两年，有些人叫嚣要取消高考，说高考制度如何如何有弊端。碰巧有一次在母校华东师范大学，一个农村来的大学生也慷慨激昂地跟我说这番“大道理”。我就问他，你是富二代吗？答曰，不是。你是官二代吗？答曰，也不是。我问他，如果没有高考，你以为你能沾光？笑话。

有钱的拼钱，有权的拼权，无钱无权的贫寒子弟才拼成绩。古代的人高考呢，也会提前找人。唐代的考生在参加进士考试前，时兴“行卷”，即把自己的诗文呈送给名人，如果得到赏识，名人会把考生介绍给主持考试的考官。这首《近试上张水部》就是考生朱庆馀去找水部员外郎张籍。张籍可是了不得的大诗人，而且喜欢提拔后来人，当时的名声仅次于文坛领袖韩愈。如果得到张籍的赏识，虽说还是要“高考”，但前途仍然要光明许多。

近试上张水部

（唐）朱庆馀

洞房昨夜停红烛，
待晓堂前拜舅姑。

妆罢低声问夫婿，
画眉深浅入时无？

这首诗模拟一个新媳妇，去见公婆前的紧张和忐忑。意思是说，昨天洞房花烛彻夜通明，今天等待拂晓，去拜见公婆。打扮好了轻轻问丈夫一声：我的眉画得浓淡可符合时兴？停：停放，放置。舅姑：公婆。夫婿：丈夫。这首诗也叫《闺意献张水部》。唉，一个堂堂的文人，要去见大人物，希望博得一个“推荐信”，就像小媳妇一样低眉顺眼，就像现在淘宝店家天天讨好地对你对我说，“亲，给个好评吧。”

确实，一名举子去应进士科举，是决定前途命运的大事情，和女孩儿出嫁一样是终身大事。所以这种比喻是非常精巧的。这位张籍张大人，水部员外郎，当即就回赠了一首诗，告诉他用不着这么惶恐、忐忑，题目叫《酬朱庆馀》：

酬朱庆馀

（唐）张　籍

越女新妆出镜心，自知明艳更沉吟。
齐纨未足时人贵，一曲菱歌敌万金。

朱庆馀是越地（今浙江省绍兴一带）人，越地多出美女。越女穿上新装，对镜自怜，本来就很美丽，光彩照人，还自己在犹豫彷徨。齐地（今山东省）出产的丝绸，并不值得人们的看重，你一曲采菱，才真抵得上万金。他将朱庆余比作一位越地的采菱姑娘，相貌既美，歌喉又好，必然受到人们的赞赏，暗示他不必为这次考试担心。果然，朱庆馀中了进士。这两个文人，一问一答，非常巧妙，珠联璧合，千年来传为诗坛佳话。

第四篇　清秋燕子故飞飞

秋分、中秋之后，进入晚秋，仔细一看，梧桐叶果然不像夏天那么深翠了。岁月从不欺骗任何人。与春之欣然、夏之蓬勃、冬之寂冷相比，秋天多与悲伤联系在一起。写秋的诗词千千万，昂扬的属极少数，其他一律是悲秋。

最昂扬的两首诗是唐朝刘禹锡写的。

秋词二首

（唐）刘禹锡

其一

自古逢秋悲寂寥，
我言秋日胜春朝。
晴空一鹤排云上，
便引诗情到碧霄。

其二

山明水净夜来霜，
数树深红出浅黄。
试上高楼清入骨，
岂如春色嗾人狂。

意思是说，秋天比春天更有诗情画意，秋天不像春天使人发狂（嗾sǒu：教唆）。除了这两首，其他果真就如刘禹锡所说的“自古逢秋悲寂寥”了。

秋兴八首（其三）

（唐）杜 甫

千家山郭静朝晖，
日日江楼坐翠微。
信宿渔人还泛泛，
清秋燕子故飞飞。
匡衡抗疏功名薄，
刘向传经心事违。
同学少年多不贱，
五陵衣马自轻肥。

悲秋，也有不同的悲法。有的悲惨，有的悲壮——悲伤而壮阔，譬如杜甫的组诗《秋兴八首》。杜老爷子用尽毕生的功力，创作出了一组大唐七言律诗的巅峰之作。这是其中第三首。白帝城千家万户静静地沐浴在秋日朝晖中，老爷子天天去江边的楼上，坐着看对面青翠的山峰（翠微：青山）。连续两夜（信宿：再宿）在船上过夜的渔人，仍泛着小舟在江中漂流。虽已是清秋季节，燕子仍然飞来飞去。汉朝的匡衡向皇帝直谏（抗疏：臣子上疏谏言），把功名看得很淡薄；刘向传授经学，怎奈事不遂心。年少时一起求学的同学大都飞黄腾达，他们在长安附近的五陵，穿轻裘，乘肥马，过着富贵的生活（轻肥：轻裘肥马），唯有自己仍然贫困潦倒，寄人篱下。诗歌充满了人生的感慨。人们最喜欢的四句是："信宿渔人还泛泛，清秋燕子故飞飞"、"同学少年多不贱，五陵衣马自轻肥"。

照例说秋天应该是让人高兴的，春华秋实，收获在秋季，所谓"秋收"。"秋"字从字面上看"禾谷如火"，红彤彤，熟透了。但是，有些东西不能望文生义，"金秋"就不是金黄色的秋天。秋在"五行"（金木水火土）中属金，所以叫"金秋"——其实就是"秋天"。秋在方位上属西，"秋方"指西方；在颜色上为白，"秋练"指洁白的丝绢，"秋鬓"、"秋眉"，指鬓发、眉毛衰白，"秋霜"形容白发——"不知明镜里，何处得秋霜"（李白），"胡未灭，鬓先秋"（陆游）。

说到这里，秋的悲凉意味慢慢出来了。万物开始肃杀凋零，这就是所谓的"秋零"、"秋严"。主张"天人合一"的西汉哲学家董仲舒认为，"天有四时，王有四政，庆、赏、刑、罚与春、夏、秋、冬以类相应"。就是老天在干什么，帝王就要干什么。春夏万物生长，帝王只能行赏；秋冬万物凋零，帝王可以行刑。汉代规定，只能在秋冬给犯人执行死刑，这就是"秋后问斩"。秋冬也是打猎的季节——"秋狩"。考试竟然也在秋天举行，叫"秋场"，或者说"秋试"。考虑到当时的录取率太低，这自然也是很残忍的事情。

伤春悲秋，据说女人感叹红颜易老，所以多伤春；男人担心英雄迟暮，所以多悲秋。宋词有“何处合成愁？离人心上秋”（吴文英），“心”上一片“秋”意，就是“愁”。“春恨秋悲皆自惹，花容月貌为谁妍”，这是《红楼梦》太虚幻境薄命司门口的一副对联。悲秋，就是这么来的。但是，积极的人生，从来都是享受秋天，从来都不是悲秋。

第五篇　自是花中第一流

不管官家怎么表扬自己，上海的空气质量自然是不怎么样的，一年四季之中，只有这个季节的空气，让你的鼻子、让你的全身充满了享受，再懒惰的人——比如我，这时候也愿意晚饭后在小区走一走，与桂花来个近距离的接触。那年，桂花比较晚，有人对我说，今年桂花不开了，我嗤之以鼻，不屑一顾——老天什么时候会辜负人！

几十年前，大别山区有一句俗话，“栀子花香千里，桂花香万家”。彼时虽然知道桂花，其实并不多见，反而没有现在上海，街头、绿地、小区，随处可见。可以想象，这几天的桂花开遍申城，该是多么富有诗意。一座城市都浸润在桂花的香气里，是多么美好的一件事情，感谢这座城市的规划者和建设者。

我在浦东新闻办工作时，办公楼是“回”字形，中间天庭里面就是一棵硕大的桂花树，香味堆积，透过层层的窗户，送进了每一间办公室。后来到了虹桥绿谷，更是在下沉式广场、地面、露台、屋顶都种满了桂花，四面八方，层层叠叠，置身其中，你最能体会“桂子月中落，天香云外飘”的感觉——我敢保证，这里是上海最好的赏桂圣地，欢迎朋友们光临，我在桂花树下等你。

忆江南

（唐）白居易

江南忆，最忆是杭州。
山寺月中寻桂子，
郡亭枕上看潮头。
何日更重游？

曾经写过一篇文章，品味这首“山寺月中寻桂子”，著名理论家、收藏家，国防大学黄宏将军说：“散文真美。香味中排队，此句此景，堪称一绝”。补充说一句，这位是耍枪杆子和笔杆子的，当年对越自卫反击战老山主攻团政委，是难得真打过仗的将军，不是嘴皮子混出来的杂耍。《忆江南》词很好，很适合于小朋友念。再念一首写桂花的词。

鹧鸪天·桂花

（宋）李清照

暗淡轻黄体性柔，情疏迹远只香留。
何须浅碧深红色，自是花中第一流。

梅定妒，菊应羞，画栏开处冠中秋。
骚人可煞无情思，何事当年不见收。

这首是李清照的词，估计很多人都没有看到过。毕竟李清照的好词太多了。这首词专门写桂花。词的意思是说，桂花的颜色并不艳丽——“暗淡轻黄”，也得不到许多追捧——“情疏迹远”。但是，即便不是“浅碧深红”，却能香满人间，才是真正的“花中第一流”。梅花和菊花，在桂花面前也都自愧不如，桂花才是中秋前后的花中之冠。可惜屈原没有情调，当年在《离骚》中，写了那么多的香草名花，怎么就没有想到写桂花呢?

李清照，这个小女子真是大胆，批评芸芸众生倒也罢了，竟然敢调侃诗歌的祖师爷没有眼光。骚人，这里专指屈原。屈原写《离骚》后，诗人、文人，又被称为“骚人”、“骚客”，这个意思与现在的风流、浪荡完全不是一回事。

花都是美丽的，如果要强分优劣的话，最好的花，自然应该是那些有色有实的，比如荷花、桃花，花本身美丽，或大气，或妖娆，果实又好，真正造福人类。相比较之下，牡丹，国色天香，好看是好看，也仅仅是好看，真所谓花架子。桂花，不大而美，却小而香。低调、含蓄，非常符合中国古人的道德观和审美观。百花之中，桂花是唯一兼具高贵与雅致两种特质的花。

最后，欣赏几首著名的咏桂诗：

庐山桂（节选）

（唐）白居易

偃蹇月中桂，
结根依青天。
天风绕月起，
吹子下人间。

木　犀

（宋）朱淑真

弹压西风擅众芳，十分秋色为伊忙。
一支淡贮书窗下，人与花心各自香。

灵隐寺（节选）

（唐）宋之问

楼观沧海日，门对浙江潮。
桂子月中落，天香云外飘。

望海潮·东南形胜

（宋）柳　永

东南形胜，三吴都会，钱塘自古繁华，烟柳画桥，风帘翠幕，参差十万人家。云树绕堤沙，怒涛卷霜雪，天堑无涯。市列珠玑，户盈罗绮，竞豪奢。

重湖叠巘清嘉。有三秋桂子，十里荷花。羌管弄晴，菱歌泛夜，嬉嬉钓叟莲娃。千骑拥高牙。乘醉听箫鼓，吟赏烟霞。异日图将好景，归去凤池夸。

“三秋桂子”几乎成了一个桂花的通用语。最后这首词，是我和女儿共同最喜欢的一首词。它铺陈罗列，写尽了杭州的繁华。曾经我和女儿的网名都取自这首词。

第五章 寒露

可怜九月初三夜，露似真珠月似弓

寒露，二十四节气中的第十七个节气。小雨中的寒露更加凉气逼人。这也是秋天的第五个节气，表明季秋时节的正式开始。寒露和此后的霜降，是季秋的两个节气。

有人问，季秋是什么意思？中国古人有文化，把每个季节的三个月分别称为孟、仲、季——孟是第一，仲是第二，季是第三。春夏秋冬各自的第一个月分别叫孟春、孟夏、孟秋、孟冬，第二个月分别叫仲春、仲夏、仲秋、仲冬，第三个月分别叫季春、季夏、季秋、季冬。莎士比亚有一个剧本《仲夏夜之梦》，就是有文化的中国人根据《A Midsummer Night's Dream》翻译过来的，是不是翻译之后挺有诗意的？英国人本来没有孟夏、仲夏、季夏这个说法。

中国的节气以中原为标准时间。中原地带，寒露时节，已经深秋，冰冷的露水是这个节气的标志。当然中国地方大，五岭以南这时候才进入秋天，辽阔的北方却开始进入冬季。我老家所在的皖西南大别山区，与中原标准非常契合，在大人的提醒下，从小就能直观地感受到季节的变换。上海和江南，虽然受到部分海洋气候的影响，但也是四季分明。可惜生活在城市里面，如果观察不仔细，感觉会差许多。

暮江吟

（唐）白居易

一道残阳铺水中，半江瑟瑟半江红。

可怜九月初三夜，露似真珠月似弓。

来念一首写露的诗歌。我极其喜欢白居易这首诗，从红日西沉，到新月东升，“一道残阳铺水中”的“铺”字极其准确，“半江瑟瑟半江红”的景色美丽而壮阔。“可怜九月初三夜，露似真珠月似弓”，两个比喻实在太精妙。可怜，可爱的意思。真珠就是珍珠。这首诗小学生都会背，好像很多省市的小学教材上都有这首诗。意思太好懂了。这么明白的句子写出这么优美的诗歌，只有真正的大诗人才能做到。写露水的诗歌还有很多，比如这首：

在狱咏蝉

（唐）骆宾王

西陆蝉声唱，南冠客思深。
不堪玄鬓影，来对白头吟。
露重飞难进，风多响易沉。
无人信高洁，谁为表予心。

一生侠骨丹心的骆宾

王——对了，就是七岁时写出《咏鹅》“鹅，鹅，鹅，曲项向天歌。白毛浮绿水，红掌拨清波”的那位——被诬陷而进了监狱。他在狱中写下了这首诗，以蝉的高洁来比喻自己无人所知。西陆：指秋天。古人通过总结发现，太阳在黄道上运行一周为一年，“行东陆谓之春，行南陆谓之夏，行西陆谓之秋，行北陆谓之冬。”南冠：楚冠，这里是囚徒的意思。玄鬓：指蝉的黑色翅膀，这里比喻自己黑头发，正当盛年。自己正当玄鬓之年，却来默诵《白头吟》那样哀怨的诗句。秋露浓重，蝉难以高飞。风声多了，蝉的声音容易被埋没。没有人相信我的高洁，谁能表达我的内心？高洁：清高洁白。古人认为蝉栖高饮露，是高洁之物。予心：我的心。

上面这首诗有些沉痛。下面这首就轻松、潇洒多了。

归园田居

（晋）陶渊明

种豆南山下，草盛豆苗稀。
晨兴理荒秽，带月荷锄归。
道狭草木长，夕露沾我衣。
衣沾不足惜，但使愿无违。

同样的露水，在不同的人心中，寄托了不同的感情。世间万物如何，全在你我一心。人要想得开。

【关于寒露的延伸阅读】

中国大陆第一个获得自然科学领域诺贝尔奖的屠呦呦，提炼的青蒿素是不是中药，有所争论。但她是研究中医开始的，这没有异议。中医的价值正在被逐步得到重视。根据中医理论，24节气中的每一个节气都有不同的养生重点。史书记载“斗指寒甲为寒露，斯时露寒而冷，将欲凝结，故名寒露。”“露气寒冷，将凝结也。”由于寒露的到来，气候由热转寒，万物随寒气增长，逐渐萧落，这是热与冷交替的季节。在自然界中，阴阳之气开始转变，阳气渐退，阴气渐生，我们人体的生理活动也要适应自然界的变化，以确保体内的生理（阴阳）平衡。

祖国医学在四时养生中强调“春夏养阳，秋冬养阴”。当气候变冷时，正是人体阳气收敛，阴精潜藏于内之时，故应以保养阴精为主，也就时说，秋季养生不能离开“养收”这一原则。

自古秋为金秋也，肺在五行中属金，故肺气与金秋之气相应，“金秋之时，燥气当令”，此时燥邪之气易侵犯人体而耗伤肺之阴精，如果调养不当，人体会出现咽干、鼻燥、皮肤干燥等一系列的秋燥症状。所以暮秋时节的饮食调养应以滋阴润燥（肺）为宜。古人云：“秋之燥，宜食麻以润燥。”此时，应多食用芝麻、糯米、粳米、蜂蜜、乳制品等柔润食物，同时增加鸡、鸭、牛肉、猪肝、鱼、虾、大枣、山药等以增强体质；少食辛辣之品，如辣椒、生姜、葱、蒜类，因过食辛辣宜伤人体阴精。

精神调养也不容忽视，由于气候渐冷，日照减少，风起叶落，时常在一些人心中引起凄凉之感，出现情绪不稳，易于伤感的忧郁心情。因此，保持良好的心态，因势利导，宣泄积郁之情，培养乐观豁达之心是养生保健不可缺少的内容之一。

四季转换之中，寒露是最需要养生的季节。

第一篇　谁解助茶香

一个伟大的时代，必然成就很多伟大的人生。不仅仅帝王将相，英雄豪杰，即便是普普通通的渔樵耕读，也会有很多的辉煌。比如说僧侣，就是俗话说的和尚尼姑，有些时代，你只会听说过各种骗术和风流的故事，听不到多少正能量的东西。

唐代不然，唐代出现了很多经天纬地的大和尚，一直影响到后代，比如说玄奘，就是那个叫唐僧的人，千辛万苦取经，翻译的佛经更让人叹为观止。流行的《心经》“舍利子，色不异空，空不异色，色即是空，空即是色，受想行识，亦复如是。舍利子，是诸法空相，不生不灭，不垢不净，不增不减”，这就是玄奘的翻译。《心经》在官场很有市场，这个理由我就不说了。暂且不说佛法高僧，只说各种诗僧。

《杳杳寒山道》，就是一个叫寒山的和尚写的诗歌。

杳杳寒山道

（唐）寒　山

杳杳寒山道，落落冷涧滨。
啾啾常有鸟，寂寂更无人。
淅淅风吹面，纷纷雪积身。

朝朝不见日，岁岁不知春。

这首诗很孤寂，很清冷。典型的修行诗歌，很出世。大部分诗僧写的诗歌都表达了相似的意境。但是有些诗僧的作品也很入世，比如下面这首，我太喜欢了。

献钱尚父

（唐）贯　休

贵逼人来不自由，龙骧凤翥势难收。
满堂花醉三千客，一剑霜寒十四州。
鼓角揭天嘉气冷，风涛动地海山秋。
东南永作金天柱，谁羡当时万户侯。

贯休本来姓姜，婺州兰溪（今浙江）人，战乱之中，辗转长江中下游一带。在杭州灵隐寺时，想去见吴越王钱镠，就献了这首诗。“满堂花醉三千客，一剑霜寒十四州”，但哪想到吴越王人心不足蛇吞象，十四不满足，一定要四十，非要他把诗歌改成“一剑霜寒四十州”，否则不见。贯休回答道：州是添不了的，诗也不能改，我本来就是孤云野鹤，哪里的天空不能飞呢？于是收好衣服、饭钵，拂袖而去。走了！可怜吴越王傻了，碰了一鼻子灰。贯休哪里去了呢？到蜀国去了，被封为“禅月大师”。

“满堂花醉三千客，一剑霜寒十四州”，这两句诗前一句繁花似锦，后一句大气磅礴，有格局，有气度，每次读来都有血脉贲张的感觉，无限神往那种英雄主义的气概。

九日与陆处士羽饮茶

（唐）皎　然

九日山僧院，东篱菊也黄。
俗人多泛酒，谁解助茶香。

皎然也是一代诗僧，诗书画三绝。他还是诗歌评论家，他的《诗式》，可是诗歌评论的一代里程碑。这也就不说了。诗歌不是茶饭，不是每个人都需要的。但是人们都需要他。因为他是茶的祖师爷。人们不禁要问，茶圣不是陆羽吗？殊不知皎然是陆羽的指路名师。年轻的陆羽遇到中年的皎然，才遇到了人生的知音，开启了中国茶的大幕。皎然不但与陆羽一起研究茶，而且作为一代佛学宗师，为陆羽研究茶创造了条件，这种忘年交，持续了几十年。大家公认，没有皎然，就没有陆羽，就没有茶圣。那么，中国茶的轨迹是不是还像后来这样发展呢，不得而知。

《九日与陆处士羽饮茶》，就是九月九日重阳节和陆羽饮茶，写下了这首诗。“九日山僧院，东篱菊也黄。”嗯，寺院的菊花黄了，“俗人多泛酒，谁解助茶香”，一般人都知道用菊花来泡酒，谁知道菊花能与茶的香味相得益彰呢？就是从这首诗开始，茶就压了酒一头。饮酒是俗人，品茶是雅士。

第二篇　非是藉秋风

“暮春三月，江南草长，杂花生树，群莺乱飞……”这话出自南朝丘迟的《与陈伯之书》，寥寥几句话就勾勒了一幅江南春色，浅草已经吐绿，枝头上繁花点点，鸟儿穿行期间，想象着就不由得动了前往一游的心思。难怪丘迟以这么区区六百来字的一封信，就招降了投奔北魏的原南齐将领陈伯之，其动人之处胜过雄兵百万，其内蕴的文化底色也胜过真刀真枪。

江畔独步寻花

（唐）杜　甫

黄四娘家花满蹊，
千朵万朵压枝低。
留连戏蝶时时舞，
自在娇莺恰恰啼。

动人的，正是这江南春色。

现下正是草长莺飞的时候，不经意间陌头杨柳已经悄悄地发出了嫩芽。不去踏青远足，不玩曲水流觞，实在辜负了大好春光。话说春日思游是共同的想法，昨日携家带口的去共青森林公园，还没进门就听到了鼎沸的人声，小朋友的嬉笑伴随着小贩们的吆喝，仅仅停车就费了半天。莫不是都想抓住这春天的时光，让小朋友们多接触一下自然吧。确实，逢周末找个能带着小朋友玩的地方实在是费心思的事情。类似上海科技馆、儿童博物馆、陆家嘴海洋馆反复去了多次，正大广场、金桥广场的儿童游乐中心也是去得腻了……虽说小朋友玩是玩得够开心，基本就是一些人造设备，总觉得缺少了那么一点什么。

回想往日，十多年的童年时代，实在是没有那些新奇的游乐设备的。那时候，家附近就是大片的田地，可以尽情地在那里疯玩撒欢，春日风起，父亲找几条竹枝，用一长一短两条竹枝横竖一搭，再用四条竹枝围上边框，然后糊上报纸，待糨糊干了之后，拉上一条长长的线，这么个简易的风筝就做成了，虽说也飞不了多么高，不过，也足够扯着线在田野里疯上半日了。

最好玩的是，初夏的半夜里，拿着手电筒，到湖边树下挖“爬爬”，也叫做“知了猴”，其实就是蝉的幼虫，小东西长在泥土里，吃植物根茎里的汁液。初夏时分，也就是它们出洞羽化成蝉的时候了，这季节，湿润的泥土表面会出现很多小洞，几乎每个小洞里都有一个，孩子们最兴奋的是，能用手电筒照到正在地上爬的，抓起来就丢到塑料袋里，也免得挖洞的麻烦了。有时候，还能在树上抓到它们，已经爬到树上的，就是准备羽化的了，偶尔还能看到已经羽化一半的，透明的蝉翼已经快成形；最失望的，莫过于只看到了一只空壳子，这东西叫蝉蜕，还是一味上好的药材。成年的蝉，就是下面这首诗写的场景。

蝉

（唐）虞世南

垂緌饮清露，流响出疏桐。
居高声自远，非是藉秋风。

緌（ruí）：这里指蝉的触须。藉（jiè）：凭借。据说蝉吸风饮露，所以古人把蝉都写得十分高洁。不久前，我还知道了一种很奇特的药材，名叫金蝉花，据说这东西完全可以与冬虫夏草相比，金蝉花就是由在泥土里的“爬爬”受特定的真菌感染而生成的。我曾经看过一只真正的金蝉花，外壳还是“爬爬”的样子，头上顶着一束菌丝。据内行告诉我，这身体内，已经完成菌丝化，功用也和冬虫夏草一样，都可用于治疗肾病。现在，已经开始人工培养金蝉花，实现了产业化发展，这当然就是题外话了。

当年的小孩子自然不知道什么金蝉花，只知道味道十分不错，而且营养丰富，一只“爬爬”足以当得上两只鸡蛋。辛苦一晚，就为第二天能吃上美味的炸“爬爬”，那滋味，回想起来，依旧齿颊留香。（李治国）

第三篇　每逢佳节倍思亲

每年的“两会”总有一些奇葩的言论和提案。不过，人大代表提出，重阳节应该放假，这我很赞成。我一直认为，弘扬中国文化应该从继承中国传统节日开始。传统节日很多，最重要的春节、端午、中秋、重阳、除夕，都应该放假。有人说，不是刚刚放了国庆长假吧，怎么又想放假了。说到这里，一向大度的我，就有些小来气，当代中国最虚伪的词不是别的，正是“长假”。所谓七天长假，三天是假期，四天本来就是双休日，水分掺得也太多了。当年宋国人用“朝三暮四”来骗猴子，唉，敢情我们不是猴子变的，我们还是猴子。

我的好友“大诗兄”，经过认真的考古和周密的推算发现，中国的传统节日有规律，重复的日子就是规律之一。比如一月一、三月三、五月五、七月七、九月九。古人认为奇数为阳，偶数为阴（八卦之中一根线为阳，两根线为阴，古人用阴阳哲学解释了世间万事万物）。九是阳数中的最大，两个九，就是“重复的最大阳数”（“重阳”）——阳的顶峰，阴冷的晚秋和冬天也已经到了。阴阳不停地此消彼长，从量变到质变，这是中国人的宇宙观，也是中国人的人生观。

从小生活在山区，对重阳节印象不多，好像有吃糍粑。其实，我没有看到过打糍粑，总是到这个日子，平时往来并不多的舅舅，走十几里的山路，送一些糍粑过来。用糯米磨粉后打成的糍粑，直径得有一尺，吃的时候要切成一块一块的，放在饭锅里面蒸，飘着糯米的香味，入口很黏性。

除了打糍粑，重阳还有很多习俗。如登高、赏菊、插茱萸、饮菊花酒……没有印象，大概我们生活在一个急剧变革的时代，很多习俗破坏了。只从文人的一些描述中看到痕迹。

醉花荫

（宋）李清照

薄雾浓云愁永昼，瑞脑销金兽。
佳节又重阳，玉枕纱橱，半夜凉初透。

东篱把酒黄昏后，有暗香盈袖。
莫道不销魂，帘卷西风，人比黄花瘦。

写重阳的诗词很多很多，不可胜数。这首李清照《醉花阴》最著名，甚至很多人认为它是写重阳写得最好的。先解释几个词。愁永昼：愁绪难以排遣，觉得白天太漫长。瑞脑：龙脑，冰片，一种薰香名。消（又作“销”）金兽：香炉里香料

逐渐燃尽。金兽，兽形的香炉。纱橱：防蚊的纱帐。东篱：泛指采菊之地。东晋陶渊明《饮酒》:“采菊东篱下，悠然见南山。”暗香：这里指菊花的幽香。盈袖：满袖。销魂：形容极度忧愁、悲伤。南朝江淹《别赋》:“黯然销魂者，惟别而已矣。”帘卷西风：秋风吹动帘子。西风，秋风。黄花：指菊花。

多念几遍，就会发现通篇充满了难以言说的愁绪，愁绪和痛苦是两种情感。古诗中写愁绪的很多，写痛苦的不占主流。每逢佳节倍思亲，据说，这是重阳节这天，李清照思念她的丈夫所写的一首词。因为愁绪满怀，所以时间过得很慢。

同样的时间长度，欢乐的人与愁苦的人，感受完全不一样。在欢乐中时间流逝得快，在愁苦中则感到时间的步履是那样缓慢。重阳节，更加脍炙人口的还有下面这首诗：

九月九日忆山东兄弟

（唐）王　维

独在异乡为异客，
每逢佳节倍思亲。
遥知兄弟登高处，
遍插茱萸少一人。

阳极阴生，自然的变化影响心境。诗人多是性情中人，也是凡人，写重阳节的诗词都是悲伤和衰老充斥其间。相比之下，只有那种非凡

的人物才能超越时间和空间给人造成的压抑感，把让无数人为之神伤的季节，写得那么豪迈、昂扬、奔放。请看下面这首词，他的词，确实傲视古今。

采桑子·重阳

毛泽东

人生易老天难老，岁岁重阳，
今又重阳，战地黄花分外香。

一年一度秋风劲，不似春光，
胜似春光，寥廓江天万里霜。

第四篇 天寒红叶稀

前些日子，看到大仙写到，王维是“诗佛”，写山写水，充满禅机，不免心中一动。受了大仙公众微信号“宝宝念诗”恩惠多日，也应当写一篇回馈，选了这首写深秋的《山中》，因在我心里，最喜欢的季节除了初春，便是深秋了。

山　中

（唐）王　维

荆溪白石出，天寒红叶稀。
山路元无雨，空翠湿人衣。

说起深秋，其实这是一首神奇的诗，后面两句有人拿出来形容春天，乃至夏天的深山景色，都觉得妥妥的，简直天衣无缝。

这首五言绝句适合孩子，因为读来朗朗上口，意思简洁明了。首句写山溪，荆溪，又称荆谷水，源出陕西蓝田县西北。山路往往傍着溪流，天寒水浅，山溪变成涓涓溪流，露出白石粼粼，清浅可爱。次句写红叶，初春或者深秋天寒，红叶渐渐稀少了。杜牧有诗《山行》“停车坐爱枫林晚，霜叶红于二月花”写的便是这霜叶。虽然天有寒意，但潺潺溪流，红叶暖心，并不显得萧瑟。最后两句由局部的实景描述，转而提到诗人行走山中的感受，“元”即原来、本来的意思，苍翠的山色是空明的，所以说“空翠”。无雨自然不会“湿衣”，但翠色浓郁到似乎能滴出水分，人行空翠之中，似乎沐浴在薄雾之中，感觉到细雨湿衣似的凉意，所以尽管“山路元无雨”，却自然感到“空翠湿人衣”了，这是景情相融所产生的一种心灵美感。只有心灵放空，了无尘渣烦恼的人才能置身这空山翠色中，乐而忘归。

这里可以教孩子以后看到什么，再说出自己的感受，例如看到花，觉得香、美，便是感受，观察、启发、联想、总结，相信在这个过程中，孩子的思维也被启迪，爸爸妈妈们帮助他们打开了观察世界的一扇窗。

这首诗写的是秋天。我觉得，其实春天读来，倒也不反季节。比如，王维写过桃花的诗歌，“坐看红树不知远，行尽青溪不见人”。跟这首诗的意境倒也有几分神似呢。

说起青溪，建议带孩子学这首诗时，不妨去探探杭州的“九溪十八涧”，九溪十八涧景色天然无雕饰，“溪水因山而曲折”，其中溪流漫过山径，各有意趣，身历其境，尘襟为之一洗，更有一种人在画中游的感觉，与此诗相得益彰。记得我当时去玩，一下子就爱上此地，还胡诌了一句“茶园参差，香雾飘零，溪浅花无名。绿柳啼芽，清风扶雁，动人一片山青”。

王维写山还有一首著名的《山居秋暝》，总编说他最喜欢，谁也不能抢，且留给他去写吧。（范静雅）

第五篇　飒飒西风满院栽

自从有了《红高粱》、《秋菊打官司》，张艺谋就成了导演中的佼佼者，不过，他的作品越来越差，也是事实。比如《满城尽带黄金甲》，场面固然宏大，绝对算不上好的作品。倒是“周杰棍”的那首《菊花台》，词真好，曲调也真好，也唱得真好——“你的泪光柔弱中带伤/惨白的月弯弯勾住过往/夜太漫长凝结成了霜/是谁在阁楼上冰冷地绝望/雨轻轻弹朱红色的窗/我一生在纸上被风吹乱/梦在远方化成一缕香/随风飘散你的模样……”

题菊花

（唐）黄　巢

飒飒西风满院栽，
蕊寒香冷蝶难来。
他年我若为青帝，
报与桃花一处开。

不第后赋菊

（唐）黄　巢

待到秋来九月八，我花开后百花杀。

冲天香阵透长安，满城尽带黄金甲。

这个电影，源于黄巢的两首诗。三十多年前，高中语文老师杨鸣钟先生教会我们这两首诗。杨老师说，黄巢，托菊花以言志。先是为菊花只能开放在秋天、没有蝴蝶的追捧而抱屈，“他年我若为青帝，报与桃花一处开”，意思是说，要是我将来当上了司春之神（青帝），一定要让菊花和桃花一样，都在春天开放——在封建时代，一个普通士子竟敢以“帝”自居，狼子野心啊。随即，又在科举落榜之后，痛饮一顿，写下了一首更加杀气腾腾的诗篇，“百花杀”、“冲天阵”、“透长安”、“满城尽带黄金甲”……与其说是豪气冲天，不如说是杀气冲天，赤裸裸的反诗！

果然几年后，这位真的反了，自封为“冲天大将军”，纵横南北，血洗长安，把中国历史上最鼎盛的唐王朝，送上了穷途末路。一个高考没有录取的秀才，干出了这番惊天动地的大事业，不知道鼓舞了多少人！多少年后，山东及时雨宋江出道之前，在浔阳楼，也是在酒后，题下了一首反诗：

无　题

（明）施耐庵《水浒传》

心在山东身在吴，
飘蓬江海谩嗟吁。

他时若遂凌云志，
敢笑黄巢不丈夫！

什么是凌云志？造反，想当皇帝呗！

其实，菊花原本不是这般的形象。“梅兰竹菊”，中国古代文人雅士喜欢的“四君子”——有色彩，没有张扬；有品位，没有富贵；有雅致，没有暴力……素雅，淡泊，默默自守，与世无争，那是我们崇敬的谦谦君子啊。东晋诗人陶潜（陶渊明）喜欢菊花是有名的，请看他的这首诗：

饮　酒

（东晋）陶渊明

结庐在人境，而无车马喧。
问君何能尔？心远地自偏。
采菊东篱下，悠然见南山。
山气日夕佳，飞鸟相与还。
此中有真意，欲辨已忘言。

除了我们在春天念过的《过故人庄》中“待到重阳日，还来就菊花”，还有我们没有念过的这些诗：

菊　花

（唐）元　稹

秋丛绕舍似陶家，遍绕篱边日渐斜。

不是花中偏爱菊，此花开尽更无花。

菊　花

（宋）朱淑真

土花能白又能红，晚节犹能爱此工。
宁可抱香枝头老，不随黄叶舞秋风。

所谓“落花无言，人淡如菊”，那是真正的典雅，是我虽心向往之但既不可望更不可及的境界。左边是黄巢，右边是陶潜，同样的菊花，不同人看起来有不同的味道。其实，菊花就是菊花。佛家所谓，你看到的世界，原本是你的模样。

第六章

霜降

渡船满板霜如雪，印我青鞋第一痕

霜降。二十四节气中的第十八个节气，也是秋天的最后一个节气。顾名思义，中原大地，不仅仅是有了寒冷的露水（前一个节气是“寒露”），霜也已经降临大地。接下去冬天就要开始了。写到霜的诗歌，最著名的当然属《山行》：

山　行

（唐）杜　牧

远上寒山石径斜，白云深处有人家。
停车坐爱枫林晚，霜叶红于二月花。

这首诗脍炙人口，似乎描写的景色是在霜降之前。此外就是这首《庚子正月五日晓过大皋渡》。我很喜欢，我教女儿读诗，最喜欢的版本是《儿童四季歌》，记得买了两次，好像最后一首诗就是这首诗歌。

庚子正月五日晓过大皋渡

（宋）杨万里

雾外江山看不真，只凭鸡犬认前村。
渡船满板霜如雪，印我青鞋第一痕。

“雾外江山看不真，只凭鸡犬认前村”，大雾迷山，藏起了一切。这是我在山里常见的景象。小时候没有在长江边生活过，但《三国演义》写到草船借箭时候，大雾迷江，我能想想得出。什么也看不见，给人一种未知的恐惧，所以听到战鼓、拼命射箭是正常的反应。“渡船满板霜如雪，印我青鞋第一痕”，清晨，渡船第一次开出，我踏上第一脚，印上第一个脚印。场景感非常鲜明。

当然最著名的还有这首诗。

商山早行

（唐）温庭筠

晨起动征铎，客行悲故乡。
鸡声茅店月，人迹板桥霜。
槲叶落山路，枳花明驿墙。
因思杜陵梦，凫雁满回塘。

这首诗有些字比较生涩，解释一下。商山：山名，在今陕西商洛市。征铎（duó）：车行时悬挂在马颈上的铃铛。槲（hú）：一种落叶乔木。枳（zhǐ）：一种落叶灌木或小乔木。驿（yì）墙：驿站的墙壁。杜陵：

地名，在长安城南，这里指长安。作者此时从长安赴襄阳，途经商山，想起在长安时的梦境。梦境中有凫（fú）雁：凫，野鸭；雁，大雁；还有回塘，岸边曲折的池塘。

诗歌用不着多解释。这些字弄清楚了，诗歌的意思也就模模糊糊清楚了，是不是？这个清晨，诗人早起，在月色渐退、雄鸡啼鸣之中，踏上布满霜的木桥，向着故乡相反的方向而去，回忆起故乡的梦境，心中的凄冷，可想而知。当时诗人已经年届半百，离开故乡去远方做一个小小的官吏，仕途并不得意，心中估计只有感慨，没有多少欢乐。

中国的诗歌，美就美在将自己的情绪藏在写景之中，“鸡声茅店月，人迹板桥霜”，是不是触目而来的就是清冷的心境？

【关于霜降的延伸阅读】

霜降作为秋季的最后一个节气，此时天气渐凉，秋燥明显，燥易伤津。霜降养生首先要重视保暖，其次要防秋燥，运动量可适当加大。饮食调养方面，此时宜平补，要注意健脾养胃，调补肝肾，可多吃健脾养阴润燥的食物，玉蜀黍、萝卜、栗子、秋梨、百合、蜂蜜、淮山、奶白菜、牛肉、鸡肉、泥鳅、芥菜、洋葱等都不错。芝麻、蜂蜜、银耳、青菜、苹果、香蕉等滋阴润燥，也是很好的食物。

晚秋时节的肃杀景象容易引人忧思，使人意志消沉、抑郁，一定要有意识的避免。应适当多吃高蛋白食物，如牛奶、鸡蛋、羊肉和豆类等；还要适当参加一些有益身心的娱乐活动，如歌舞、登山等集体活动。另外，这个季节不是人人适合“秋冻”。对抵抗力差的老年人，应及时关注天气，按时增减衣服，以免湿邪、寒邪入侵，导致生病。

天气逐渐变冷，身体局部保暖不当或人体为适应寒冷的刺激而有所增加的新陈代谢等原因，使得慢性胃病、“老寒腿”等疾病的发病随之增多。尤其是有消化道溃疡病史的人，要特别注意自我保养，一定要坚持医生的指导治疗，避免服用对胃肠黏膜刺激性大的食物和药物。

一些地方要吃红柿，认为这样可以御寒，能补筋骨。而福建、浙江、安徽一些地方的说法是：霜降吃丁柿，不会流鼻涕。也就是说，霜降这天要吃柿子，不然会生病，流鼻涕，甚至整个冬天嘴唇都会裂开。什么个道理，我没有搞清楚。

第一篇　白露为霜

现在的孩子懂事早，这是不争的事情。我们过去常说，“两小无嫌猜”。现在人则说：最纯真的爱情自幼儿园始。

经常有家长为此请我解疑释惑。其实小朋友之间的纯真感情未必要上纲上线到爱情，哪怕过家家，情人节送礼物，也就是游戏而已，爸爸妈妈们不要担心。你还记得当初那个同桌的他（她）吗？还记得你悄悄塞给她的一根红头绳、一个紫色发卡，她送给你的一颗大白兔、一张写着歪歪扭扭的字却意思朦胧的书签吗？从小学到初中，那些青涩稚气的面庞，长发飘飘的背影，随着年龄的增长，已经渐渐远去了吧。当然也有例外，总有一些留存着，挥之不去，不过已成美丽的记忆了。

蒹葭（节选）

《诗经》

蒹葭苍苍，白露为霜。
所谓伊人，在水一方。

蒹（jiān）：没长穗的芦苇。葭（jiā）：初生的芦苇。苍苍：茂盛的样子。

就像这首《蒹葭》，在许多人眼里，一定是爱情诗吧。蒹葭，就是芦苇，我的老家在江南水乡，冬天是枯水季，湖水干涸，小时候，我最喜欢在湖中的芦苇丛中与同伴们捉迷藏，白白的芦花，密集的芦秆，泥泞的湿地，藏身其中，很难寻觅踪迹。要是在清晨，就能见到“白露为霜”的景象，只是那在水一方的伊人，从没发现。所以后来读到这首诗，就有些遗憾，怎么儿时的玩伴中，没有一个朝思暮想的她呢？

那么，诗里那个神秘的伊人，到底指谁呢？关于这首诗的解读，已经汗牛充栋。对于伊人，也众说纷纭。但我以为，还原诗境，伊人就是那个她，那个千寻万觅而不得的她。爱情之美，往往在于求之不得。诗的美感，也在于此。可望而不可即的东西，才能激发出无限的欲望。近在眼前又遥不可及，那种距离产生的美，绝望而至的美，才是大美！

我这里只节选了诗的前四句，后面还有很长的诗句，不用给宝宝念了。但是爸爸妈妈们一定不满足，因为后面还有“溯洄从之，道阻且长。溯游从之，宛在水中央”，写的就是那种寻觅不得的过程与感叹。如果要给宝宝解读，可以把伊人解释为目标，不是每一个目标都能达成，追寻的意义大于结果。其实这首诗有象征意义，首先要有理想，对于理想，能否实现并不重要，重要的是我们在追寻理想的路上。

假如这几句诗能唤起你的回忆，激起你的热情，甚至让你想到邓丽君的那首歌：“绿草苍苍，白雾茫茫，有位佳人，在水一方……”你是不是有些情不自禁，在教宝宝念诗的同时，有些话要留在下面？（邢春）

第二篇　何处得秋霜

上海实验东校的毕守红副校长常常鼓励我，说我是“自带光环的人”，到哪里都是核心。这是“表扬”吗？兄弟的事情，总是两肋插刀，倒也是真的。记得那一次，一个兄弟家里又干仗，照例发信息让我去做和事佬。女的又哭又闹，说我嫁给你十几年，变得又老又丑，头发都白了，还没有一个好字。我严肃认真地“批评”了兄弟，然后对女的说，你要是不嫁给俺兄弟，就能永远不老，头发永远不白？这不是我兄弟的错，我兄弟又不是卓一航，让你一夜成了“白发魔女”。这两人年轻时都是武侠迷，女的被我一说，破涕为笑，老粉拳差点打我身上——立即下厨，卖弄手艺，做出一桌好菜，兄弟俩又趁机喝了一顿。看在酒足饭饱的份上，误工费、调解费、车马费，我一概都没有收。

秋浦歌（其十五）

（唐）李　白

白发三千丈，缘愁似个长。
不知明镜里，何处得秋霜？

白发是自然现象。俺也不例外，十年来一直断断续续，只是这些“坏分子”藏在一堆“好人”之中，不容易发现罢了。发现并剪除“坏分子”的任务属于女儿。找个阳光明媚的窗口，坐在矮凳上，女儿用她的小手把我的老脑袋翻来翻去，一根根找，然后剪掉。那么一双小手，拿着明晃晃的剪刀在自己脑后，不是自己女儿，还真不敢。幸好，扎破脑袋的事情从来没有，但剪掉一绺头发，还是有过的。慢慢女儿长大了，这个亲子游戏也结束了。今年暑假女儿从国外回来，瞥了我一眼，不剪了吧，白头发太多了。我口中虽然答应，心中却怅然若失，至今。

继续跟白头发耗上了。我总认为梁羽生写《白发魔女传》和李白写“秋浦歌”都是受了伍子胥过昭关典故的影响。这位伍子胥，是春秋末期了不起的政治家、军事家。年轻时逃难，无奈沿路上画影图形，到达重兵把守的昭关，一夜愁白了头，白了头的伍子胥骗过了军士。过了关的伍子胥后来成为吴王的重臣，不但帮助吴王打败了越国，还是苏州城的建设者。吴王受奸臣蛊惑，先是放走了越王勾践，后又逼得伍子胥自杀。他对门客说，把我的眼睛放在苏州城的东门上，我会看到吴国被越国灭亡。果然在他死后九年，越王勾践带兵灭掉了吴国。这是历史，不是吹牛。

但作家都会吹牛，吹牛吹得好，叫夸张——夸张是一种修辞手法，所谓修辞，就是把话说得很漂亮。修是修饰、装扮的意思。辞是言辞、言语。李白是大作家，吹牛那是出了名的。他在秋浦——现在安徽池州这个地方，写了一组《秋浦歌》，都很好，其中吹牛吹得最大、名气也最响的就是这首诗：“白发三千丈，缘愁似个长。”黑发变成白发，还会拉长吗？七尺男儿，算是个子高的了，怎么长出三千丈的白发？要是画成画，这个比例吓死人。所以，这是吹牛。李白吹牛是前言不搭后语的。且看下面的诗：

夜宿山寺

（唐）李　白

危楼高百尺，手可摘星辰。
不敢高声语，恐惊天上人。

这是说，寺庙里的楼房很高、很高啊，一百尺！手都可以摘到星星了。记住，数字百尺。再看下一首。

望庐山瀑布

（唐）李　白

日照香炉生紫烟，
遥看瀑布挂前川。
飞流直下三千尺，
疑是银河落九天。

这里又说瀑布很高、很高啊！三千尺！要是遇到一个死脑筋的理工女，这下傻了。李白这哥们的白头发三千丈，是庐山瀑布三千尺的十倍，是百尺高楼的三百倍，这不扯淡吗？哥们怎么住进高楼啊，又在哪里洗头啊。所以，李白的夸张，就是“啊、啊、啊”的意思，“白发三千丈”，在乎的是那种感觉，千万别较真数字。“缘愁似个长”，为什么长这么长的白发呢，是因为愁绪这样的长。似个，这样的意思。“不知明镜里，何处得秋霜”，不知道明镜里面，怎么弄成了这样，像一片秋天的霜。

秋天有霜吗？当然有，虽然气候变暖，上海难得见到霜了。但是，头上一定会有霜的——白发，是迟早的事情。对白发，人们多多少少有些恐惧，有些纠结，有句诗，“美人自古如名将，不许人间见白头”，大家传诵至今，却没有谁能准确说出什么意思。我总希望，即便有一天，我满头霜雪，心中必须不染纤尘。只要心中没有霜，人生就一定是阳光的、明媚的、朝气蓬勃的。虽千万人，吾往矣。

第三篇　天地一沙鸥

美国佬真是会折腾，不服不行。“新视野号”航天器花了十几年飞到了冥王星，发回了第一张清晰的冥王星照片，这是太阳系的边缘。然后又宣布，发现了另一个“地球”，或者说是地球的“表哥”——“开普勒452b”，这个跟地球的相似指数为0.98的行星，可能拥有大气层和流动水。

网友们惊呼，北京上海的房价再涨下去，准备搬家了——于是傻乎乎的、没有一点幽默感的北京天文学家说，移民好像很难。地球的这位兄弟位于天鹅座，距离我们1 400光年——若是我们以光的速度去到兄弟家串门，要1 400年才能到达。如果乘坐目前最快的航天器，去那儿就时间更长了——5亿年。

其实不仅仅是美国人的探索精神值得称道，人类对日月星辰，对宇宙总是充满好奇。这点永恒不变。世界各地原始人类的岩画中，日月星辰的因素总是最多。世界各国古老的歌谣中，对日月星辰的崇拜、歌颂，也总是绵绵不绝。中国也不例外。我们老祖宗歌颂太阳的诗歌不算多，但是星星和月亮在老祖宗眼里是很有诗意的东西，好的诗句特别多，据说也是体现中国人重视阴柔之美的地方。

旅夜书怀

（唐）杜　甫

细草微风岸，危樯独夜舟。
星垂平野阔，月涌大江流。
名岂文章著，官应老病休。
飘飘何所似，天地一沙鸥。

以写星星的诗歌为例吧。有些很壮阔，比如“星垂平野阔，月涌大江流”、“危楼高百尺，手可摘星辰”、“北斗七星高，哥舒夜带刀”、“天接云涛连晓雾，星河欲转千帆舞”；有些很忧伤，比如“昨夜星辰昨夜风，画楼西畔桂堂东”、“迟迟钟鼓初长夜，耿耿星河欲曙天”、“云母屏风烛影深，长河渐落晓星沉”、“纤云弄巧，飞星传恨，银汉迢迢暗度”；有些很清丽，很悠长，比如“七八个星天外，两三点雨山前”、“天街夜色凉如水，卧看牵牛织女星”、“潮落夜江斜月里，两三星火是瓜州”……

杜甫这首《旅夜书怀》，壮阔中融入了人生诸多的况味。诗歌的意思是说，微风吹拂着江岸的细草，小船矗立着高高的桅杆，在夜里孤独地停泊着。星星垂在天边，平野显得宽阔；月光随波涌动，大江滚滚东流。我难道是因为文章而成名？年老病多也应该休官了。自己到处漂泊像什么呢？就像天地间的一只孤零零的沙鸥。危樯（qiáng）：高高的船桅杆。“星垂平野阔，月涌大江流”，是这首诗中最著名的句子。

【关于中国人宇宙观的延伸阅读】

“三光者，日月星”。从造字法来说，日、月都是象形字，画出来的，星不是。老祖宗认为，星的光芒是从“日”分出来的，仿佛“星”是“日”生出来的，所以星的上面是“日”，下面是“生”。古人没有想到，星星既有借光的，也有自己会发光的。事实上，现代科学告诉我们，很多星星比太阳大得多、温度高得多，也亮得多。

带“星”的词语大多都很美，如夜空中闪烁的“星辰”。星点、星斗、星光、星河、星火、星际、星空、星区、星群、星体、星图、星团、星系、星夜、流星、星移斗转、星罗棋布、披星戴月、众星拱月、寥若晨星、月朗星稀、人造卫星……美丽而变幻无穷的星空，一直是诗人尽情赞美的对象，或者言情的寄托。

星星，不仅仅是老祖宗抒情的对象，也是科学研究的对象。天文学，是中国最发达的学科之一。古人对天文学的研究，是非常系统和深刻的。四五千年前的中国人，就开始夜观天象。通过太阳和星星的运行，老祖宗精准地测定了一年四季的变换，测出了二十四节气的具体时刻。他们观测日、月和金、木、水、火、土五大行星的运转，在黄道、赤道附近，选出了二十八个标志性的星座群，合称二十八星宿，分别是东方青龙七宿、北方玄武七宿、西方白虎七宿、南方朱雀七宿。

星宿，比星座的概念大，比如说西方七宿，共有五十四个星座，七百余颗星，它们组成了白虎图案。老祖宗根据二十八星宿的出没和到达中天的时刻来判定季节，预测自然界的阴晴，风雨，干旱、洪水或地震等自然灾害，战争、杀戮等人为的灾难，甚至能预测朝代的更替，人事的兴衰。这里面孕育着现代的天文学、地理学、测量学、统计学、气象学，还有传统的“星相学”、命算学，精通这些学问的人叫“星工”、“星家”，也叫“天算家”。其中的杰出代表据说有诸葛亮、袁天罡、刘伯温……他们都是民间无限崇拜的对象。

第四篇　白云红叶两悠悠

洗脑子有用，也没用。小时候，正值阶级斗争高潮，批林批孔，好像孔老二是罪大恶极的人。但是我们内心对他并不太恨，民间尊孔的思想还很浓厚。出门批判“克己复礼”，回到家中，堂厅的佛龛里，照样贴上用整块红纸写的“天地君亲师”。“天”和“地”不要说了，“君”是皇帝，是“红太阳”；“亲”，是祖宗；“师”，是老师，祖师爷，最大的代表人物就是孔子。贴这五个字的，有地主，更多的是农民，斗大的字不识一箩筐，真正的革命阶级，口中也经常挂着“不亦乐乎”这些《论语》中的话，丝毫没有违和感。

或许受到批判儒家的影响，或许是年少时血气上升，重情轻理，对理学家朱熹、程颢确实没有什么好感。“存天理、灭人欲”，至少粗粗看起来，是很刺眼的。其实也没有真正关心他们还说了什么。后来忽有一日，读到朱熹“问渠那得清如许，为有源头活水来”，虽然是说理，但清新如画，简直不敢相信是理学家写的诗。写出这样的诗，能不可爱吗？

观书有感

（宋）朱　熹

半亩方塘一鉴开，天光云影共徘徊。
问渠那得清如许？为有源头活水来。

后来又看到程颢这首诗，“隔断红尘三十里，白云红叶两悠悠”，简直喜爱极了。清亮的溪水，碧绿的青山，深蓝的天空，沐浴在皎洁的月光里。远离红尘，只有白云红叶悠然为伴。这种境界，色彩丰富，但内心纯净，氤氲着一种超尘脱俗、悠然自得之美。原来理学家也是如此极通人情，如此可爱的。可见，“人同此心，心同此理”这句古训说得并不错。

秋 月

（宋）程 颢

清溪流过碧山头，
空水澄鲜一色秋。
隔断红尘三十里，
白云红叶两悠悠。

“隔断红尘三十里”。三十里就是另外一个境界。这个数字不知道是巧合，还是仔细推算过的。像咱们，苦巴巴到上海来谋生，上海更多的机会，上海海纳百川的精神，确实是吸引人的地方。但竞争激烈，又觉得累。每次离开，都有逃离的感觉。汽车开出外环线，心情就放松起来——距离市区大约就是三十里吧。

第五篇　月落乌啼霜满天

“上有天堂，下有苏杭”，苏州排在杭州之前，不全是为了押韵。在江南的城市中，我最喜欢的确乎是苏州。或许苏州不是省会，多了一份市井气，少了一份官气。再加上，苏州话是正宗的吴侬软语，糯软好听，这就是“江南”——在我看来，江南美女就应该这么说话的。杭州因为是南宋都城，北方话传过来，在吴语体系的包围中，是真正的“官话”，距离民间也就远了许多。苏州，又叫姑苏。如果说苏州是一个水灵灵的小姑娘，那杭州更像一个衣冠鲜亮的大官人。

枫桥夜泊

（唐）张　继

月落乌啼霜满天，
江枫渔火对愁眠。
姑苏城外寒山寺，
夜半钟声到客船。

写苏州的佳句很多。比如“姑苏城外寒山寺，夜半钟声到客船”、“清风明月本无价，近水远山皆有情”——让人感慨，苏州真是一个含情脉脉的城市。

送人游吴

（唐）杜荀鹤

君到姑苏见，人家尽枕河。
古宫闲地少，水巷小桥多。
夜市卖菱藕，春船载绮罗。
遥知未眠月，乡思在渔歌。

真正把苏州写活了的，倒是上面这首比较生疏的诗歌。说生疏，但一点不生涩。枕河：临河。古宫：即古都，指姑苏。闲地少：指人烟稠密，屋宇相连。绮罗：指华贵的丝织品，代指贵妇、美女。这首诗活脱脱写出了一个典型的江南水乡，一个既适于平民居住（“夜市卖菱藕”）又十分富贵妖娆（“春船载绮罗”）的水乡，美不美？

作者杜荀鹤是我隔代老乡，九华山人。九华山在现在的安徽池州。杜牧曾在池州为官，在那里写下了“清明时节雨纷纷，路上行人欲断魂。借问酒家何处有，牧童遥指杏花村”的著名诗篇。杜荀鹤据说是杜牧小妾生的儿子，也是晚唐的著名诗人。上海的中学或者小学课本上选了一篇他的一首诗：

山中寡妇

（唐）杜荀鹤

夫因兵死守蓬茅，麻苎衣衫鬓发焦。

桑柘废来犹纳税，田园荒后尚征苗。
时挑野菜和根煮，旋斫生柴带叶烧。
任是深山更深处，也应无计避征徭。

诗是好诗，但字很艰涩，感情过于苦大仇深，给不谙世事的孩子看来，一点美感也没有。连喜欢背诗的女儿都觉得这首诗太拗口。如果选杜荀鹤的诗歌入教材，倒不如选他这首《送人游吴》，朗朗上口，明白如话。苏州的景象，在江南许多地方，包括上海的郊区，比如七宝、南翔、枫泾、新场、高桥，都能依稀看到，是很好理解的。

最美的节气诗词

绿树阴浓夏日长

韩可胜等 著

上海科学技术文献出版社
Shanghai Scientific and Technological Literature Press

目录

第一章　立夏

——绿树阴浓夏日长，楼台倒影入池塘 / 1

第一篇　花木成畦手自栽 / 6

第二篇　落花风雨更伤春 / 10

第三篇　入云深处亦沾衣 / 14

第四篇　惟有葵花向日倾 / 16

第五篇　丁香空结雨中愁 / 19

第二章　小满

——老槐苍苍嫩槐绿，小麦青青大麦黄 / 23

第一篇　一晴方觉夏深 / 28

第二篇　溪头卧剥莲蓬 / 32

第三篇　淡妆浓抹总相宜 / 35

第四篇　梅子黄时雨 / 38

第五篇　黄梅时节家家雨 / 41

第三章　芒种

——一把青秧趁手青，轻烟漠漠雨冥冥 / 45

第一篇　把酒话桑麻 / 50

第二篇　五月榴花照眼明 / 52
第三篇　子规声里雨如烟 / 55
第四篇　也傍桑阴学种瓜 / 58
第五篇　两人对酌山花开 / 61

第四章　夏至
——赤日炎炎似火烧，野田禾稻半枯焦 / 65

第一篇　雏凤清于老凤声 / 70
第二篇　牧童归去横牛背 / 73
第三篇　白雨跳珠乱入船 / 77
第四篇　此心安处是吾乡 / 80
第五篇　怕得鱼惊不应人 / 84

第五章　小暑
——月明船笛参差起，风定池莲自在香 / 87

第一篇　映日荷花别样红 / 92
第二篇　荷叶罗裙一色裁 / 96
第三篇　江南可采莲 / 98
第四篇　误入藕花深处 / 102
第五篇　稻花香里说丰年 / 108

第六章　大暑
——纸屏石枕竹方床，手倦抛书午梦长 / 111

第一篇　举头红日近 / 115

第二篇　更上一层楼 / 118
第三篇　意欲捕鸣蝉 / 120
第四篇　柳阴亭午正风凉 / 124
第五篇　时有微凉不是风 / 127

第一章 立夏

绿树阴浓夏日长，楼台倒影入池塘

立夏，二十四节气中的第七个节气，标志着夏季的开始，春天的结束。春天，并不因为美好而延长，该结束的时候，一定会结束，决不拖泥带水。人的青春也如此。

节气，融自然科学和社会科学于一体，是中国人伟大智慧的体现。中国人信奉的“天人合一”有着深厚的哲学道理。世界这个大宇宙，人体这个小宇宙，都与四时节气大有关联。一年二十四个节气，四个季节。每个季节六个节气。一旦逢到立春、立夏、立秋、立冬，就标志着季节的转换，一个新的季节“确立”了。除了“四时”春、夏、秋、冬，古代还有“八节”，立春、春分、立夏、夏至、立秋、秋分、立冬、冬至八个节气。民间对联或者堂屋经常看到有人张贴“四时安泰，八节康宁”，就是这个意思。

农村里立夏，有很多习俗的。比如，“挂蛋”，家家户户煮熟一个鸡蛋，用布袋子挂在小孩子胸前。小时候吃鸡蛋是难得的事情，所以大家高兴啊。这个风俗不知道是什么缘由。再比如，“七家茶”，各家把茶叶混合后在一起，泡茶后，大家欢聚一堂共饮。也不知道是什么来历。

对我来说，记忆最深刻的习俗是当属“秤夏”。堂厅里挤满了兴高采烈的男女老少，一个壮汉拎起一杆秤，小孩子轮流坐到箩筐里，称重量。秤砣只能从小的数字逐步移到大的数字，表示越长越重，意味着健康。绝对不能从大的数字往小的数字移动，只有生病才能减分量，那不吉利。秤杆子还高高上翘的时候，要赶紧停下来。报出数字，小孩子在箩筐里就急吼吼地问旁边的爸爸妈妈，去年多少斤，然后算出自己长了多少。秋收冬藏，人和动物一样，长膘都在冬天，不幸躺枪的别怪我。

这些习俗还有吗？你哪里还有什么风俗？

山亭夏日

（唐）高　骈

绿树阴浓夏日长，楼台倒影入池塘。

水晶帘动微风起，满架蔷薇一院香。

这首《山亭夏日》写夏日风光，是同类诗歌中写得最好的一首。诗歌犹如绘画，绿树阴浓，楼台倒影，池塘水波，满架蔷薇，构成了一幅色彩鲜丽、情调清和的图画。欣赏这首诗，不但欣赏到夏日的美景，也欣赏到了诗人怡然自得的心情。

蔷薇真是一种可爱的花。那年的五一节，去嘉定乡下，老同学的儿子新婚，乡村道路边上看到蔷薇花开得真好。红艳艳的，征得主人同意后，去采了一支长长的枝条，回来插上。蔷薇花与一般的花不一样，是可以扦插的。随便采上一支，插在土里，甚至插在水里，就可以生根、发芽、开花，这跟柳树有些相似。

这首诗用不着解释，我向来主张，念诗，感受到诗歌朗朗上口的韵律和节奏，朦朦胧胧感受到诗歌境界的美好，就够了。就像一个可爱的小娃娃，一见面，可爱，赏心悦目，那就够了。一切的数字都是枯燥的，唯有美是活泼泼的。

让我感慨的还是，这位诗人高骈，现实中的身份可不是诗人，是一员真正的武夫，曾任淮南节度使，多次重创黄巢起义。节度使，相当于现在的大军区司令，同时又管辖地方的事权和财权，集党政军大权于一体，因此就像一个“国中国”，朝廷势力弱的时候，能够割据一方。“安史之乱”的安禄山、史思明，就是节度使。像高骈这样的将帅，诗歌功夫了得，书法也很不错。

唐朝这个时代，文人佩剑，可以上马杀敌、戍关报国；武人握笔，能够下马赋诗、吟赏烟霞。这是一个诗意的时代，一个有气度的时代，一个精神和躯体都十分健康的时代。

【关于立夏的延伸阅读】

传统中医认为，人们在春夏之交要顺应天气的变化，重点关注心脏。心为阳脏，主阳气。心脏的阳气能推动血液循环，维持人的生命活动。心脏的阳热之气不仅维持其本身的生理功能，而且对全身有温养作用，人体的水液代谢、汗液调节等，都与心阳的重要作用分不开。

立夏以后饮食原则是“春夏养阳”，养阳重在养心，养心可多喝牛奶、多吃豆制品、鸡肉、瘦肉等，既能补充营养，又起到强心的作用。平时多吃蔬菜、水果及粗粮，可增加纤维素、维生素B、C的供给，能起到预防动脉硬化的作用。总之立夏之季要养心，为安度酷暑做准备，使身体各脏腑功能正常，以达到“正气充足，邪不可干”的境界。

第一篇　花木成畦手自栽

涂鸦，做得好叫文化，做得不好叫胡闹。经常有人抱怨涂鸦，好好的景点，好好的古迹，到处刻下“某某某到此一游”。确实是大煞风景。不过，涂鸦，可是古今中外的共同爱好，因为人天生是要表达的，涂鸦就是一种表达。特别是看到美景，赏心悦目啊，一激动，就更加控制不住自己了。古人常常涂出水平，涂成艺术。常常还要请人，或者好事者主动在石头上刻下来，成为摩崖石刻，现在各个地方当成宝贝。

大诗人李白就喜欢到处涂鸦，有一次到武昌的黄鹤楼，一看，好风景啊，喝酒吧。喝好酒，赶紧在墙上题诗吧。好家伙，一看，上面很多诗歌，有一首是崔颢的：

黄鹤楼

（唐）崔　颢

昔人已乘黄鹤去，
此地空余黄鹤楼。
黄鹤一去不复返，
白云千载空悠悠。
晴川历历汉阳树，
芳草萋萋鹦鹉洲。
日暮乡关何处是，

烟波江上使人愁。

这首诗太好了，李白出了一身冷汗，酒也吓醒了，说了句：“眼前有景道不得，崔颢题诗在上头”。算李白识相，不识相的人也有。都知道李白在庐山写过瀑布，偏偏还有人来出丑。

望庐山瀑布

（唐）李　白

日照香炉生紫烟，遥看瀑布挂前川。
飞流直下三千尺，疑是银河落九天。

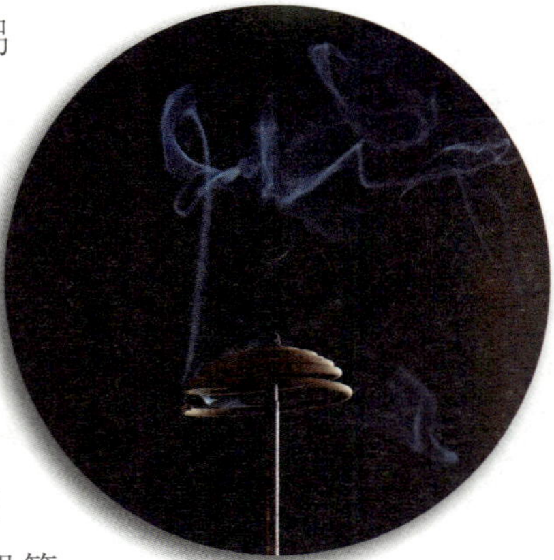

好诗啊！过了若干年，另一个诗人徐凝来了，也写了首：“虚空落泉千仞直，雷奔入江不暂息。千古长如白练飞，一条界破青山色。”其实也不错，但是比李白，那还是差多了。于是，多少年之后，到了宋朝，苏东坡到了庐山，还在讥笑徐凝，“飞流溅沫知多少，不与徐凝洗恶诗。”我所十分尊敬的苏老先生，竟也有如此刻薄的一面。

大政治家，也是大诗人王安石也喜欢涂鸦，这首《书湖阴先生壁》就是涂在邻居湖阴先生家的墙壁上的。你说，跑人家去，在人家墙壁上写一通字，算什么回事？可是，这一涂不要紧，留下了一首好诗，也让我们记住了这位隐士。否则，谁记得他啊！

书湖阴先生壁

（宋）王安石

茅檐长扫净无苔，花木成畦手自栽。
一水护田将绿绕，两山排闼送青来。

湖阴先生：本名杨德逢，隐士，是王安石晚年居住金陵紫金山（今江苏南京）时的邻居。这首诗写湖阴先生的庭院和从庭院看到的风景。近处看，庭院干干净净，花木葱茏，还分成一块一块的，那品种肯定不会少。成畦（qí）：成垄成行。畦：经过修整的一块块田地。从近到远，一弯弯的河流环绕着葱绿的农田，正像母亲用双手护着孩子一样。两边青翠的山峦山也从外面闯入门里面来。排闼（tà）：开门。闼：小门。这个风景太可爱了，太生动了。我最讨厌胡乱解读诗歌的，说这首诗表现了庭院主人的高洁，不与人世间同流合污。说高洁倒也罢了，后面简直是扯淡！这样的风景，这样明媚的诗歌，还不足以让人喜爱吗？我要有这样的房子，快活死了。

第二篇　落花风雨更伤春

这个世界总是充满了新闻。有些好玩，有些原本不怎么好玩，但也被人玩了，甚至玩坏了。比如那个“洪荒之力”，玩到央视春晚上，十分的无厘头。“洪荒”这个词，大部分人都是从《千字文》上看到或听到的。这是一本奇书，古代教人识字的课本，一千个字，没有一个重复，从宇宙说起，说到历史，说到自然，一直说到人生。几乎就是中国人完整的宇宙观、世界观、人生观和价值观。《千字文》开头就是“天地玄黄，宇宙洪荒”八个字。

天地玄黄，宇宙洪荒。日月盈昃，辰宿列张。
寒来暑往，秋收冬藏。闰余成岁，律吕调阳。
云腾致雨，露结为霜。金生丽水，玉出昆冈。

里边很多句子，比如说“秋收冬藏”、“金生丽水”，是不是很熟悉？最熟悉的当然是开头两句了。“洪荒”就是地球形成早期的那个阶段。洪荒之力，大概就是地球形成早期那种可以催生一切、也可以毁灭一切的力量。洪荒不是指地球形成初期的那一场洪水，这太过具体。洪，原意指洪水，常常形容很大。“洪荒”就是“大荒”的意思，一切刚刚开始从无到有。《红楼梦》开头，就是“大荒山无稽崖”，女娲娘娘补天剩下的这块“石头”丢在这里，日后化成贾宝玉到人世间走了一遭。

被玩坏了的，还有王宝强。王宝强半夜发微博，自爆妻子出轨，离婚了。本来不好玩，别人的痛苦，怎么可以成为自己的欢乐呢？只是网友扒出来，一年前，王宝强定制粉钻，说“一生只给一人”，而那位接受粉钻的人说，“愿得一人心，白首不相离”……才过一年，剧情就有些狗血了。狗血的事情，网友要是欢乐一下，也无可厚非。插一句，“愿得一人心，白首不相离”，原本就是出自要分手的一对夫妻。一个历史上大名鼎鼎的才女，汉代的卓文君，她的丈夫司马相如出轨了，她希望他回头是岸，写了这首诗。诗歌比较长，我选比较容易懂的几句。

白头吟（节选）

（汉）卓文君

凄凄复凄凄，嫁娶不须啼。
愿得一心人，白头不相离。

故事说起来很让人叹息爱情不可靠，这个卓文君，又漂亮（史书说她“姿容姣美”）、又有才（通音律、会弹琴、诗文极佳），还是亿万富豪的女儿，钦佩穷书生司马相如的才华，跟他私奔了，连站柜台卖酒的事情都做过。但司马相如发达了，却跟别人好上了……这算哪门子事情呢？当然据说，卓文君以她的才华，还是把丈夫拉了回来。这是后话。

距离产生美，爱也是这样，美好总在隔壁（隔壁或许只是粗俗不堪的老王），风景总在远方（远方其实就是穷乡僻壤）……于是，就有人问，为什么失意总是在当下，诗意总是在远方？珍惜当下，珍惜眼前——晏殊的词，只有智慧的人、经历过的人才懂得："满目山河空念远，落花风雨更伤春，不如怜取眼前人"。

浣溪沙

（宋）晏殊

一向年光有限身，等闲离别易销魂，酒筵歌席莫辞频。

满目山河空念远，落花风雨更伤春，不如怜取眼前人。

对多愁善感的人来说，初夏最是伤春的季节。晏殊说，人生苦短，生命有限（一向：一晌，片刻）。既然聚少离多，对酒就要当歌。与其登高望远方，不如怜取眼前人。怜，古代不是可怜的意思，是爱的意思。晏殊是著名的词人，从小就是公认的神童，长大后当上了宰相——北宋第二任皇帝宋太宗时代，大概算北宋最强的时代吧。幸福的他还生了一堆的儿子，其中一个叫晏几道，词也写得好，父子并称“大晏”“小晏”。这样一个处处得意的人，如何对人生有这么深的领悟！

他的另一首《浣溪沙》也很著名。这些词，似乎跟爱情相关，似乎又跟人生相关，不知道究竟在说什么，但是一唱三叹，让人回味无穷。

浣 溪 沙

（宋）晏　殊

一曲新词酒一杯，去年天气旧亭台。夕阳西下几时回？

无可奈何花落去，似曾相识燕归来。小园香径独徘徊。

第三篇　入云深处亦沾衣

江南的春夏之交，的确是个激发人们昂扬向上的好时节。

一年前，也是在暮春初夏这个美好的日子里，我的朋友魏君果断下海创业了。抛开了“新华通讯社”那金光闪闪的五个大字以及由此裹挟于一身的泡沫般的虚名，顺“大众创业，万众创新”之时势，真正做一回自己，实在可喜可贺。当为之抚琴、为之歌咏、为之浮一大白。然则鄙人五音不全、不胜杯酌，且为他念上一首诗吧。

山中留客

（唐）张　旭

山光物态弄春晖，
莫为轻阴便拟归。
纵使晴明无雨色，
入云深处亦沾衣。

如题所示，这是一首挽留客人的诗。春光正好，何况又在千姿百态、郁郁葱葱的山中。朝晖暮霭，山气氤氲，或有微云浮游于碧天之上，艳阳送和风扑面；或有浓雾徘徊于翠峰之间，苍松洒细雨沾衣。来访的山外客人，看这一日三变的景象，以为要变天了，便想打道回府。我们的诗人很淡定地说：山中岁月就是这个样子的，千万不要看到天上飘来几朵浓云，遮住了方才还光芒璀璨的丽日，就动起了打退堂鼓的心思。在这翠峰如簇、云雾缭绕的山中，即便天朗气清，惠风和畅，也难免云侵须发，露湿衣襟。“纵使晴明无雨色，入云深处亦沾衣。”山中景象，变化万端。司空见惯，着什么急呢！来，来，来！且趁风轻云淡，任它云卷云舒，不妨再浮一大白，看那高峰入云、清流见底。

凡读诗，以小学功夫，推敲圈点，支离解析，赏一词一句之妙，是小美也；颔首击节，慷慨而歌，品韵律之协和，对仗之精妙，是中美也；诗之大美者，只可意会，不可言传。《世说新语》载：简文帝入华林园，顾谓左右曰：“会心处不必在远，翳然林水，便有濠濮涧想也，觉鸟、兽、禽、鱼，自来亲人。”读好诗，便如简文入华林。他人之心，予忖度之，反求诸己，戚戚于怀，时时处处有亲切在。此情此景，一切尽在不言中矣。

士不可不弘毅，任重而道远。山再高，路都在脚下。我今念留客之诗，送创业之士，亦会心处不在远也。（黄庭钧）

第四篇　惟有葵花向日倾

中国古代是男权社会，男性是社会的主角。但是杰出的女性，也是时有出现。仅就诗人而言，古代有蔡文姬、有李清照，近代有一个才女，叫林徽因。她1904年6月10日生于浙江杭州，原名林徽音，为区别于当时的海派男作家林微音，改名徽因。她有诗歌，深情地歌颂四月，被人概况为“最美人间四月天”。

她的诗歌成就不能与蔡文姬、李清照相比。不过，她和她的丈夫梁思开创了中国古代建筑学研究，这才是对中华民族真正有益的事情。夫妇俩在战火纷飞中走遍了中国，编写了《全国文物古建筑目录》，为保护古代建筑作出了无与伦比的贡献。1953年，北京开始拆除牌楼，之后便是城墙，便是四合院，便是各种各样古建筑。幸免于炮火的北京，迎来了新的灾难。梁思成与当权者争吵，痛哭流涕；林徽因也与权贵争吵，病倒拒绝就医。1955年4月，林徽因逝世。为捍卫中国文化，这位清华大学建筑系一级教授、一代建筑学大师殉难。与他们的坚守相对照，一些原本是跟他们一样的大学者，摇身一变，变成了摧残文化的新贵。

在她去世之后，著名哲学家、逻辑学家金岳霖手书一副挽联“一身诗意千寻瀑，万古人间四月天”，写尽了林徽因的气质和风采。后面一句嵌进了林徽因的诗歌代表作《你是人间四月天》:“是一树一树的花开，是燕在梁间呢喃，——

你是爱，是暖，是希望，你是人间的四月天！”

因为这四月，突然想起《客中初夏》，也是写四月。农历四月，正是初夏，最适合念这首诗。作者司马光是一个对史学有着巨大贡献的人，他是《资治通鉴》的主编，此书堪与司马迁《史记》相提并论。司马不是大姓，却为史学作出了无出其右的贡献。

客中初夏

（宋）司马光

四月清和雨乍晴，
南山当户转分明。
更无柳絮因风起，
惟有葵花向日倾。

这首诗的意思是说，初夏四月，天气清明和暖，下过一场雨天刚放晴，正对门的南山变得更加明净了。没有随风飘扬的柳絮，只有葵花朝着太阳开放。客中：旅居他乡作客。北宋政坛中，王安石和司马光都是著名的政治家、文学家，但王安石是变法领袖，司马光则是反对变法的旗手。在宋神宗支持下，王安石实施变法，司马光被迫离开汴京，不久退居洛阳。这首诗写于洛阳，写的是雨后初晴的景色。后面两句，有人说是托物言志，不做因风起舞的柳絮，只做一心向着太阳的葵花。似乎也有点这么个意思。

这个司马光，就是“司马光砸缸”，把掉进水缸的小朋友救出来的那个神童。作为政治家的司马光，为人温良谦恭、刚正不阿；做事用功刻苦、“日力不足，继之以夜”，历来受人景仰。我们那时候的教科书常常搞简单的政治对立，把变法派当革命派，把反对派当保守派。其实历史远远不是非黑即白这么简单。王安石变法旨在“富国强兵”，确实是一个伟大的改革家。但反对变法的司马光同样是一个伟大的人。

他们，都是有着崇高的信仰、伟大的人格，并忠于自己信仰，忠于自己人格的人。他们宁可牺牲，也不会妥协。比如前面说的为了捍卫古建筑而宁可搭上自己性命的林徽因。几十年后的今天，当北京遇到很多的城市病，当传统文化消失殆尽的时候，我们终于开始理解梁思成、林徽因的坚守和价值。当时梁思成、林徽因提出保护古城，新建区域在城外另行选址——几十年后的今天，看到新闻，说北京迁址通州，雄安新区也轰轰烈烈的开始启动了。若是梁思成、林徽因泉下有知，不知道作何感慨？

第五篇　丁香空结雨中愁

在所有的花中，很多人心心念的是丁香。那是多么富有诗意的名字啊！丁香——丁丁点点的香。人们都喜欢香，但大多数人都不喜欢香气袭人，更不喜欢香气逼人，最好是一丝一缕，断断续续而来，似有若无，似无若有。你刻意寻找的时候，它杳无踪迹。当你失望的时候，它又清清楚楚进入你的鼻中，让你感受到它的存在。它是淡抹，不是浓妆。

与众多的花都给人开心、快乐不一样，丁香却是愁肠暗结的一个象征。丁香的花苞纠缠在一起，人称“丁香结”，千丝万缕，缠缠绕绕，心有千千结，极像人的愁肠。比如牛峤的“自从南浦别，愁见丁香结”，李商隐的“芭蕉不展丁香结，同向春风各自愁”，陆龟蒙的“殷勤解却丁香结，纵放繁枝散诞香”，韦庄的“竹叶岂能消积恨，丁香空解结同心”。这些都写得很好。当然最好的还是李璟的这首《浣溪沙》了。

浣　溪　沙

（南唐）李　璟

手卷真珠上玉钩，

依前春恨锁重楼。风里落花谁是主？思悠悠。

青鸟不传云外信，丁香空结雨中愁。
回首绿波三峡暮，接天流。

南唐是“五代十国”时期的一个国家。南唐先后经历三个君王。先主，中主和后主。后主李煜最有名，
就是写了“问君能有几多愁，恰似一江春水向东流”、“剪不断，理还乱，是离愁”的那位，是个艺术天才，书法、音乐、绘画、词章，样样在行，就是不会治理国家。这位李璟是中主，也写了一些很好的词。

这首词大概就是模拟一个思念情郎的少女和少妇，在春天的感伤吧，俗称伤春悲秋的“伤春”。真珠，就是珍珠，指珍珠帘子。青鸟，传说曾为西王母传递消息给武帝，这里指带信的人。“青鸟不传云外信，丁香空结雨中愁”，有人说它是作者感到国家危在旦夕的忧愁，好像不太像，扯远了。亡国是在他儿子李煜手上的事情。丁香花也没有那么苦大仇深。它是美人额头上的一点点接受的犹豫，一丝丝思念的忧郁，一抹抹回味的幸福，那种愁绪和忧郁用眼睛是看不出来的，它只能用心去体会，用情去领悟。只是对暗恋尚未表白中的人，对失意痛苦中的人，读起来恐怕要平添几分愁绪了。

近代诗人戴望舒的《雨巷》，那又是一首著名的诗歌了：“撑着油纸伞，独自彷徨，在悠长、悠长又寂寥的雨巷，我希望逢着，一个丁香一样地结着愁怨的姑娘。她是有丁香一样的颜色，丁香一样的芬芳，丁香一样的忧愁，在雨中哀

怨，哀怨又彷徨。”读这首诗，我一直在想丁香一样的姑娘，又是什么样的姑娘？

丁香常常出现在我自己的诗作和对联中。记得写过一首六言诗：“春暖何来心思，风过知是丁香。风起情涛暗涌，雾生相思迷茫”。还写过一副对联：“清风徐来丁香奈何已远，丽日高悬红杏依然未萌。”有点小暧昧，其实很纯洁。可是我不认识什么是丁香。那年，我在微博上说不认识丁香，竟然有粉丝发起了“寻找丁香花”的线下活动。原来我工作的周围有好多丁香花，只是我不认识。还有人发来照片，最近的一棵距离我办公室不到三百米。工作之余，赶紧过去，蒙蒙细雨中，找到了那棵盛开的丁香。

写丁香最美的还有这首词：

眼儿媚·杨柳丝丝弄轻柔

（宋）无名氏

杨柳丝丝弄轻柔。
烟缕织成愁。
海棠未雨，梨花先雪，
一半春休。

而今往事难重省，
归梦绕秦楼。
相思只在，丁香枝上，
豆蔻梢头。

第二章 小满

老槐苍苍嫩槐绿，小麦青青大麦黄

写了三年的节气，把所有的节气写了个遍，甚至写了好几遍。但奇怪的是，年年都把小满这个节气给忘记了，都是在进入小满节气的第二天才写的。人，一旦犯了错误，往往是一错再错。每一个节气大约都是15天，因为一年12个月，共有24个节气。好在节气是一个时间段，不是一个时间点。

小满的含义，是说小麦开始灌浆，还没有完全饱满，所以只是小满。中国地方广，南北差异很大，后来南方人说，不对啊，小满是指水田的水比较多了，可以插秧、栽水稻了。嗯，有些牵强，也有些道理。

可惜，遗憾的是，虽然中国人主要靠水稻和小麦过日子，但是描写水稻和小麦的诗词倒是特别的少，好的诗词尤其少。养育我们的东西，没有人歌颂，这很奇怪。就像每一个人都有母亲，在孝文化特别发达的中国，感恩母亲是常态，但描写母亲的好诗词特别少一样，除了孟郊的《游子吟》，还有什么写得好？这都是让人不解的事情。如果你不信，想一想，梅花啊、荷花啊、菊花啊，明月啊、清风啊、青草啊……这些与水稻和麦子相比，几乎完全没有用的东西，倒是有无数人歌颂，而且一个比一个深情。水稻和小麦有灵，真是有点郁闷。

小满节气，首先来念这两首《插秧歌》，都是五代后梁布袋和尚写的。这个布袋和尚可是了不得的得道高僧。两首诗很著名，充满了禅机：

插秧歌（两首）

（五代）布袋和尚

春有百花秋有月，夏有凉风冬有雪。
若无闲事挂心头，便是人间好时节。

手把青秧插满田，低头便见水中天。
心底清净方为道，退步原来是向前。

写小麦的诗词最著名的当是唐代白居易的《观刈麦》:“田家少闲月，五月人倍忙。夜来南风起，小麦覆陇黄……”，诗歌有些长，就是写看人家割麦子。小满季节，自然麦子还没有割，灌浆逐渐到饱满，饱满之后到成熟，还有一个过程。但这时候，走到麦田深处，一股青青的麦香已经扑鼻而来。

常常坐高铁，北京上海两地跑，天津以南，就是华北平原，大片青翠的农田，一望无际。工工整整的，从铁路路基开始延伸到远方。据同行者说，这无边的青翠就是小麦。突然涌出一份感动，一份安心，虽然土地抛荒大规模存在，但还是能看到大片的麦田，似乎每隔几个小时就要补充的肚子，还是能有保障。仓廪实而知礼节，我可不想饿着肚子念诗。中医认为，小满季节，是生长和消耗都最大的时候，补充营养最为重要。不要刻意减肥，否则身体会有所亏欠。可惜，小时候，这个时候，吃不饱乃至饿肚子是常态。

我从小生长在皖西山区，以水稻为主粮，但小麦也是主要的食品。记忆中，在端午前后，用新鲜的小麦磨出的粉，来做小麦粑，这是很珍贵的东西。蒸好之后，左邻右舍都要送几个尝鲜。

蒸小麦粑，有一道工序必不可少，那就是要去采新鲜的粑树叶——大仙至今不知道用的是什么树叶，采回来用剪刀剪成圆圆的形状，然后来垫在粑下面来蒸。蒸出的小麦粑，兼有小麦和树叶的香味，那是城市里的再好的馒头也无法复制的味道。至今，仍是常常思念，不知道这道工序失传了没有。小满季节，除了麦子，大多数植物都还是在成长过程中，没有成熟。但是大麦熟了。

栩菴力高士与同散步二首

（宋）白玉蟾

老槐苍苍嫩槐绿，
小麦青青大麦黄。
燕已生雏莺已去，
落花不管蜂蝶忙。

“老槐苍苍嫩槐绿，小

麦青青大麦黄”，说的就是这个意思。小麦无芒，大麦有芒。小麦做粑，大麦只能煮那种麦米饭，或者单煮，或者伴着一些大米来住，都像夹生饭一样很难下咽，完全没有大米饭的细腻和柔软。大麦还可以炒熟，磨成粉，冲兑在用米煮成的稀饭里面，倒是有十分的香味。这个季节，米是稀罕的东西，稀饭已经照得进人影，全靠大麦粉去填空——填肚子的空。“燕已生雏莺已去，落花不管蜂蝶忙”，由于青黄不接，我们这些正在饿肚子的孩子，已经顾不上燕子生雏，莺已飞走，更不会注意花和蜂蝶日子是好是坏了。

第一篇　一晴方觉夏深

到虹桥工作后，才发现上海真的不大。晴天，特别是雨后初晴，从虹桥的高架上，可以清晰地看到浦东陆家嘴“厨房四件套”，上海中心、环球、金茂和东方明珠，黑乎乎的杵在天边，既不那么美，也不那么丑。大上海，其实并不大。只是不断增加的交通时间，扩大了人们心理上的距离罢了。

我所供职的虹桥绿谷，几乎所有春天的花都谢了。不知不觉，嫩黄的树叶也已经变深，成为一片翠绿，夏天的浓郁已经呼之欲出。路边的小竹林，青翠迷人。前些日子还是竹笋，现在已经长到跟成年的竹子一样的高度，笋衣开始脱落。有些笋子长到了竹林外，让园林工人纠结，不剪显得乱，剪了又心痛。白玉兰，前几天还是花苞，已经绽开出硕大的花朵。夏天的花开始登场了。

想起上海诗人金玉明写的一首诗。其中有一句话“遇见季节之美”，多么好的一句话。季节于每一个人，是公正的，不会偏袒任何一个人。寒冷也罢，暑热也罢，雨天也罢，晴天也罢，都不偏不倚地成为每一个人的外在环境。

可是有人抱怨，有人被动地逆来顺受，有人却能“遇见季节之美”。

喜　晴

（宋）范成大

窗间梅熟落蒂，墙下笋成出林。
连雨不知春去，一晴方觉夏深。

这是一首六言诗。格律诗所谓几言，就是一句有几个字。五言，就是每句五个字，比如“春眠不觉晓，处处闻啼鸟”；七言，就是每句七个字，比如“朝辞白帝彩云间，千里江陵一日还”；六言诗比较少，原因就是六言诗，两个字、两个字的念，最后气势上会停顿，不像五言诗、七言诗，最后三个字会形成气势。所以写的人不多，写得好的更少。但六言诗适宜于写景，写田园生活——那种生活，只有恬淡，不要气势。比如李白下面的这首诗，自然的风景，恬淡的生活，让现代都市中忙忙碌碌的人十分羡慕：

春　景

（唐）李　白

门对鹤溪流水，

云连雁宕仙家。
谁解幽人幽意，
惯看山鸟山花。

写得更好的还有下一首，王维写这种隐逸生活超过李白。李白一生，对世俗的功名利禄，其实是挺有追求的，与之相比，王维的内心更加宁静。

田园乐

（唐）王　维

桃红复含宿雨，柳绿更带朝烟。
花落家童未扫，莺啼山客犹眠。

再比如范成大的《喜晴》。意思明白如话：窗前的梅熟蒂落了，墙角下的竹笋也长成了林。整天下雨都不知道春天已经结束了，天一晴才发现原来已到深夏。好一个无忧无虑，不知时间流逝，不

觉春之已去的恬淡人生。

很喜欢这些六言诗，写六言诗有技巧，常常前面两句是一副对联，后面两句又是一副对联。上面几首诗都是这样。六言诗因为写景为主，景中含有禅意，画面感都很强。

第二篇　溪头卧剥莲蓬

孔子一个学生叫曾点，曾点的儿子叫曾参，曾参也是孔子的学生。有一次曾点带曾参去给豆子除草，曾参不小心，把豆子的根锄断了。曾点二话不说，一棍子就把曾参打晕了，半天才醒过来。曾参醒来后，还问，老爸，我让您这么生气，您没有气坏吧？以孝顺而著名的曾参，后来成了比父亲更加有成就的思想家。这就是所谓的“棍棒底下出孝子”。

其实，体罚小孩曾是各个国家共同的问题。每年的4月30日，叫“无巴掌日”，或者“国际不打小孩日”。顾名思义，就是要求不打小孩。依我的直接和间接经验——主要是间接经验，获得这个知识多么不容易啊——体罚小孩的工具，主要分两类，第一类纯天然的，主要是手，分巴掌和“爆栗”两种，巴掌主要针对屁股，“啪啪”的声音，很沉闷，如果不把裤子扯下来，隔着衣服打，一般都不痛，形式大于内容，就是阵势很吓人；“爆栗”简单得多，就是手指弯起来，用食指的指节凸起处来叩脑袋，声音清脆，局部痛点鲜明，我五年级的班主任王佐怀老师就是远近闻名的“爆栗”大师，多少无法无天的小伙伴们谈之色变。还有一类是经过粗加工的天然产品，棍棒啊，竹枝啊……自己生的亲骨肉，既不苦大仇深，又不是公堂上的严刑拷打，所以像曾点那样用一棍子打晕是罕见的。乡亲们多半用的是竹枝，这玩意折去了小枝叶，光溜溜的，硬度高，弹性好，打在皮肤上，一溜的红印子，疼痛感直往肉里面钻。

我们六十年代生的人，真是可怜。不但在家里要挨打，送进学校时，家长还反复叮嘱，如果不听话，尽管打。哪像现在，不要说老师打学生，学生不打老师，老师就感恩戴德，谢地谢天谢祖宗了。不信，哪个老师打个学生试一试看？

清平乐·村居

（宋）辛弃疾

茅檐低小，溪上青青草。
醉里吴音相媚好，白发谁家翁媪？

大儿锄豆溪东，中儿正织鸡笼。
最喜小儿亡赖，溪头卧剥莲蓬。

扯远了。念这首词。这首词写了好几个人，老人，大儿子，二儿子，还有估计是老来得子的小儿子。草屋的茅檐又低又小，溪边长满了碧绿的小草。含有醉意的吴地方言，听起来温柔又美好，那满头白发的老人是谁家的呀？吴音：吴地的方言。相媚好：指相互说话，声音好听。翁媪（ǎo）：老翁、老妇。大儿子在溪东边的豆田锄草，二儿子正忙于编织鸡笼。最令人喜爱的是小儿子，他正横卧在溪头草丛，剥食着刚摘下的莲蓬。亡（wú）赖：指小孩顽皮、淘气。这个场景好温馨啊，虽然生活很简陋，住的是茅草房子，但田园生活，悠然自得，一家五口，其乐融融。

突然发现，按照现在的标准，这一家超生了。又自己可怜自己起来。五十年代的人管得不严，可以偷生，七十年代的人赶上了放开二胎……管得滴水不漏的只有六十年代的人。与这首词，气息想通的诗，我觉得非下面一首莫属了：

四时田园杂兴

（宋）范成大

昼出耕田夜绩麻，
村庄儿女各当家。
童孙未解供耕织，
也傍桑阴学种瓜。

第三篇　淡妆浓抹总相宜

自古以来好的诗人，我最喜欢的是苏轼；普天之下美的景色，我最喜欢的是西湖。所以，苏轼写西湖的诗，我也最喜欢。把西湖比喻成西施，真亏他想得到。西施是谁？中国四大美女之首啊！春秋时候越国的大美女，据说就生活在浙江诸暨、绍兴、杭州一带。她的故事，我以后还会讲。

饮湖上初晴后雨

（宋）苏　轼

水光潋滟晴方好，山色空蒙雨亦奇。
欲把西湖比西子，淡妆浓抹总相宜。

初夏去西湖，最适合念这首诗了。西湖上先是晴天（初晴），然后转为雨天（后雨）。苏东坡（就是苏轼啦）在西湖上饮酒，写下这首诗。意思是说，天晴时，水面波光粼粼，当然非常美；下雨时，山色细雨迷茫，也非常奇妙。潋滟（liàn yàn）：水波荡漾、波光闪动的样子。空蒙（kōng méng）：细雨迷蒙的样子。如果把西湖比喻成西子（美女西施），不论是淡雅的化妆，还是浓艳的打扮，都显得恰到好处。

好好的一首诗，被我这么一翻译，就不好看了。所以，诗歌不要翻译，意会就可以了。如果你有机会带孩子在西湖旁边住上几次，让孩子看到西湖春夏秋冬、阴晴雨雪不同的季节，不同的气候，孩子一定会对这首诗有非常直观的感受。

苏东坡这么一写，后人就把西湖也叫西子湖了。像西施一样美丽的湖，淡妆浓抹都很美丽。但这种美丽，只可意会不可言传呢。现在的西湖，游人多了，有些喧嚣，所以只能静下来，慢慢体验西湖之美。描写西湖的诗，春天时候念过一首，最美，读你千遍而不厌倦：

钱塘湖春行

（唐）白居易

孤山寺北贾亭西，
水面初平云脚低。
几处早莺争暖树，
谁家新燕啄春泥。
乱花渐欲迷人眼，
浅草才能没马蹄。
最爱湖东行不足，
绿杨阴里白沙堤。

夏天提前教一首，这一首是季夏了，农历六月的景致：

晓出净慈寺送林子方

（宋）杨万里

毕竟西湖六月中，
风光不与四时同。
接天莲叶无穷碧，
映日荷花别样红。

第四篇　梅子黄时雨

梅雨，是长江流域初夏季节特有的天气。通常，每年六月中旬到七月上旬是梅雨季节。进入梅雨季节后，江南一带几乎天天都在下雨。一会儿阴雨绵绵，雨点飘洒着钻进雨伞，湿了行人的发梢衣衫。一会儿倾盆大雨，豆大的雨点从变黑的天空倾泻下来，地上很快积水成洼，浸透了行人的鞋袜。即便不下雨的时候，也让人感到闷热潮湿，身上热乎乎、湿漉漉地难受。怪不得，有人讨厌江南的梅雨天。

可是我喜欢梅雨。梅雨季节的充沛雨水对农作物生长尤其是水稻插秧十分有利。作为农民的儿子，我深深地知道，没有梅雨，就没有江南的鱼米之乡。

青玉案

（宋）贺　铸

凌波不过横塘路，但目送、芳尘去。
锦瑟华年谁与度？
月桥花院，琐窗朱户，只有春知处。

飞云冉冉蘅皋暮，彩笔新题断肠句。
试问闲情都几许？

一川烟草，满城风絮，梅子黄时雨。

“试问闲愁都几许，一川烟草，满城风絮，梅子黄时雨”，使贺铸享誉天下，被人称为“贺梅子”。词的意思是说，她轻盈的脚步没有越过横塘路，我伤心地目送她像芳尘一样飘去。这锦绣华年在和谁共度？是在月下桥边花院里，还是在花窗朱门大户？只有春风才知道她的居处。飘飞的云彩舒卷自如，城郊日色将暮，我挥起彩笔刚刚写下断肠的诗句。如果问我的愁情究竟有多少？就像那一望无垠的轻烟中的青草，满城翻飞的柳絮，梅子黄时的绵绵细雨。蘅皋（héng gāo）：长着香草的沼泽中的高地。

这首词并不是写梅雨。只是拿梅雨来比喻自己的痴情和愁绪。“一川烟草，满城风絮，梅子黄时雨”，连设三个比喻，烟草、风絮、梅雨如雾，多美的意境！享受梅雨吧。既然讨厌也赶不走它。不信，找个你喜欢的人呢，共着一把小雨伞，在梅雨中漫步，你会希望雨就这样永远下个不停。

最后说说这个贺铸。贺铸并不是一个纤弱的公子，相反他是一个豪迈之人，为人处世很像侠客。侠骨柔肠，他有一首悼念他亡妻的词感人肺腑，催人泪下。

鹧鸪天

（宋）贺　铸

重过阊门万事非，
同来何事不同归？
梧桐半死清霜后，
头白鸳鸯失伴飞。

原上草，露初晞。
旧栖新垅两依依。
空床卧听南窗雨，
谁复挑灯夜补衣？

大家公认这首词与苏轼《江城子（十年生死两茫茫）》一样，有着巨大的感染人的力量。

江城子

（宋）苏　轼

十年生死两茫茫，不思量，自难忘。
千里孤坟，无处话凄凉。
纵使相逢应不识，尘满面，鬓如霜。

夜来幽梦忽还乡，小轩窗，正梳妆。
相顾无言，惟有泪千行。
料得年年肠断处，明月夜，短松冈。

第五篇　黄梅时节家家雨

上篇写梅雨，没写完，继续写梅雨。不出门，不知道天下事。人过四十，到美国进修学习，才知道，黄梅季节原来是中国特有的气候，而且是中国长江流域才有的。江南的春夏，特别是到了梅雨季节，嘀嗒淋淋的，闷热潮湿。一些从北方来的朋友很不适应，出个差，事情一办完，逃一样的飞奔着回去了。此后，一有机会就诉说自己梅雨时节来江浙出差的"湿痛"经历：洗一件衣服，房间里挂一周都不干，不得已穿在身上，冰湿的，冒着溲气。每天洗澡换衣，换到没得穿。

约　客

（南宋）赵师秀

黄梅时节家家雨，
青草池塘处处蛙。
有约不来过夜半，
闲敲棋子落灯花。

可是，对于在江南长大，在江南生活的人，梅雨时节，天气湿闷了些，一年干梅，一年湿梅，腻烦得很，也总是不免要抱怨几声，却谁心里也没真那么厌恶愁苦。像

上海一带，梅雨前前后后不过两三周的时间，气温还真没窜得太高，到一出了梅，你就知道了，温度计上的刻度指示像患了高血压一样噌噌地往上蹿，炎热的夏天就真的一下子蹦到眼前，挡也挡不住地来到了，还不如下雨舒服。

闲居初夏午睡起

（宋）杨万里

梅子留酸软齿牙，芭蕉分绿与窗纱。
日长睡起无情思，闲看儿童捉柳花。

梅子没有成熟的时候，酸掉牙齿。等到梅子成熟时，“梅子金黄杏子肥”，口水都流下来了。这里的梅子是乌梅。等青青的乌梅果子一边慢慢变黄，淅淅沥沥的梅雨一边就落下来。所以江南的梅雨天也叫黄梅天——可别写成“黄霉天”哦，虽然梅雨时连日不开的阴霾天气确实容易滋生霉菌，虽然也真有“霉天”一说，可真是不喜欢。另外还要记住，这里的梅子说的还不是杨梅。可这确是吃杨梅的时候。江浙一带，盛产杨梅。大大小小的杨梅，从树上采摘下来，小编篓子装着，衬着青翠清香的叶子，熟透的杨梅，泛着乌紫鲜亮的光，看着就满口生津。洗净了，咬一口，饱满清凉的汁水，酸酸甜甜，真是过瘾！熟透的好杨梅，甜蜜多汁，一不当心，忘情地多吃了几颗，到吃饭的时候，你就知道，惨，牙已然倒了，豆腐都咬不动。

描写梅雨时节的诗歌，这首写的是湿梅。还有干梅，就是不下雨。喏，下面这首，也很著名。

三衢道中

（宋）曾 几

梅子黄时日日晴，
小溪泛尽却山行。
绿阴不减来时路，
添得黄鹂四五声。

湿梅叫“黄梅时节家家雨”，干梅是“梅子黄时日日晴”，那有没有中间情况呢，一个黄梅季节，有时候下雨、有时候天晴？有，那就是半阴半晴的黄梅天。

初夏游张园

（宋）戴复古

乳鸭池塘水浅深，

熟梅天气半阴晴。
东园载酒西园醉，
摘尽枇杷一树金。

阳光底下没有新鲜事，你今天碰到的情况，古人都碰到了，也都写到了。

第三章

芒种

一把青秧趁手青，轻烟漠漠雨冥冥

芒种，二十四节气中第九个节气，也是最独特的一个节气。二十四节气中，只有“芒种”命名直接与粮食有关。“民以食为天”，“手中有粮，心中不慌”，“人是铁，饭是钢，一顿不吃饿得慌”。可见，吃为人生之本。据研究者说，中国人只要有一口饭吃，就不会大乱。

二十四节气的取名都极为好懂，哪怕是“惊蛰”，看起来字比较难，但知道蛰是冬眠的虫，“惊蛰”的意思就非常清楚了。唯有“芒种”，一直有一些解释上的分歧。“芒”，据字典解释，“某些禾本科植物种子壳上的细刺”。不错，“针尖对麦芒”、“芒刺在背”，就是这个“芒”。“初露锋芒”、“光芒四射”是这个“芒”的延伸。“芒种”的“芒”，就是指最常见的大麦小麦。可是这个季节不是要种大麦、小麦啊。恰恰相反，大麦、小麦已经成熟，要赶紧收割了。但这个节气里，同时又要忙着“种”，水稻、黍、稷等夏播作物也正是播种最忙的季节。所以有人解释说，芒种，是“收芒”和“种稻”的缩写，也有人说，“芒种”就是“忙种”。

插秧，是这个季节最重要的农活。南宋诗人虞似良《横溪堂春晓》是与插秧相关的最著名的一首诗，描写了江南水乡插秧后的田野景色。

横溪堂春晓

（宋）虞似良

一把青秧趁手青，轻烟漠漠雨冥冥。

东风染尽三千顷，白鹭飞来无处停。

这首《横溪堂春晓》写得好有诗情画意。但殊不知插秧是最重的体力活，没有之一。整天站在水田里，弯着腰，一手拿着秧苗，一手分成一小撮，一撮一撮插进水田里，竖成列，横成行。不一会儿，腰就累得受不了。更何况，还有背上的骄阳，水里的蚂蟥——这家伙盯在腿上，拼命地吸血，即便扯下来，也像在腿上打了一个洞一样，半天血流不止。

“忙”是这个节气的特征。“芒种”谐音“忙种”。俗话说，“春争日，夏争时”。抢收，这个季节雨水多，特别是大风、暴雨——中国内地少有的龙卷风，就多产生于这个季节，好不容易成熟的麦子要颗粒归仓，不能被风雨糟蹋了。抢种，赶紧种水稻。我们皖西南农村说的“双抢”倒不是这个季节，是专指早稻抢收、晚稻抢种，那还要等到小暑之后。

时　雨

（宋）陆　游

时雨及芒种，四野皆插秧。

家家麦饭美，处处菱歌长。

新鲜收获的麦子，可以做麦饭。“家家麦饭美，处处菱歌长”，前半句就是指的这个场景。饿了两三个月，终于可以吃饱了。收获了小麦，一定要做小麦粑。雪白的小麦粉，和好，发酵好，蒸小麦粑。蒸小麦粑要垫“粑叶”。我们把青檀皮树就叫做“粑叶树”，叶子又大又圆。采好粑叶，剪成圆圆的形状，一个一个圆圆的粑就垫在上面，放进蒸笼蒸。蒸好的粑，既有新鲜麦粉的香味，还有一股粑叶的清香。即便现在城里最好的馒头，也难以与之媲美。

芒种，你吃粑了吗？

【关于芒种的延伸阅读】

芒种季节天气炎热，各种物品容易发霉，蚊虫开始滋生，极易传染疾病。也是肠胃病高发时节。这一时期的健身养生应注意以下几个方面：

精神方面，应使自己保持轻松愉快的心情，忌恼怒忧郁，这样可使气机得以宣畅、通泄得以自如。起居方面，要顺应昼长夜短的季节特点，晚睡早起，适当地接受阳光照射但要避开太阳直射、注意防暑，以顺应旺盛的阳气，利于气血运行、振奋精神；中午最好能小睡一会，以解除疲劳，利于健康。

芒种期间的饮食宜以清补为主。从营养学角度看，饮食清淡在养生中起着重要作用，如蔬菜、豆类可为人体提供所必需的糖类、蛋白质、脂肪和矿物质等营养素及大量的维生素，因此，芒种期间要多食蔬菜、豆类、水果，如菠萝、苦瓜、西瓜、荔枝、芒果、绿豆、赤豆等。这些食物含有丰富的维生素、蛋白质、脂肪、糖等，可提高机体的抗病能力；还要多吃瓜果蔬菜。

“芒种夏至天，走路要人牵；牵的要人拉，拉的要人推”。懒散、头脑不清爽是多数人在芒种时节的状态。天气炎热，雨水增多，湿热之气到处弥漫，使人身之所及、呼吸之所受均不离湿热之气。

第一篇　把酒话桑麻

不知道为什么，诗歌史上有很多天才时运很背，一生不得志，孟浩然也算一个。关于孟浩然有这么一段子：有一天王维邀请孟浩然到家里做客，正好唐玄宗也大驾光临。一听说皇帝驾到，孟浩然大惊之下，躲到床底下去了。王维倒是觉得，这正好是一个举荐孟浩然的机会，就对玄宗说了实话。玄宗一听就说："好啊，据说孟浩然诗写得不错，让他出来给朕念几首。"多大一机会就要落到头上，可惜也不知道孟浩然脑袋里哪根筋抽风，偏偏念了这么几句："不才明主弃，多病故人疏。"玄宗一听不乐意了，就说："小孟，分明是你自己不想当官，怎么能说我不要你呢。罢了，你既然不想当官，就继续游山玩水去吧。"就这样，小孟就和几百年以后的柳永一样，奉旨写诗去了。

过故人庄

（唐）孟浩然

故人具鸡黍，邀我至田家。
绿树村边合，青山郭外斜。
开轩面场圃，把酒话桑麻。
待到重阳日，还来就菊花。

历史上，孟浩然或许并没有真的见过唐玄宗，不过，他的诗平易朴素却是不假的。比如，这首七律，就在严整地格律中写出了陶渊明的味道：我的老朋友准备了黄米饭和鸡肉，邀请我到他的农舍做客。他的家园在一个小村内，有翠绿的树木环绕，村子四周青山横斜。落座之后，打开窗子，就能看到打谷场和菜园。我和老友举杯畅饮，谈论着今年庄稼的长势。想象着等到重阳节的时候，我还要再来品尝菊花酒。

本人也是一个小吃货，念着这首诗的时候，经常想象着孟浩然这一餐农家菜的菜谱，就琢磨着那饭桌上有鸡肉怎么就没有鸡蛋呢？莫非，小孟粗疏忘记写了？尤其可恨的是，我穷搜数日，别说孟浩然没写过鸡蛋，我竟然找不到一首描写鸡蛋的诗词。如果哪位高人知道，千万告知一下。

虽说孟浩然的农家菜菜单上没有鸡蛋一味，但是我好歹在清朝老饕袁枚的《随园食单》里找到了一味“蒸蛋”，袁枚当年是这么做的：“鸡蛋去壳放碗中，将竹箸打一千回蒸之，绝嫩。”说起蒸蛋，我还是有点发言权的，因为我几乎吃了三十几年的蒸蛋。（李治国）

第二篇　五月榴花照眼明

盛夏。窗外草木葳蕤，枇杷、杨梅、杏子的果实都已经到了让人垂涎欲滴的季节。唯有石榴花开得正好，青翠的叶子中间，火红色的花朵成串成球，煞是耀眼。大自然真是善待人类，几乎一年四季都给人类准备了花朵。确实，也有很多人爱花。花之烂漫芳华，总会令人生出无限的情意。

题张十一旅舍三咏·榴花

（唐）韩　愈

五月榴花照眼明，枝间时见子初成。
可怜此地无车马，颠倒苍苔落绛英。

爱花的人同有一个美名，就是“花痴”。其实“痴”也是有浅有深，可以是戏言，也可以是的语。至于大家觉得到何种程度就能称为“痴”，见仁见智。在我看来，很多人颇类叶公好龙，多是一种浅显的爱，不能称“痴”。最可恨的是世俗所谓

"花痴"，专指一类用情不专，拈花惹草，常向花丛眠的狂蜂浪蝶，真是玷污了这个"痴"字，还带累了"花"。

真的"痴"，情深义重，执着专情，是无时无刻不心心念念的牵挂，是情到深处，愿意舍命相护，生死相随的爱。花中之痴，当数灌园叟秋先。他那些种花护花惜花葬花浴花的行为，种种异于常人，就是一个为花而生的人。那一段恨人攀枝折朵的议论，无限体恤怜爱痛惜，可不正是花中的知音！这样一个人，因花惹来贪横的强豪欺凌，以至于被污入狱，说来真是自古就世情不堪。

《聊斋》中痴人最多。譬如《黄英》中的冯子才之于菊花；《葛巾》中的常大用之于牡丹。又有《石清虚》中的"石痴"刑云飞，一切都随石或喜或悲，奇石贵于生命，结果得罪当权，因石坐狱，最后为石殉生。现实世界浅薄，贪婪，奸诈，面目可憎，这些痴人，美好的结局只存在于充满浪漫主义色彩的想象和祝愿中。故事里，这些"花痴"们，有花神花仙舍身相报；"石痴"也有石头以自碎自毁来报答痴爱之情。万物的灵性与有情更甚于人性，岂不可叹！

说来很不好意思，自小爱花，认识不少花花草草，也曾被人戏称作"花痴"。可是真是惭愧，也不敢接受，真的算不上，充其量只不过是浅薄的好"色"之徒而已。之前见月季花开得如云似锦，心中喜爱，念了一首《月季花》。忽然看到窗外有火红的石榴花开了，也很高兴。立即想到"五月榴花照眼明"的句子，实在是因"色"而起。这个"照眼明"可真是神来之笔，石榴花可不是红得热烈纯净，如火般明亮，耀人眼目。其花形又是繁繁复复花边宛转的样子。

大概因为这些，古代就有“石榴裙”，指女子裙服色如石榴之红。女子穿之俏丽动人，所以“石榴裙”又成了美女的代称。见到美女，就有人“拜倒在石榴裙下”；更有那不堪的，就“血色罗裙翻酒污”了。实在是可叹，榴花就是因为有了这么让人惊艳的“色”，结果招来了轻薄的“色”。

写到石榴裙的还有一首名作《如意娘》，把憔悴哀怨写得一唱三叹：“看朱成碧思纷纷，憔悴支离为忆君。不信比来长下泪，开箱验取石榴裙。”触目伤怀，思虑万千，一种凄切，寂寞，相思，自是情痴意长。可是，因为作者是武则天，就变成了八卦和猎奇，一干人津津乐道，武媚娘连人和诗一起被意淫了。

不说了，念诗吧：五月里，石榴花开了，红艳似火，耀眼夺目，隐约可见榴子结子于枝间。可是，这么好的花却无人来观赏，不见赏花人车马的痕迹，火红的榴花自个儿飘落在长着苍苔的地上——有人说，这首诗在说诗人自己的才华虽然如盛开的石榴花般灿烂耀眼，可是也只能和青苔一样平凡的人混迹在一起罢了，含蓄地表达了诗人怀才不遇的失落与心寒。对于这个延伸，也不敢妄加评论。想来韩老夫子当日，红遍大江南北，何时何地何事导致他发出这样怀才不遇的失落与心寒的感慨，很疑惑，也不想去考据。

可是，倒觉得，花自芬芳，并不是为取悦谁，即使一朝飘零，也自艳艳地绽放过。如果遇不到为她而“痴”的人，自开自落，有什么不好？就是“芳树无人花自落”，就是辛夷坞的木末芙蓉，花开花落，自性空灵，不染纤尘，自是一种风情，何需“可怜”呢？（小仙）

第三篇　子规声里雨如烟

那年“五一节”去安徽西部，岳西县有个地名叫天堂镇，金寨县有个地方叫天堂寨，真的名副其实，都是人间天堂。一条“悬挂式”的高速公路，从古南岳天柱山的脚下，向大别山深处挺进。沿着高速公路，山清水秀，自然不必说，薄雾萦绕的山峰，加上纯净得透明的空气，不亲身经历，不能想象。

虽然在大别山深处，但在山峰和山峰之间，各类叫“冲”、叫“榜”、叫“畈”的地方到处可见，梯田、溪流、瀑布、深潭……构成了山区特有的景观。点缀在山林、梯田旁的人家，有的粉墙黛瓦，有的两层小楼，时时刻刻提醒人们这是在人间，不是在天上。有一户人家竟然就在高速公路隧道的正上方，目测不到十几米。要是从家里地板往下挖，就可以直接空降到高速公路里面。

山冲里面，溪水潺潺而下，桃花只剩下星星点点的残红，倒是梯田的油菜花还在开着，想起唐代刘禹锡的《再游玄都观》。

再游玄都观

（唐）刘禹锡

百亩庭中半是苔，桃花净尽菜花开。

种桃道士归何处，前度刘郎今又来。

更多是沿路绵延不绝的白色的槐花，还有紫色的梧桐花。槐花的香味浓郁而从容，把公路裹挟在香味之中。连车子里面都有槐花的香味。遇到这样的景观，如果不停留下来，实在是一种遗憾。于是下得高速，随便找一条乡村公路走一走，峰回路转，一个个溪涧、峡谷、水潭就在身边。

还看到一些奇特的地名。比如割肚乡。比如响肠镇。开出山区，遇到大片的平原，又是另一番景观。平原又被一块块的水田分割成大大小小的、有规则或没有规则的方块。有的田已经平整好了，灌满了水，秧还没有插下去。与秧田交织，池塘和水网纵横。凡是有水的地方都泛着白光，不管是池塘、河流，还是秧田。立即想起这首很久没有念过的《乡村四月》："乡村四月闲人少，才了蚕桑又插田"。了（liǎo）：结束。

乡村四月

（宋）翁　卷

绿遍山原白满川，子规声里雨如烟。

乡村四月闲人少，才了蚕桑又插田。

这种景致太美了，美得让人心醉；太写实了，写实得恍若人间仙境。在城里生活得久了，相信每一个人念到这四句，都会有一种亲近自然的冲动。这种景致，套用一句时髦的话，让人“望得见山，看得见水，记得住乡愁。”

第四篇 也傍桑阴学种瓜

年轻时逃离田园，年纪大了，居城市久了，却又向往起田园来。其实田园，不等于田园生活，田园生活也不是田园诗和田园牧歌，当然没有城里人想象的那么美丽。我在农村生活过，比较单纯，少许多钩心斗角，少许多尔虞我诈；宁静，没有喧嚣，空气、水和食品都是相对健康的。但是，真要生活在农村，穷、苦、累的概率，比城市大许多。

四时田园杂兴

（宋）范成大

昼出耘田夜绩麻，
村庄儿女各当家。
童孙未解供耕织，
也傍桑阴学种瓜。

这首《四时田园杂兴》写的是农村全家的耕种生活。大人们白天出门耕地，夜晚在家搓麻线，记住不是搓麻将。麻线是用来织布的，富人穿丝绸，穷人穿麻布（“遍身罗绮者，不是养蚕人”）。农家的老老少少、男男女女都有各自的事情。小孩子不懂得种田织布，却也学着大人在桑树阴下种起瓜来。童孙：幼童。供：

从事。这些场景都是农村中常见的现象，写得非常平常，又非常有特色。农民的勤劳，农村儿童的天真，透过手机屏幕，直奔眼帘。

范成大之所以把田园写得这么美，一个很重要的原因，他是退休佬，没有生存的压力。他是苏州吴县人，晚年隐居故乡石湖。《四时田园杂兴》是他退居家乡后写的一组大型的田园诗，分春日、晚春、夏日、秋日、冬日五个部分，每部分各十二首，共六十首。诗歌描写了农村四个季节的景色和农民有苦有乐的生活。我在里面也学到了很多本来都不懂的字。

四时田园杂兴

（宋）范成大

新筑场泥镜面平，家家打稻趁霜晴。
笑歌声里轻雷动，一夜连枷响到明。

我们皖西南农村有一种叫做“连（gāi）”的工具，打麦子，打各种豆子。一直不知道怎么写法。后来偶然从这首诗里知道了，写法是“连枷”。枷为什么念gai呢？原来现代语音中的ji，古代念g，现在不少方言里还有保存，特别是上海话、苏州话，比如“街”、“解”念gai，“讲”念gǎng，“间”念gan……仔细找一下，这种情况还有不少，是不是好玩啊。相应的，xi念h，比如“巷”念hang，“咸”念han……

第五篇　两人对酌山花开

民以食为天。饿肚子的人要吃，吃饱了还想酒。下面这首诗与喝酒有关。诗歌几乎是白话文写的。幽人是指隐居的高人，诗人写两个好朋友在山里喝酒，山花烂漫，你一杯我一杯，一杯接一杯。“花至半开，酒至微醺”，作者对朋友说，我醉了，想睡了，你先回去吧。明天要是还想喝酒就再带一把琴来。

山中与幽人对酌

（唐）李　白

两人对酌山花开，一杯一杯复一杯。
我醉欲眠卿且去，明朝有意抱琴来。

有人担心，倘若老朋友明天不来，那作者就只能自个儿喝酒了。其实李白一个人喝酒也是能喝出境界来的，比如《月下独酌》，“花间一壶酒，独酌无相亲，举杯邀明月，对影成三人。”这境界，叫物我两忘，天人合一，不知今夕何夕！

有好事者统计，在李白现存的千首诗中，涉及“酒”、“醉”等字的诗作，多达240首。李白写自己喝酒几乎都是“理性饮酒”，绝不醉驾的，但是从旁观者来看，这哥们绝对不是这么理性。杜甫《饮中八仙歌》这么写他：李白斗酒诗百篇，长安市上酒家眠。天子呼来不上船，自称臣是酒中仙。

岂止李白？唐人豪迈，一部《全唐诗》，酒气冲天。饮酒诗中，最喜欢的一首是白居易的《问刘十九》：

问刘十九

（唐）白居易

绿蚁新醅酒，红泥小火炉。
晚来天欲雪，能饮一杯无？

还没念完，心已醉了。白居易比李白晚生71年，无缘比比酒量，但我想白居易大抵是喝不过李白的，他说：一杯复两杯，多不过三四。便得心中适，尽忘身外事。在白居易诗中，老是看到他喝醉，每到一处任职就自号“醉尹”、“醉司

马”、“醉傅”，直到晚年退休了，还自号“醉吟先生”。而且两人喝酒的风格也不一样，白居易是适可而止，尽兴为好，李白则是不醉不罢休，通俗点说，白居易喝酒留量——那还能老是喝醉，可见是好酒无量，估计和欧阳修差不多，“饮少辄醉”。

斗酒诗百篇的李白算是个非常有趣的人，他说“天若不爱酒，酒星不在天。地若不爱酒，地应无酒泉。天地既爱酒，爱酒不愧天”。当然了，人家是酒中仙，把天地都强词夺理地拉入爱酒之列，确实彪悍。在杜甫《饮中八仙歌》中，还有一位让我钦佩的是左相李适之，“日费万钱”，饮如长鲸吸百川，可谓豪饮。据说此君一斗下去面不改色、心不乱跳。但论酒量，更胜一筹的当数汝阳王李琎了，“汝阳三斗始朝天”，饮酒三斗才上朝觐见天子，居然不怕领导开骂。

没见过唐朝的斗有多大，有人考证说唐朝的大斗相当于今天6升，小斗相当于今天2升。大斗买粮，小斗沽酒，也就是说1斗酒可以装满超市里最大的可口可乐瓶。当然唐朝人喝的是酒精度低的酿造酒，即米酒、黄酒、果酒之类，不是蒸馏烧酒，酒精度和米酒、啤酒差不多。即便如此，喝3斗（6 000毫升，差不多10瓶）米酒或者啤酒，不醉也把肚子撑圆了，向领导汇报工作时突然内急不知怎么解决。（魏宗凯）

第四章

夏至

赤日炎炎似火烧，野田禾稻半枯焦

“夏至”不是“夏天到了”的意思，是“最夏天”的意思。古代的“至”，除了表示“到”，还表示“最”。“至真”、“至善”、“至交”、“至高无上”，就是这个意思。为什么叫“最”呢？这一天太阳直射北回归线，太阳最正，白天最长。

从地球上看，太阳一直在北回归线和南回归线之间来回走动，一年一个来回。为什么我们感觉到有春夏秋冬，就是因为太阳在不同的位置。到了北回归线这天，就开始往南边走；到了南回归线这天，就开始往北边走。这两条线，所以都叫“回归线”。中学读书时，总是搞不懂什么叫“回归线”，考试常丢分。等到差不多搞懂了，又不考试了。真是遗憾。

夏至这天，太阳直射北回归线的时候，北半球太阳最正，太阳的影子最短。树个杆子就测得出来太阳影子最短，所以老祖宗几千年前最早测出了夏至这个节气。另外一个相对应的节气是“冬至”，太阳直射南回归线。早在三千多年前的周朝，中国古人通过树起一个竿子，来测量太阳的影子，从而测出了这两个节气的具体时间。那时候，世界上绝大部分民族还在茹毛饮血，中国人已经在研究天文地理知识了。

这一天北半球的白昼最长，而且越往北越长。海口日长13个小时，杭州14个小时，北京15个小时，漠河17个小时。到北极点，24小时是白天，就是极昼了。夏至以后，太阳直射地面的位置逐渐南移，北半球的白昼日渐缩短。民间有“吃过夏至面，一天短一线”的说法。北半球和南半球节气相反。北半球盛夏，南半球就是隆冬。北极极昼，南极就是极夜。

这一天阳气达到最盛。但盛极生衰，接下来阴气开始滋生。按照中医讲，在夏至后，饮食要以清泄暑热、增进食欲为目的，因此要多吃苦味食物，宜清补，白菜、苦瓜、丝瓜、黄瓜，都是很好的蔬菜。特别是在早晨要吃生姜。岭南地区特别是玉林，这天流行吃狗肉，据说狗肉和荔枝合在一起吃，反而不热。这一天是千万只狗儿蒙难的日子。一方面无数人追捧，一方面也在网上引发了无数人的抵制。

太阳直射北回归线，所以北半球接收到的太阳热量最多。但全年的气温还不是最高。因为地表的温度还在积累。所以高温季节还在后头。夏至以后地面受热强烈，空气对流旺盛，午后至傍晚常易形成雷阵雨。这种热雷雨来得快去得快，降雨范围小，“夏雨隔田坎”。

民　歌

《水浒传》

赤日炎炎似火烧，
野田禾稻半枯焦。
农夫心内如汤煮，
公子王孙把扇摇。

夏至之后，南方即将出梅，彻底的高温季节很快就来了。我们来念一首很著名的民歌：“赤日炎炎似火烧，野田禾稻半枯焦。农夫心内如汤煮，公子王孙把扇摇”。赤日：红日、烈日。与文人诗歌不一样，民歌的意思都是浅显如画，虽然过去了几百上千年，都还几乎用不着解释。

这首诗出现在《水浒传》著名故事“智取生辰纲”一回中（第十六回《杨志押送金银担，吴用智取生辰纲》）。大贪官、大权贵、大奸臣蔡京做寿，他的女婿北京大名府梁中书搜刮了十万贯金银财宝作为寿礼（“生辰纲”），派杨志押解去京城开封。

这个杨志武功不俗，出身不凡，乃北宋赫赫有名的杨家将的嫡传。杨志押送生辰纲行至黄泥冈时，又热又累，没有办法望梅止渴，在这种困境下，受一班饭桶下属所累，被晁盖、吴用等一帮英雄好汉设计给劫了。黄泥岗上，白日鼠白胜扮作挑酒桶的汉子，一边走，一边唱，唱出的就是这一首民谣。这是《水浒》最精彩的章节之一，揭开了一百零八位英雄好汉举旗起义的篇章。

“赤日炎炎似火烧，野田禾稻半枯焦”，是从天空写到地上。天上烈日当头，骄阳如火；地上稻禾枯焦，土地干裂。“农夫心内如汤煮，公子王孙把扇摇”，从农夫百姓写到公子王孙。旱情如虎，眼望着田里的稻禾枯死，一年收成无望，农夫心如汤煮油煎一般。那些公子王孙们，悠闲地摇起扇子，哪知道民间的疾苦。

这首民歌充满了焦躁难耐，充满了对抗仇视，预示了一个看起来很太平的社会，已经到了大变革、大动荡的前夜。

【关于夏至的延伸阅读】

夏季阳气盛于外。从夏至开始，阳极阴生，阴气居于内，所以，在夏至后，饮食要以清泄暑热、增进食欲为目的，因此要多吃苦味食物，宜清补。绿叶菜和瓜果类等水分多的蔬菜水果都是不错的选择，白菜、苦瓜、丝瓜、黄瓜等，都是很好的健胃食物。

而面条，也是夏至后被推荐的美食之一。在中国北方流行一句谚语："冬至饺子夏至面"，尤其是凉面，既能降火开胃，又不至于因寒凉而损害健康。

俗话说："饭不香，吃生姜"、"冬吃萝卜，夏吃姜"、"早上三片姜，赛过喝参汤"，都是对生姜所具有的营养价值和医疗作用所做的精辟的概括。夏季暑热，多数人食欲不振，而生姜有利于食物的消化和吸收，对于防暑度夏有一定益处。

第一篇　雏凤清于老凤声

到现在为止，还没有念过李商隐的诗。我最喜欢他的诗歌了。李商隐的诗有些忧郁，又有些昂扬；有些明晰，又有些难解，貌似清楚但又貌似晦涩，惹得后代无数人去解读。我教学生念诗的时候，曾经说过，他是中国最早的“朦胧诗人”。

寄酬韩冬郎兼呈畏之员外

（唐）李商隐

十岁裁诗走马成，
冷灰残烛动离情。
桐花万里丹山路，
雏凤清于老凤声。

这首诗可能有些人没有见过，一是因为课本上没有选这首诗，至少我没看到过。二是李商隐确实还有很多好诗，甚至更著名。比如“春蚕到死丝方尽，蜡炬成灰泪始干”、“身无彩凤双飞翼，心有灵犀一点通”、“天意怜幽草，人间重晚晴”、“夕阳无限好，只是近黄昏”，等等。

这首诗是赞美一个十岁的神童的。这个神童叫韩偓，小名冬郎，长大后也是一个诗人；他的父亲韩瞻，字畏之，“员外”是官名“员外郎”的简称。所以这首诗的题目就清楚了吧，是事后写诗回复冬郎，并且呈送冬郎老爹的。缘由呢，是诗人李商隐离开长安到四川去任职。当时从长安到四川，虽然路不算太远，但四川盆地周围都是高山，“蜀道之难，难于上青天”，见面是不容易的。韩瞻和李商隐是亲戚，韩瞻设宴为李商隐送别。十岁的天才少年冬郎在酒宴上，当场赋诗，像奔马一样飞速，所有人都惊呆了。五年之后，李商隐回忆此事，写了两首诗予以酬复。酬，报酬、报答，古代人们之间可以以金钱、以财物，也可以用诗文作报答。不像现在，只有金钱才是报酬，太俗气。一个大名鼎鼎的诗人，为一个乳臭未干的小子写诗酬复，也是千古美谈吧。

夜深了，红烛即将燃尽，留下点点冷灰，这情景触动了你的离情别绪。通往凤凰所居住的丹山，万里长路，桐花盛开，你们父子就像凤凰，雏凤的叫声要比老凤的声音更为清越动听。雏凤，幼凤，比喻韩冬郎；老凤，比喻冬郎之父，韩瞻。“桐花万里丹山路，雏凤清于老凤声”，最后这两句写得太好了。

要称赞人家小孩子一代更比一代强，就用这句诗：“雏凤清于老凤声”。显得很文雅，有水平。别人如果听不懂，那是素质问题。也可以用“青出于蓝而胜于蓝”，通俗一点，容易懂，但也显示不了你的修养，是不？千万不要用“长江后浪推前浪”，那是指下一代长大了，老一代该完蛋了，该退出历史舞台的意思。

补充说明一下，这首诗的原题是：《韩冬郎即席为诗相送，一座尽惊，他日余方追吟“连宵侍坐裴回久”之句，有老成之风，因成二绝寄酬兼呈畏之员外》。题目太长，被我简化了。

李商隐的朦胧诗，最典型的代表作是：

锦　瑟

（唐）李商隐

锦瑟无端五十弦，一弦一柱思华年。
庄生晓梦迷蝴蝶，望帝春心托杜鹃。
沧海月明珠有泪，蓝田日暖玉生烟。
此情可待成追忆，只是当时已惘然。

第二篇 牧童归去横牛背

六一节是这个节气里的节日。到了“六一节”，得祝孩子们节日快乐——可是，宝宝们真的快乐了吗？未必。倒是觉得现在做儿童，且考且成长，很累很可怜。近日关注了一个很好的公众微信“升学宝”，专门研究入托、入园、小升初，兼顾初升高。很多家长说，越看越焦虑，越焦虑越要看，升学里面的道道还真多。不看不行啊。

现在像上海这样的大城市，要想进一个好的幼儿园，经过面试这道关，已经是“理所当然”的了。面试，既要相貌俊俏，还得伶牙俐齿，更需能歌善舞。有一次听广播，介绍一个幼儿园，说他们主张减负，录取不难的，放一段贝多芬的音乐，宝宝听了音乐，找出表示相应情绪的人脸图片就可以了……我的妈呀！还不难？天生乐盲，又不会画画，要是当初这样，估计从幼儿园就开始失学了。社会在进步，可是这点或许今不如昔。

我小时候，只有两件事，上学和放牛。早晨九十点拖拖沓沓地去上学。那时小学就两门课——语文和算术。到下午三四点放学，没有家庭作业，不用学英语，没有听说过奥数，思想品德课也没有，更从来没有听见什么叫课外补习。

不上学的时候，就放牛。村庄在大别山深处，叫白寨，一般大小的放牛娃有十几个吧。现在正是初夏，是放牛最开心的季节。十几个放牛娃一早赶着约莫二十多头牛上山。山里天亮得迟、黑得快，说是一早，实际上恐怕也要八九点钟了，没有谁家有钟表。两顿饭，早饭在家胡乱吃了一点，中饭兼晚饭等收牛回来吃。一天就在山上度过。

山路崎岖，长长的牛队迤逦而上。找一个稍微平缓的山坡把牛放开，牛就沿着山坡吃草，慢慢散开，也不要什么照顾。收牛时，放牛娃一起呼唤，公牛、母牛，还有几头牛犊，都会自动集中，极少有牛走散。偶尔走散，也能在邻村找到。我们一帮顽童掷石子、找兰花、掏鸟窝、摘野果，在大自然之中其乐融融，一点不觉得时间有什么难熬，更不会像如今城里的孩子那样，提前感觉到人生的艰难。

村　晚

（宋）雷　震

草满池塘水满陂，
山衔落日浸寒漪。
牧童归去横牛背，
短笛无腔信口吹。

可惜我们放的是黄牛，而且是在山上，爬高就低的，不能骑牛。这首《牧童诗》写的骑牛，应该是在平原水乡生存的水牛。陂（bēi）：池塘。“牧童归去横牛背，短笛无腔信口吹。”多么自由自在的境界。再看下面一首诗，对比得就更加直截了当了：

牧童诗

（宋）黄庭坚

骑牛远远过前村，短笛横吹隔陇闻。
多少长安名利客，机关用尽不如君。

意思是说，牧童笛声隔着田埂，隔着田野，可以传得很远。到都城长安追逐名利的人，即便机关算尽，也得不到这种闲适、从容和幸福。陇（lǒng），田埂。长安，唐代都城，代指名利场。

谁能想到现在的孩子，也必须像大人一样，直面惨淡的、残酷的、充满竞争的人生。优质教育资源的缺乏，就业和发展机会的不平等，被迫使竞争压力不断前移。苦了现在的孩子。起早上学、作业做到深夜、双休还得补习的儿童，毫无疑问，是当今最辛苦的群体。他们，真的不那么幸福，或者没有我们想象或以为的那样幸福。有什么办法把童年还给孩子？

【关于儿童节的延伸阅读】

1925年8月，世界54个国家的代表在瑞士日内瓦举行“儿童幸福国际大会”，发表了爱护儿童、保障儿童福利的宣言。倡议建立儿童纪念日，英国、美国、日本等积极响应，先后建立了自己的儿童节。1931年，根据中华慈幼协会的建议，中国政府确定每年4月4日为儿童节。中国香港现在还是这个日子。

1938年，法西斯德国占领捷克。纳粹国家安全局（盖世太保）前局长、党卫军上将海德里希血腥统治着捷克，逮捕了包括捷克总理在内的多位爱国人士，枪杀了四百多人。1942年5月27日，两名捷克伞兵从英国空降而来，在战友的帮助下，成功地将海德里希在从郊区别墅驶往市中心的途中将其暗杀。这个杀人魔王的死在纳粹德国引起了强烈反响，希特勒下令对捷克人展开疯狂的报复行动。1942年6月10日，德国法西斯派兵包围利迪策村，枪杀了村中所有15岁以上的男子和婴儿。妇女和儿童被押送集中营，大多数在毒气室被害，战后生还者寥寥无几。

二战结束后，为了悼念利迪策村和全世界所有在战争中死难的儿童，反对杀害儿童，保障儿童权利，1949年11月，国际民主妇女联合会在莫斯科举行理事会议，决定以每年的6月1日为国际儿童节。1949年12月，中华人民共和国中央人民政府决定废除旧的儿童节，将6月1日作为儿童节。

世界上许多国家，如中国、俄罗斯都将6月1日定为儿童节。但也有很多国家定在不同的日子。日本、韩国、英国、巴西、瑞典、新加坡的日子都不同。

第三篇　白雨跳珠乱入船

夏天的西湖，忽阴忽晴，忽风忽雨，任性肆意，分外迷人。苏轼一生偏爱西湖，即使是一场暴雨，他也带着欢喜，兴致勃勃地欣赏着这乍雨还晴、风云变幻的西湖景象。这一场骤雨，丝毫未扫他游湖的兴，反而增添了情趣，他用一双慧眼打量世界，船在雨中，心情却置身雨外，夏日的一场滂沱大雨，成就了一首千古名诗。

望湖楼醉书

（宋）苏　轼

黑云翻墨未遮山，
白雨跳珠乱入船。
卷地风来忽吹散，
望湖楼下水如天。

关于雷雨，想起北京人艺上演名剧《雷雨》公益场遭学生观众笑场的新闻，演出时观众不仅哄堂大笑，还有人笑得从椅子上掉下来。演员非常不满，老艺术家们非常失望，年轻人非常委屈。的确，一般人都能忍住哭，笑是忍不住的，不信你试试，忍住笑几乎是不可能的。所以观众还是无辜的，剧组还得找找自身原因。

高中课文里有《雷雨》的片段，那时语文老师让我们分角色朗读，至今我还记得我念过的一句台词：“你是萍……凭什么打我的儿子？”光这句话，语文老师足足分析了半节课，我大概了念了N遍，才做到符合老师要求表达出人物的复杂心情。至今，我仍然喜欢这场戏，也看过电影，原著感情丰富、情节紧凑，每个人物血管里奔腾着爱恨情仇的激流，每个场景压抑着雷雨前无声的黑云翻滚，这部戏，无论在什么时候看都是经典。

虽然乱伦、自杀、电死等情节集中在一个时间一个家庭出现，按照今天的话来说，那叫个“天雷滚滚”，但是这绝不是媒体说的观众笑场的原因，莎士比亚的四大悲剧的剧情哪个不雷人？热演的阿加莎的悬疑话剧哪个不雷人？都没有听说过笑场啊，责怪观众的剧组是太傲娇了。听说人艺要来上海演《雷雨》，雷不雷，看观众是否买他们账了。好的作品，一定是很有诚意的，既不媚俗，也不端着，老老实实地把故事讲靠谱了，别忽悠观众就行。

忽然想起《小时代》，那叫一个大忽悠，看了第一部后坚决抵制后两部，雷人的剧情和低劣的价值观为“愤青”所不齿，至今为这么多年轻人追捧这部“装时代”的片子而痛心疾首。不提了，提起来都气。因此尽管《后会无期》拍得虎头蛇尾，但是好歹是一部有诚意的电影，就算是为了打败《小时代》，也呼吁大家去看，5分钟一个笑点，不谈理想神马的，至少也是个轻喜剧。

雷雨期间，新闻里有山洪暴发，有城市积水，我们这厢风花雪月，还有不少人水深火热。所以各位要惜福啊，近日天气时有阵雨，没事尽量少出门，出门前注意关窗，打雷时不要接手机。（俞秋勤）

第四篇　此心安处是吾乡

春天时，念了一首苏轼《定风波·莫听穿林打叶声》，“也无风雨也无晴”的人生境界赢得了无数人的共鸣。夏天再念一首苏轼《定风波·常羡人间琢玉郎》，什么是神仙眷属？什么是“你是风儿我是沙、缠缠绵绵到天涯”？这就是，有人认为这首词写尽了天下男人的梦想。

定风波

（宋）苏　轼

王定国歌儿曰柔奴，姓宇文氏，眉目娟丽，善应对，家世住京师。定国南迁归，余问柔：“广南风土，应是不好？”柔对曰：“此心安处，便是吾乡。”因为缀词云。

常羡人间琢玉郎，天教分付点酥娘。
自作清歌传皓齿，风起，雪飞炎海变清凉。

万里归来年愈少，微笑，笑时犹带岭梅香。
试问岭南应不好，却道，此心安处是吾乡。

北宋神宗年间，王安石推行新法。文坛领袖苏轼反对新

法，在诗文中多次表达了自己的观点。在皇帝的默许下，苏轼被抓进乌台，受尽折磨，几乎致死。乌台是御史台，古代专门“打老虎”的机构，汉代时御史台外柏树上有很多乌鸦，所以后人称御史台为乌台。苏轼没有贪污受贿的劣迹，是因为政见不同。不但苏轼遭罪，与他诗文来往的人，都遭到了牵连。那些负责审判的御史官员四处搜罗苏轼和好友诗文中的蛛丝马迹，并由此加罪于众人。这便是历史上著名的文字狱——乌台诗案。

其中一位好友就是王巩，字定国，被贬得最远，贬到地处岭南荒僻之地的宾州，现在的广西宾阳。当时，岭南尚未开发，气候炎热，瘴气肆虐，对北方的人来说，几乎就是死地。果然，王定国的一个儿子就在这里病死，王定国自己也差点病死。为此，苏轼非常内疚，因为自己，让朋友家破人亡，遭受了极大的苦难。

被贬岭南，一般人都躲之唯恐不及。他的歌女柔奴，复姓宇文，毅然随行到岭南。公元1083年，王巩被赦免回到京城。柔奴为苏轼劝酒。苏轼问及岭南的风土，柔奴回答：“此心安处，便是吾乡”。于是引发苏轼的感慨，怎么人世间会有这么样的好女子啊！有容貌，有才华，有思想……所以为她写了这首词（缀：连缀。缀词：作词的意思）。

琢玉郎，像玉雕琢出来的美男子，丰神俊朗，潇洒；点酥娘：像酥油油脂一样肌肤细腻的美女子。常常羡慕这人世间，还有如玉雕琢般丰神俊朗的美男子（王定国），就连上天也怜惜他，赠送他如此柔美细腻的美女子（柔奴），让他们在人世间相依相伴。那女子自己可以做歌，歌声轻妙，从她洁白如皓月的牙齿间传出，就像一股清风，雪片飞过炎热的夏日使世界变得清凉。现在，柔奴从遥远的地方归来，看起来更加年轻了，笑容依旧，笑颜里好像还带着岭南梅花的清香；我问道：岭南的风土应该不是很好吧？柔奴坦然答道：心安定的地方，便是我的故乡。

好一个柔奴！长得漂亮是不必说了，眉清目秀，皮肤又好，明眸皓齿，“天教分付点酥娘”；又有才，自己做歌自己唱，歌技高超，能让“雪飞炎海变清凉”；有情义，在别人躲之唯恐不及的时候，愿意随着落难的主人去万里之外，一起受苦；有思想，人生体验深刻，“此心安处是吾乡”这样有哲理的话，不是一般人能说出来的；逆生长，身处困境安之若素，面对磨难依然微笑，“万里归来年愈少”、“笑时犹带岭梅香”——这是这首词里我最喜欢的一句话，真的迷人，让人浮想联翩。连名字叫“柔奴”，温柔贤惠，溢于言表，也让很多男人喜欢了。

记得我们念大学时，熄灯后的卧谈会，美女是永恒的主题。张三喜欢谁谁谁，李四喜欢谁谁谁，大家心目中的美女，相差很多，莫衷一是。突然有一个同学说道，他此生什么都不求，只求有一个柔奴相伴。此语一出，鸦雀无声。瞬间我们在心里就把这个念头萦绕了千万遍。平时我们觉得他粗枝大叶，原来他比我们洞察力强得多。

“万里归来年愈少”、“笑时犹带岭梅香”，或许柔奴，真的是天下男人共同的梦想。有了柔奴这样的美女子、奇女子为伴，浪迹天涯，从此并肩看晚霞，你是风儿我是沙，还夫复何求？这样的人生，真的可以“此心安处是吾乡”了吧。

第五篇　怕得鱼惊不应人

我对乡村有着不老的情结和割不断的联系，孩子自出生始，就有许多时间生活在乡村。我时常带他去村外安静空旷处，看着他和野田禾苗为伴，在纷披杂花间戏耍，每当此时，心中洋溢着平静与幸福。

可能是母子心灵相通吧，孩子也特别喜欢开阔敞亮的乡间，每当带他到野外去呼吸新鲜空气，他就手舞足蹈，欢实得不得了；至于小鸡小鸭，小猫小狗，那更是一见到就兴奋不已，从我的怀里挣扎着要自己下地去追。刚会走路那会儿，有一次去外婆家，我想和外公说说话，就放开手让他一个人玩，没一会儿，外面小鸡"唧唧"连声，忙出去看看，好家伙，只见小鸡到处乱飞，惊慌四逃，而小家伙自己已经蹲到鸡窝里，两只小手各抓一个小鸡仔，看我去了，向我献宝："妈妈，看，小乖乖！"稚嫩而清亮的童音似乎至今还回荡在我的耳边。

看到孩子特别喜欢野外，我就尽量寻找机会带他去亲近大自然。而随着他年龄的增长，也渐渐会观察生活，自然而然地积累知识，当遇到某一个触机，就会自动引出脑海里存储的记忆。

小儿垂钓

（唐）胡令能

蓬头稚子学垂纶，侧坐莓苔草映身。

路人借问遥招手，怕得鱼惊不应人。

垂纶：钓鱼。纶：钓鱼用的丝线。莓：一种野草。记得有次带他在鱼塘边玩耍，看见有人垂钓，我不期然想到这首《小儿垂钓》，念出来试着教他也念念，可能因为孩子太小，对诗句不太感兴趣，反倒是对垂钓者看得很是专注，我就跟他解释说："宝宝知道吗？这是钓鱼，钓的鱼可以熬鱼汤给宝宝喝呀。"这件事过去了，我也没太放到心上。

我仍然是一到放假就带小家伙去"放野"。那天，风和日丽，暖风熏得人欲醉，我看看书，倦了，小家伙也玩累了。我们娘儿俩躺在草坡上晒太阳，"好舒服啊！"我不禁叹息出声，在草地上打了几个滚。宝宝看我"滚"远了，爬起来迈着还不很稳当的步子追我。可是当他跑到我跟前，见到我乱蓬蓬的头发时，脸上突然出现了惊喜的表情，好灿烂、好灿烂！就见他边拍手，蹦蹦跳跳着念道："蓬头稚子学垂纶，侧坐莓苔草映身。路人借问遥招手，怕得鱼惊不应人。"这下换做我惊喜啦，那一刻，天更蓝了！我搂着宝宝有不出的满足。

诗以儿童生活为题材，写一个稚气未脱的小儿在水边学钓的情景。稚子，小孩也。"蓬头"写其外貌，突出了小孩的幼稚顽皮，天真可爱。“纶”是钓丝，“垂纶”即题目中的“垂钓”，也就是钓鱼。诗人对这垂钓小儿的形貌不加粉饰，直写出山野孩子头发蓬乱的本来面目，使人觉得自然可爱与真实可信。小儿刚学垂钓，很小心很专注。“遥招手”，当路人问道，小儿害怕应答惊鱼，从老远招手而不回答，写出这个小孩，有心计，有韬略，机警聪明。形神兼备，意趣盎然。在平淡浅易的叙述中透露出无限童趣，很能吸引孩子去背起来。

诗字数稍多，并不十分的好念。但孩子在很小时就能记住，那不是硬教出来的。那是妈妈念叨加上自然的触发形成的记忆，可见，最有耐心的妈妈是大自然。所以，年轻的妈妈们，不可以因为背诗而责骂孩子，要给孩子机会去体验，去消化，那么，你的宝宝会给你不一样的惊喜哦。（张庆凤）

第五章 小暑

月明船笛参差起，风定池莲自在香

小暑。二十四节气中，这是第十一个节气。写小暑的诗歌很多，写得好的不多，北宋诗人、苏门四学士之一的晁补之写过一首《小暑》(一碗分来百越春，玉溪小暑却宜人。红尘它日同回首，能赋堂中偶坐身)，勉勉强强算最好的，写实中有些小感受、小情怀，但放在浩瀚的诗词海洋中，实在算不得佳作。

古诗词写二十四节气的，岂止汗牛充栋，像杜牧《清明》(清明时节雨纷纷，路上行人欲断魂。借问酒家何处有，牧童遥指杏花村)这样的作品，确实出类拔萃，但是也是凤毛麟角。其他诗歌中暗含节气的、以季节为逻辑的，那就有很多好诗了。我们教孩子按照季节念诗，让孩子在诗意中感受风花雪月，体验春夏秋冬。如果决心要学的，至少要一年为一个单元。

同样，世上花花草草何止千千万万，诗人都写过，诗词写花草的，梅兰竹菊、桃荷芙蓉写得好。其他多少也有，花中之王牡丹，中国诗人似乎不太喜欢，只有“唯有牡丹真国色，花开时节动京城”传世。

小暑季节吃卤鸡、吃花生米、凉拌黄瓜、喝啤酒，是最好的享受。暑，炎热的意思。小暑就是小热，天气开始炎热，但还没到最热。但今年长江中下游梅雨季节长，积雨成灾了。上海有些潮热，据说台风也要来了。只求今年的雨水不要太多。

以前在农村，最喜欢小暑这个季节。已经开始纳凉了，太阳下山后，大人把稻谷场扫干净，家家户户摆上竹凉床、竹椅子，傍晚端着饭碗就出来了。就着星星月亮吃好饭，就在竹凉床、竹椅子上，摇着芭蕉扇乘风凉。

一家一户只有一张竹凉床，这个往往是小孩子的专利。凉床越旧，竹片越黄，凉性越重。不要担心小孩子着凉，即便像我这样文文静静的读书娃，也不会躺多久，飞来飞去的萤火虫，实在勾人，忍不住爬起来要去追它，用扇子扑它，捡起来装进小玻璃药瓶子里，萤火虫的光透出来，把瓶子照得像传说中的宝瓶，但绝对照不了书本，所以古人说囊萤映雪，用萤火虫的光来看书，纯属是骗人的——可见心灵鸡汤绝对不是现代人的发明。

纳　凉

（宋）秦　观

携杖来追柳外凉，画桥南畔倚胡床。
月明船笛参差起，风定池莲自在香。

纳凉真是长知识的时候。大人们谈天文，北斗银河；谈地理，五岳九州；谈历史，汉唐宋元；谈小说，三国水浒；谈神话，织女牛郎；谈术数，周易推背……都是口口相传，真假莫辨。当然更多的是家长里短，嫁娶婚丧。偶尔还有大

人拉二胡、吹笛子……情调就更加浓郁了。

地方不同，情趣相似。这首《纳凉》:“携杖来追柳外凉，画桥南畔倚胡床。月明船笛参差起，风定池莲自在香”，描写了水乡纳凉的场景。胡床，就是那种简易的折叠床了。携杖、追柳，画桥、胡床，月明、船笛，风定、池莲……有动有静，有味有声。多么迷人、和谐的场景。

可惜，现在有了空调，有了电视，集体纳凉的机会一去不复返了。科技，造福人类，也让人失去了很多，失去了人和自然的互动。

【关于小暑的延伸阅读】

小暑是人体阳气最旺盛的时候，春夏养阳。所以人们在工作劳动之时，要注意劳逸结合，保护人体的阳气。小暑虽不是一年中最炎热的季节，但紧接着就是一年中最热的季节大暑，民间有“小暑大暑，上蒸下煮”之说。

小暑正是民间繁忙的时候，种植蔬菜，备足过冬；此时我国大部分地区也都在忙于夏秋作物的田间管理。炎热的气候，由于出汗多，消耗大，再加之劳累，人们更不能忽略对身体的养护。

俗话说，热在三伏。此时正是进入伏天的开始。伏，即伏藏的意思，所以人们应当少外出以避暑气。民间度过伏天的办法，就是吃清凉消暑的食品。俗话说“头伏饺子二伏面，三伏烙饼摊鸡蛋”。这种吃法便是为了使身体多出汗，排出体内的各种毒素。

天气热的时候要喝粥，用荷叶、土茯苓、扁豆、薏米、猪苓、泽泻、木棉花等材料煲成的消暑汤或粥，或甜或咸，非常适合此节气食用，多吃水果也有益的防暑，但是不要食用过量，以免增加肠胃负担，严重的会造成腹泻。

民间还有说法：冬不坐石，夏不坐木。暑过后，气温高、湿度大。久置露天里的木料，如椅凳等，经过露打雨淋，含水分较多，表面看上去是干的，可是经太阳一晒，温度升高，便会向外散发潮气，在上面坐久了，能诱发痔疮、风湿和关节炎等疾病。

时当小暑之季，气候炎热，人易感心烦不安，疲倦乏力，在自我养护和锻炼时，应按五脏主时，夏季为心所主而顾护心阳，平心静气，确保心脏机能的旺盛，以符合春夏养阳之原则。小暑还可常吃藕片、丝瓜、苦瓜、黄瓜、冬瓜以及淡水鱼、海带等，对身体都有益处。

第一篇　映日荷花别样红

我从小在山里面长大，自然见识了不少山里的东西。比如说，山谷里的野百合，那种惊艳，你看过吗？自然不可能。比如说，树丛中奔跑的獾子，那种狡黠，你见过吗？自然也不可能。更不必说我小时候的酷爱、酸酸甜甜、各种好吃的野果子了。但是，你不要遗憾，我也有很多东西小时候没有见过，哪怕最普通的西瓜、香蕉、葡萄。

没有见过的还有荷花——小时候念诗，总是念到荷花的诗词，一直惦记、一直想象，荷花是怎么样的一个玩意儿，那时候没有课外书，没有画报，没有电视……肚子里揣摩了千万遍，仍然是想不出，“荷叶罗裙一色裁，芙蓉向脸两边开”、“无端隔水抛莲子，遥被人知半日羞”、“接天莲叶无穷碧，映日荷花别样红”，是什么样的一种场景。直至到了江城芜湖——一个跟铁岭一样的大城市，才看到了真正的荷花。

那一刹，惊艳了。水里的花，竟然也如此的漂亮。一直认为，山花烂漫，只有山花才美丽呢。山里的溪流清亮而急促，留不住东西，除了岸边的水草外，是长不了荷花的。后来才知道，荷花必须长在静静的池塘或者湖泊里，最好底下有淤泥，营养丰富，所谓“出淤泥而不染”，没有淤泥还长不好呢。即便此时，对荷花的印象还是支离破碎的。不知道它的根，叫藕；也不知道它开花后的结果，叫莲蓬和莲子。

晓出净慈寺送林子方

（宋）杨万里

毕竟西湖六月中，
风光不与四时同。
接天莲叶无穷碧，
映日荷花别样红。

但这不影响念诗，不影响喜欢荷花。确实，荷花能够入得庙堂之高，能够出得江湖之远，文人雅士和凡夫俗子都喜欢。几乎没有人说荷花的坏处来。宋代还有人眼巴巴地写了《爱莲说》：

爱 莲 说

（宋）周敦颐

水陆草木之花，可爱者甚蕃。晋陶渊明独爱菊；自李唐来，世人甚爱牡丹；予独爱莲之出淤泥而不染，濯清涟而不妖，中通外直，不蔓不枝，香远益清，亭亭净植，可远观而不可亵玩焉。

予谓菊，花之隐逸者也；牡丹，花之富贵者也；莲，花之君子者也。噫！菊之爱，陶后鲜有闻；莲之爱，同予者何人？牡丹之爱，宜乎众矣。

好美，好直接，好肉麻。好喜欢这篇文章。有人说，要喜欢一个人，或者一个物，大胆说，说到位，说到极致，不要怕过分，不要怕肉麻。不怕极端，只要真诚。写荷花的诗词很多，这个杨万里，就写过三首，都很著名，都写到极致，他对荷花的知名度和美誉度提升太有贡献了。

小　池

（宋）杨万里

泉眼无声惜细流，
树阴照水爱晴柔。
小荷才露尖尖角，
早有蜻蜓立上头。

《晓出净慈寺送林子方》一共是两首，第一首也写得好。

晓出净慈寺送林子方（其一）

（宋）杨万里

出得西湖月尚残，
荷花荡里柳行间。
红香世界清凉国，
行了南山却北山。

念起来，怎么有妖精巡山的味道？

第二篇　荷叶罗裙一色裁

爱江南，有很多理由。春天，江南是笼在轻烟细雨里的江南。江南的风，“吹面不寒杨柳风”；江南的雨，“沾衣欲湿杏花雨”；江南的情，“自在飞花轻似梦”。一切都是那么温婉，细腻，脉脉含情，欲说还休。而初夏的江南，水波荡漾，天气晴柔娟好，有“绿树阴浓夏日长”，“满架蔷薇一院香”，更有“梅子金黄杏子肥”，还有即将到来的菱角、荷花。

菱花儿白，菱角儿香。最爱太湖的红菱，清脆水灵，有着如女子般娇艳的颜色。虽说到夏末，才是采菱的时节，却忍不住要先念一首明代诗人杨士奇的《发淮安》:“岸蓼疏红水荇青，茨菰花白小如蓱。双鬟短袖惭人见，背立船头自采菱”。

这就是一幅太湖上的风俗画。发淮安：船发江苏淮安之意。蓼（liǎo）：生长在水边的草本植物。荇（xìng）：浮在水面上的水生植物。蓼花红，水荇青，慈姑花白，犹如蓱（萍），而船上的小姑娘头扎两个发髻，穿着短袖衫，见有人来，似乎有点害羞，背立着船头自己在采菱——好一幅充满生机的画面。年轻美丽的采菱女，红、青、白的水上生物，还有碧绿的湖水，一抹抹色彩似浓重，又自然恬淡，物我交融。尤其爱那采菱的女孩儿，扎着双髻，背立采菱的羞态，让浓浓的诗意在眼前荡漾。

而荷花呢？此时才露尖尖角的小荷，很快就会在水面漫漫铺展，荷叶田田，鱼戏其中。盛夏时，风姿绰约的荷花就会满塘绽放。极爱荷花。荷花“出淤泥而不染，濯清涟而不妖”，干干净净，清芳自赏。在江南，还有“接天莲叶无穷碧，映日荷花别样红”的胜景，十里风荷，碧浪起伏；万朵莲花，红映朝霞。

采莲曲

（唐）王昌龄

荷叶罗裙一色裁，
芙蓉向脸两边开。
乱入池中看不见，
闻歌始觉有人来。

更有采莲的女子：“荷叶罗裙一色裁，芙蓉向脸两边开”。这些女孩子们，穿着绿色的罗裙，青春红艳的脸庞与荷花相互映照，哪里分得清，哪是荷叶，哪是罗裙？哪是荷花，哪是脸庞？当她们融入荷田，伫立凝望间，哪里还望得见她们的身姿和面容？——听，有歌声飞出。哦，原来，她们还在这田田荷叶，艳艳荷花之中，正放歌而来。——这又是一幅多么活泼健康，青春明丽的图景。采莲的少女们充满青春活力的欢快情绪，如同这叶下的河水，既深且长，洋溢在这菱歌四起的荷塘中。

夏天的江南，美丽，天真，活泼，热情。如何能不爱江南？（小仙）

第三篇　江南可采莲

第一次听到采莲两个字，是在朱自清《荷塘月色》中，那是当时高中语文课本上的文章。里面引用了一首诗歌：

西洲曲

汉乐府

采莲南塘秋，莲花过人头。
低头弄莲子，莲子清如水。

说来很难相信，直到十八岁以前，还压根没有见到过荷花，也没有见过莲子。总觉得这四句诗很美，画面很美，人很美，但仍然没有直观的感觉。直到大学到了芜湖，那是一座江城，才看到了在脑海里萦绕了千百遍的荷花。果然美丽而纯洁，挺拔的枝，大大的叶，都十分的与众不同。

江南可采莲

汉民歌

江南可采莲，莲叶何田田，鱼戏莲叶间。
鱼戏莲叶东，鱼戏莲叶西，
鱼戏莲叶南，鱼戏莲叶北。

这首诗不知道是什么时候背诵的，真正觉得它好，是后来，本来还觉得这样写作文老啰唆哦，东西南北的，一句句写过来。后来才悟出，古代的乐府，就是民歌，反复的吟咏。与现在的流行歌曲，不无二致。在众多的荷花诗中，一眼就喜欢的，是《采莲曲》。

采莲曲

（唐）王昌龄

荷叶罗裙一色裁，芙蓉向脸两边开。
乱入池中看不见，闻歌始觉有人来。

这首诗有人有花，有声（歌）更有色（叶和裙，花和

脸）。太美了，太生动了。因为没有生活经验，总是有两个问题，一是采莲，采的哪个部分？荷叶？荷花？莲藕？后来知道，采荷叶，采荷花，都是不常见的。那是小孩子的恶作剧或者干的“坏事”：

池　上

（唐）白居易

小娃撑小艇，偷采白莲回。
不解藏踪迹，浮萍一道开。

这个小女孩——娃，古代特指小女孩，偷偷划着小船去采白莲花，但是不知道隐藏自己的踪迹，水上的浮萍，被船撕开了一道缝——回家会不会挨打呢？不知道。

正儿八经的采莲，特指采摘莲蓬，目的当然是莲子。莲花（荷花）开谢了，长出了莲蓬，当莲子成熟的时候，就可以采摘下来食用了。直到我自己在阳台上种了几棵荷花，才明白这个道理。

但又纳闷，那么矮的莲花，怎么会遮住船，还遮住人，以至于“乱入池中看不见，闻歌始觉有人来”？以至于“竹喧归浣女，莲动下渔舟”（王维）？后来在浦东南汇，看到了一种高高大大的荷花，那是比小船高很多，可以遮住船的，莫非古代多为这种荷花？

都说采莲是古代的习俗。其实采莲是一种劳动，据说还很辛苦。没有经历，难以想象，好在画面好看，文人墨客不用劳动，站在岸上看风景，距离产生美。在劳动中，还有可能产生爱情故事，下面这首诗就很有趣。

采莲子

（唐）皇甫松

船动湖光滟滟秋，
贪看年少信船流。
无端隔水抛莲子，
遥被人知半日羞。

“莲子”就是“怜子”，就是爱你的意思。一个采莲的女子，看着美少年，都呆了，忘记划船，让船随着水自己流动，还无缘无故地朝着少年，扔出了手上的莲子，要是被人知道了，难为情死了。

第四篇　误入藕花深处

说起李清照，她不仅仅是偶滴神，还真是藕的神——在济南大明湖畔，有一座藕神祠，祠内供的不是夏雨荷（不要一提大明湖畔就想到夏雨荷，《还珠格格》有那么好看吗？！）——穿着是宋代妇女的装束。如果你认不出这是谁，不要紧，还有一副对联提示你：是耶非耶，水中仙子荷花影；归去来兮，宋代词宗才女魂。如果你还不知道这是谁，那就只能怪你关注“宝宝念诗”太晚了。

当然，李清照做梦也没想到会被以藕神的身份被供奉起来，这主要是后世像我一样闷骚的文人为了表达对女神的崇敬而造的人文景观。据说是同治年间，几位济南文人在大明湖北岸的藕神祠聚会，见祠内神像久毁，“同人以湖山佳丽，主持宜得其人，因以易安居士代之”。

如梦令

（宋）李清照

常记溪亭日暮，沉醉不知归路。
兴尽晚回舟，误入藕花深处。
争渡，争渡，惊起一滩鸥鹭。

话说回来，这首词就是李清照回忆起少时游玩的情形时

所作，词中所说溪亭即是济南七十二名泉之一溪亭泉（有说溪亭为别处，本人倾向于溪亭泉）。“常记”有人考证为“尝记”之误，常为经常，尝为曾经，后者更合适（我也倾向于“尝”，但查《全宋词》和百度，也都作“常记”，因此未改）。还有“争渡”一句，有考证为“怎渡”的意思，词人“误入藕花深处”，应当是急着把船划出来，因此念叨“怎么渡？怎么渡？”这里不做定论，两种说法都有道理，至于各位“肿么想”那是仁者见仁智者见智的事了。

李清照出身于官宦之家，书香门第。“父祖皆出韩公（韩琦）门下”，其父李格非也曾“以文章受知于苏轼”，是北宋文章名家。但李清照和苏东坡好像没有交集，尽管苏轼过世时李清照已经十七八岁了。还记得上次介绍苏东坡时讲到他离开黄州时，老来得子却又夭折吗？李清照是1084年3月生的，苏东坡这个儿子是7月没的。苏轼一生宦海浮沉，曾多次被贬，留在京城时间比较短，有迹可循的是1085年苏东坡以礼部郎中被召还朝，元祐四年（1089），苏轼任龙图阁学士知杭州。元祐六年（1091），他又被召回朝，但不久又因为政见不合调往颍州任知州。这个时候李清照才六七岁，所以即便她见过这个老爷爷也印象不深，但是从后来的文字中看，只要提到苏东坡，李清照都很推崇，不敢直呼其名，而是尊称“苏公”、“坡翁”甚至“坡仙”。

1101年，李清照18岁，与时年21岁的太学生赵明诚在汴京成婚。这一年，苏轼因大赦而复任朝奉郎，北归途中卒于常州。（我想说的是这李家和苏家很奇怪啊，你看，李家生闺女，苏家死儿子；李家闺女出阁，苏家老太爷又归位了。尅人家苏家吗？）

但是对于李格非的老乡、好友、“苏门四学士”之一的晁补之，李清照是很熟悉的，而晁补之对李清照的才气也赞赏有加。后来晁补之罢官归隐，修“归去来园”，李清照和丈夫赵明诚也把书房命名为“归来堂”。据说“易安居士”的号也是取自《归去来兮辞》中的“倚南窗以寄傲，审容膝之易安”。就是在“归来堂”居住期间，李清照创作了大量的脍炙人口的诗词。

李清照在北宋颠覆之前的词颇多饮酒、惜花之作，反映出她那种极其悠闲、风雅的生活情调。比如，她的另一首佳作：

如梦令·昨夜雨疏风骤

（宋）李清照

昨夜雨疏风骤，浓睡不消残酒。
试问卷帘人，却道海棠依旧。
知否，知否？应是绿肥红瘦。

这首小令，总共六句，有人物，有场景，还有对白，叙事完整，这哪里是词，简直是一个剧本，现场感极强。

众所周知，李清照与赵明诚也是神仙眷侣，一个长于诗词文章，一个长于金石收藏。在青州期间，两人搜求金石古籍，着实收不少好东西，赵明诚还写了一本《金石录》。可惜，所谓“乱世黄金，盛世收藏”，你在两宋之交玩收藏，当然是选错了时代。1127年，李清照44岁。金人大举南侵，俘获宋徽宗、钦宗父子北去，史称“靖康之变”，北宋朝廷崩溃，南宋开始。北方局势愈来愈紧张，李清照开始带着夫妻俩的收藏开始逃难，“既长物不能尽载，乃先去书之重大印本者，又去画之多幅者，又去古器之无款识者。后又去书之监本者，画之平常者，器之重大者。凡屡减去，尚载书十五车，至东海，连舻渡淮，又渡江，至建康。”（《金石录后序》）——令人痛惜的是，青州兵变中，赵家旧宅的10余屋书册文物，都化为灰烬。

乱世之下，想保全这些宝贝谈何容易，特别是建炎三年（1129），赵明诚病逝后，李清照带着这些物件仓皇南逃，但一己之力如何能够顾全，不到三四年，这些图书文物尽数散失。而这之后，李清照改嫁张汝舟，所遇非人又闪电（三个月）离婚的情节，也让人扼腕叹息。

所幸，经历这一短暂的、失败的婚姻之后，李清照很快就把眼光投到对国家大事的关注上，以诗为剑，写下了“欲将血泪寄山河，去洒东山一抔土”的诗句，表达收复失地的强烈愿望。在浙江金华避难期间，李清照写下了《武陵春》这首词：

武陵春

（宋）李清照

风住尘香花已尽，日晚倦梳头。
物是人非事事休，欲语泪先流。

闻说双溪春尚好，也拟泛轻舟。
只恐双溪舴艋舟，载不动许多愁。

前面两首《如梦令》的清丽、明快来看，这首《武陵春》词风已迥然不同，真是让人感慨万千，后人评价称，“全词婉转哀啼，令人读来如见其人，如闻其声。本非悼亡，而实悼亡”。

李清照另外一首《题八咏

楼》诗也是在此期间所作，“千古风流八咏楼，江山留与后人愁。水通南国三千里，气压江城十四州。”看这愁肠中充满着豪气，哪里像是个50岁的老太太？

今人有女教授颠覆李清照的形象，说她好赌、好酒、好色，真是不着调。说她《丑奴儿》所写：分明是想诱惑老公上床，真是让人三观尽毁。你这么妖魔化李清照，你老师知道吗？

我还是比较认可另外一个人所做的评价：大明湖畔，趵突泉边，故居在垂杨深处；漱玉集中，金石录里，文采有后主遗风——尽管这个人颇有争议，他叫郭沫若。（魏宗凯）

第五篇　稻花香里说丰年

明月从山间升起，月光朗朗，惊飞栖息枝头的鹊儿，树枝儿摇曳。清风拂面，静夜里忽然传来蝉儿的鸣唱。行走在山道上，一路稻花儿清香，阵阵蛙儿的歌声，仿佛在预言丰收的年景。七八颗星点在天外，三两点雨滴落山前，不知不觉中，经过小溪，转过桥头，迎面出现在眼前的，就是那记忆中的社庙旁树林边的茅店。这就是下面这首词。

西江月·夜行黄沙道中

（宋）辛弃疾

明月别枝惊鹊，
清风半夜鸣蝉。
稻花香里说丰年，
听取蛙声一片。

七八个星天外，
两三点雨山前。
旧时茅店社林边，
路转溪桥忽见。

“西江月”是词牌名。这首词是辛弃疾贬官闲居江西上

饶时的作品。明月清风，疏星稀雨；鹊惊别枝，蝉鸣半夜；稻花香里，蛙声一片。真是绝妙好词，诗歌平淡自然，情景交融，让人看到一幅夜行在优美恬静的山村夏夜中的图景。

这首词里，黄沙是江西省上饶县黄沙岭乡黄沙村。黄沙道是其间的一条乡村道路，在南宋时是一条直通上饶古城的比较繁华的官道，东到上饶，西通江西省铅山县。别枝惊鹊：指月光惊动喜鹊飞离树枝。茅店：茅草盖的乡村客店。社林：土地庙附近的树林。社，土地神庙。古时，村有社树，故曰社林。见：同“现”，显现，出现。

中国的田园诗流传下来的都是好诗。老祖宗陶渊明，“采菊东篱下，悠然见南山”，篇篇都写得离尘离俗，意境高远，酒气氤氲，毫无稼穑之气象。因为不懂稼穑，所以过着饱一顿饥一顿的困顿日子。后世诗人比较乖，知道“百无一用是书生”，还是做个游客，做个旁观者比较容易。乡村的风物人情，淳美敦厚，可歌可赞，写了很多好诗词。像之前念过的“绿阴冉冉遍天涯”、“青草池塘处处蛙”、“绿遍山原白满川，子规声里雨如烟”、“昼出耘田夜绩麻，村庄儿女各当家”、“醉里吴音相媚好，白发谁家翁媪”、“莫笑农家腊酒浑，丰年留客足鸡豚”，以及“故人具鸡黍，邀我至田家”，真是景好人好，其乐融融。

可是又要忍不住说到“不事农桑，不知稼穑之辛劳”。这些诗词中，感慨农家稼穑之辛苦的好像真不多。李绅有三篇《悯农》，“谁知盘中餐，粒粒皆辛苦”，妇孺皆知，虽然传说这个人的人品不好，但当年能写出这样富有同情心的诗句，而且还教育了一代一代又一代的人，彼时之心，殊是难得。

而最让人感动的则是白居易的《观刈麦》。刈（yì）：割的意思。这首诗是一首叙事诗，描写了麦收时节的农忙景象，一家男女老少冒着炎炎夏日抢收麦熟，而另一个孤苦老妇则因课税之重，以致无家无食，只能乘此时抱着孩子来拾穗充饥。看到这样的情形，“今我何功德，曾不事农桑。吏禄三百石，岁晏有余粮。念此私自愧，尽日不能忘”——这是真正的诗人的良心，书生的良心，官人的良心，即使只是个县尉。

念完这些诗，如何不叫人想念家乡的青山绿水，想念现在与曾经生活在那里的辛劳淳朴的父老乡亲。（小仙）

第六章 大暑

纸屏石枕竹方床，手倦抛书午梦长

大暑，二十四节气中的第十二个节气。暑，热的意思。大暑，大热的意思。“大暑”在公历每年的7月22日至24日之间。中国大部分地区为一年最热时期，也是喜热作物生长速度最快的时期。

俗话说，“热在三伏”。大暑一般在三伏里的中伏。这时在我国大部分地区都处在一年中最热的阶段，全国各地温差不大。除青藏高原及东北北部外，大部分地区天气炎热，35℃的高温已是司空见惯，40℃的酷热也不鲜见。

夏日登车盖亭

（宋）蔡 确

纸屏石枕竹方床，手倦抛书午梦长。

睡起莞然成独笑，数声渔笛在沧浪。

来念一首非常好的诗歌，给人增加心中的安静和清凉，非常适合于大暑这个节气。“纸屏石枕竹方床，手倦抛书午梦长。”古人用的纸屏风，以藤皮茧纸制成，雅致通风，屏上常以梅花蝴蝶为饰。作者游亭之后，便躺在纸屏遮挡的石枕、竹方床上，有些倦怠，便随手抛书，美美地睡了一觉。“纸屏、石枕、方竹床”，使人顿觉气清意爽；“手倦抛书、午梦长”，顿见诗人闲散之态。“睡觉莞然成独笑”，梦醒之后，诗人却要“莞然”一笑，显然梦中有所得。

诗人所读的书，是“柴桑处士（陶渊明）诗”；诗人所做的梦，也是耕樵处士之梦。确实，诗人昔为布衣平民，红运一来，金榜题名，官位骤升，后来突遭横祸，谪居当下，如同大梦一场。人生如梦幻，富贵如云烟。由此，他想到了归隐；想到归隐，马上便有隐者的呼唤——“数声渔笛在沧浪”。

唐代诗人王维写过一首《酬张少府》：

酬张少府

（唐）王 维

晚年唯好静，万事不关心。
自顾无长策，空知返旧林。
松风吹解带，山月照弹琴。
君问穷通理，渔歌入浦深。

渔歌，渔人，渔笛，出自同一个典故。《楚辞·渔父》塑造了一个飘然而去的“渔父”，边走边歌：“沧浪之水清兮，可以濯吾缨。沧浪之水浊兮，可以濯吾足”。濯（zhuó），洗的意思。是的，时代清明，便如沧浪之水清澈，可以洗我的官缨，如此我便可以出世为官；时代昏暗，便如沧浪之水浑浊，只能洗我的双脚，这样我就归隐江湖。这是中国古代文人最普遍的心态。

世态炎凉，尤其需要心静。心静自然凉。

好在酷暑来了，秋天还会远吗？“大者，乃炎热之极也。”暑热程度从小到大，大暑之后便是立秋，物极必反，暑极生凉。幸福的秋天在向我们招手。

【关于大暑的延伸阅读】

夏令气候炎热，易伤津耗气，因此常可选用药粥滋补身体。著名医家李时珍推崇药粥养生，他说：“每日起食粥一大碗，空腹虚，谷气便作，所补不细，又极柔腻，与肠胃相得，最为饮食之妙也。”古人称“世间第一补人之物乃粥也”。根据每人的不同体质、疾病，选用适当的药物，方可达到满意的效果。

由于天气炎热，人体的水分蒸发消耗过快，需要及时补充水分，平时喝开水最好，也可以饮用绿豆水、菊花茶等清暑药茶，出汗的较多的饮用糖盐水、茶水等，适当补充盐分和矿物质。

预防身体和情绪中暑。高温天气尽量不外出，不进行户外体育锻炼或者从事体力劳动。运动量不宜大。多吃苦味食物。苦味食物不仅清热，还能解热祛暑、消除疲劳。

第一篇　举头红日近

江山代有才人出。中国之大，神童辈出。话说北宋年间，在首都开封，一位官员大宴宾客。主人七岁的儿子，叫做寇准的也参加了。寇准素有神童之称，耳听为虚，眼见为实，席上宾客指定题目。寇准走了三步，写成此诗。此诗气派之大，简直不像小孩子所做。联想起后来他官居相位，一人之下万人之上，真个“只有天在上，更无山与齐”。因为皇帝向来被比喻是“红太阳”，因此也确系“举头红日近，回首白云低”。诗歌仿佛有了某种预兆。

咏华山

（宋）寇　准

只有天在上，更无山与齐。
举头红日近，回首白云低。

寇准，是北宋政治家中让人最为敬重的一位。宋朝虽富，却十分文弱，原因之一就是重文而轻武。此前朝堂之上，文东武西，分庭抗礼。宋代不然，武官比文官地位低。同级别的武官见到文官要回避让路。估计宋太祖赵匡胤看到唐朝武将（节度使）作乱，怕了，又担心武将像拥戴他一样，搞“黄袍加身”。所以当上皇帝后，立马“杯酒释兵权”，将武将们赶回家养老去了。以至于第二任皇帝宋太宗、第三任皇帝宋真宗，就无将可用。传说中的老太君佘赛花（俗称“老令婆”）带领“杨门女将”征战沙场，于杨门是悲壮，于国家是笑话。这中间还有一个“寇准背靴”的典故。说的是杨家一门忠烈，或战死沙场，或出家为僧，唯一的六郎杨景（延昭）遭遇陷害，狱友主动代死，才侥幸回家。辽军入侵，朝廷无将可用，寇准吊孝时，从蛛丝马迹中发现六郎未死。六郎躲不过，只好再次出山。

整个大宋朝，寇准是唯一敢拉着皇帝的衣袖，不让皇帝走，也要把真话说完的人。真宗时期，辽军大举进攻，边关那些脓包守将一个个被捉。皇帝吓得想迁都南方。宰相寇准说，你搬一步，辽军进一步，难道一步步搬到海里面去？——这句话就是南宋后来的结局。寇准亲率大军北上，“逼着”宋真宗御驾亲征，北渡黄河，黄龙旗出现在檀州（今河南濮阳），宋军士气大振，重挫辽军。辽军被迫求和。宋真宗指示使臣，只要议和，一年给百万两白银都行。寇准对使臣说，不能超过三十万两，否则提人头来见。结果宋每年给辽绢二十万匹，银十万两，史称“澶渊之盟”。

刚直的寇准，也有柔情似水的时候。比如那首《江南春》：

江南春

（宋）寇　准

波渺渺，柳依依。

孤村芳草远，斜日杏花飞。
江南春尽离肠断，
苹满汀洲人未归。

写得清丽宛转、柔美多情。他写秋天也写得好。

书河上亭壁

（宋）寇 准

岸阔樯稀波渺茫，
独凭危槛思何长。
萧萧远树疏林外，
一半秋山带夕阳。

只可惜这样一个翩翩才子加耿耿忠臣，却未能善终。皇帝如非雄才大略，多半扮演的是过河拆桥的角色。被奸臣构陷的寇准，一贬再贬，最后客死在南海之滨的雷州，距离海岸只有十里，距离自己的故乡山千重水万重。这时，他突然醒悟，真是天命如此，年轻时候，曾写过一首诗："到海只十里，过山应万重。"又是一语成谶。

第二篇　更上一层楼

看到一篇科学类的文章。文章的大致意思是这样的：如果地球是平的，理论上你可以看到世界的尽头。但地球是个球，远方的大地最终向下弯曲，落到视平线以下，所以即便你的视力足够好，天气也足够好，前方一片开阔，你所看到的也只是地平线，就是视线和地球的切点。

登鹳雀楼

（唐）王之涣

白日依山尽，
黄河入海流。
欲穷千里目，
更上一层楼。

根据地球半径和人的高度来测算，一个身高1.7米的人，远方的地平线大约在5公里。按照现在的鹳雀楼每层约8米高计算，在第二层看到的地平线11公里，第三层看到15公里……如果想看到一千里，那要登上2 387层楼。所以，“欲穷千里目，更上一层楼”，是想象，是夸张。总是有人喜欢较真，可怜我数学不好，这段计算看得好累的。但是道理懂了。

正因为是夸张，是想象，所以显得特别有气势，有眼界，也有哲理。教这首诗最佳的时候，也是在旅游前，不一定要到鹳雀楼去，去其他地方也可以。印象中，我是在浙西大峡谷教会孩子这首诗的。我们爬了一个小坡，就当成上了一层楼。事实上，我到现在还没有去过鹳雀楼。

鹳雀楼，在山西省永济市，据说楼体非常壮观，结构非常奇巧，周边风景非常美丽。古时候经常有鹳雀栖息在上面，因此而得名。鹳鹳（guàn），是一种水鸟。

如何带孩子旅游，我要多说一两句。由于很多爸爸妈妈以为孩子很小，不适合于旅游，什么都看不懂。其实不对，新的场景，很能刺激孩子的感官神经，开发孩子的智力。尽管孩子很小，但我每一次带她出门，等回来时，都发现孩子又多懂了一些。登楼的诗歌很多，再推荐一首五言诗：

夜宿山寺

（唐）李　白

危楼高百尺，手可摘星辰。
不敢高声语，恐惊天上人。

第三篇 意欲捕鸣蝉

大山里面，童年的生活简单而纯粹。比如说，放牛，比念书有意思多了。事实上，大部分孩子，都愿意放牛，不愿意念书。牛栏也是土砖瓦房，一排，紧邻在路边。除了母牛和尚未成年的小牛住在一起外，其他都是一牛一间。地上收拾得很干净，其中一角铺上稻草——牛就睡在上面，饿了也可以吃稻草。我有时候想，做牛真幸福，醒过来就可以吃东西。

冬天很简单。下雪天，不放牛，直接在牛栏里添加干稻草，当然牛的粪便要及时清扫。事实上，黄牛非常爱清洁，总是很干净。天晴，把牛牵出来，系在专门为牛设置的草垛下。这种草垛就像四角形的凉亭，四根柱子撑起来，顶也是几根木头搭起来的，上面摞了一层层的干稻草，像一顶尖尖的帽子。牛就在下面昂着头啃草。摞多少稻草，全凭经验，总之到了春暖花开正好把草吃完。白天让牛啃草，傍晚再把牛牵回牛栏，扣上门了事。

开春之后，雪化光了，放牛上山就是一件高兴的事情了。早晨九十点，呼朋唤友，一帮臭孩子，咋咋呼呼，各自开了自家的牛栏，牵着牛，队伍拖个半里长，慢慢上山。挂在牛脖子下的铃铛组成了一个单调的交响。行到山头，找个稍显平坦的山坡，把牛绳子盘在牛角上——这是技术活，既要方便解得开，还不能容易散——然后放开牛，任凭牛四散吃草去。剩下的时间，各种玩。“跳房子”的“跳房子”，弹石子的弹石子，打牌的打牌。春天找兰花，夏天捉蜻蜓，秋天抓知了，顺便吵嘴打架斗殴，在路上挖坑盖上浮土看哪个行人会陷进去……大一点的放牛娃，有时候也会砍点柴火，算是正经事。

半下午，开始收牛，这时候牛已经散落在方圆几里的地方——但放牛娃有绝招。先是高声学牛叫，引起牛的注意，然后小男孩们站在高处，挺起小腹，撒出一道优美的抛物线，牛就从老远乐颠颠的过来了，啃那些被浇过的草——大人说，小便里面有盐分，是牛的最爱。有些不受诱惑的牛，就得跑过去拽。偶尔有牛走失，铃铛清脆的声音总能准确指示牛的方位——如果真的连铃铛都听不到了，那就哭着回家，大人也来不及揍你，就提着马灯，一路问一路找，跑十几里才找到也是有过的。

所　见

（清）袁　枚

牧童骑黄牛，歌声振林樾。
意欲捕鸣蝉，忽然闭口立。

这首诗，是写我最亲切的牧童生活。林樾（yuè）：指道旁成阴的树。本来骑在牛背上，唱歌唱

得十分的嘹亮。突然听到蝉鸣，想去抓它，赶紧站住不动。写牧童的诗歌，还有几首很著名。

清　明

（唐）杜　牧

清明时节雨纷纷，
路上行人欲断魂。
借问酒家何处有？
牧童遥指杏花村。

上面这首，牧童不是唯一的主人公。下面这首，牧童就是主角了。

村　晚

（宋）雷　震

草满池塘水满陂，
山衔落日浸寒漪。
牧童归去横牛背，
短笛无腔信口吹。

最后一首虽然叫《牧童诗》，恐怕更多的是借牧童说事情，说心思了吧。

牧童诗

（宋）黄庭坚

骑牛远远过前村，
短笛横吹隔陇闻。
多少长安名利客，
机关用尽不如君。

关于牧童最著名的诗歌，也就差不多了。算是大团圆。

第四篇 柳阴亭午正风凉

范成大是苏州吴县人。江南鱼米之乡，好地方。晚年辞官不做，回到家乡，写了一组诗歌，描写春夏秋冬的农家风光和农家生活，合称《四时田园杂兴》。每个季节都是一组诗，夏日有十二首。兴者，起也，感官、感情上受到什么触动，所以写出诗歌文章来。杂兴，有点杂记的意思。

四时田园杂兴

（宋）范成大

黄尘行客汗如浆，少住侬家漱井香。
借与门前磐石坐，柳阴亭午正风凉。

上面这首，写夏天的一个场景。黄土路上，一个行人风尘仆仆，汗水像泥浆一样湿透了衣衫。过来吧，赶快到我家稍微歇一下，用井水漱漱口。我把门前的大石头让出来，正中午的，柳树荫下风凉着呢。这是以农家孩子的口气来写的。依

(nóng)，苏州、绍兴、上海一带的吴方言，现在是“你”的意思，但在古代诗文中却是“我”的意思。比如说，唐代诗人刘禹锡有一首著名的诗，里面“侬愁”，就是“我愁”。磐石，大石头。亭午，正中午。

竹枝词

（唐）刘禹锡

山桃红花满上头，蜀江春水拍山流。
花红易衰似郎意，水流无限似侬愁。

诗歌描写的这个场景，对农村生活过的人，真是熟悉、亲切极了。四十年前，我住在大别山区，整个夏天就是中午热两个小时。房子是百年老宅，一进一进的，堂厅阴凉，有穿堂风。吃好中饭之后，爷爷就搬个竹椅子到堂厅，坐在上面一动不动，就像塑像，只有花白的山羊胡子一翘一翘的。我就去拽他的胡子。我拽行，别人拽挨骂。隔一阵拽一下，拽腻了，我就躺到竹凉床上睡觉。凉床越久越发黄，黄得发暗的凉性重，得垫上一层布。

三伏天，正中午一般都避免外出。但因生机或者什么事情而赶路的人，或者被迫劳动的人，也还不少。遇到路人，多半会叫到家里喝茶，几大碗茶喝下去，舒服极了。那时候，茶和良心都是不要钱的。不像现在，什么都必须花钱买了。

《四时田园杂兴》是范成大退居家乡石湖（今苏州境内）后写的一组诗，分春夏秋冬四个季节，记录乡村的生活。其中夏日的诗中，还有两首很著名：

四时田园杂兴

（宋）范成大

梅子金黄杏子肥，
麦花雪白菜花稀。
日长篱落无人过，
惟有蜻蜓蛱蝶飞。

昼出耘田夜绩麻，
村庄儿女各当家。
童孙未解供耕织，
也傍桑阴学种瓜。

第五篇　时有微凉不是风

梅雨天是江南特有的气候，三伏天似乎也是。江南出梅的同时，就差不多入伏了。接下来的日子，是全年最热的时节。在没有空调的岁月，这是最难熬的日子。

夏夜追凉

（宋）杨万里

夜热依然午热同，
开门小立月明中。
竹深树密虫鸣处，
时有微凉不是风。

热了就要找凉。杨万里《夏夜追凉》描述的是晚上找凉的感受：中午炎热也就算了，想不到夜晚还是那么热。打开门，到月光下去站一会儿吧。这时，远处的竹林和树丛里，传来一声声虫子的鸣叫；一阵阵清凉的感觉也迎面飘来。可是，这并不是风，或许就是大自然宁静的凉意吧。

不能不说人，有时候真的是很健忘也很贱的。梅雨季期长了，就有人抱怨雨水太多。梅雨结束了，才想起下雨天的湿润和凉爽。如果没有梅雨，动一步就会大汗淋漓，空调永远达不到自然的舒适。冷可以穿衣服，可以躲在被子里。热，简直无处可逃。依我个人的感受，热天比冷天更难受。

还有一种心态是，热天的时候想念冷天，冷天的时候怀念热天。距离总是产生美的直接原因。

俗话说，“热在三伏”，我们要花点篇幅来讲讲经常听到的三伏天。每年夏季7月中旬至8月中旬，是我国特有的“三伏”。“伏”表示阴气受阳气所迫，藏伏在地下的意思。每年有三个“伏”，“三伏天”是一年中最热的时候。

智慧、伟大的中国古人，早在数千年前，就根据日月星辰的变化，根据自然的温度，根据雨雪的变化，根据动物的活动，根据植物的变化，把前后绵延不断的时间划分为“年”，划分为“季”，划分为“月”，划分为立春、雨水、惊蛰、春分……等“二十四节气”。这种划分，是对自然界的认识，是对人和自然关系的认识，表明了从混沌的状态走向了科学。

古人经过总结归纳，并确定下来，夏至节气之后，从第三个庚日起便是入伏，这是初伏，10天。第四个庚日开始为中伏。立秋后的第一个庚日到第二个庚日为“末伏”，也是10天。初伏和末伏之间为中伏，中伏长度不固定。夏至到立秋之间有4个“庚”日时，中伏10天；有5个“庚”日时，中伏20天。所以每年三伏的长度也不固定，或者30天，或者40天。

那什么是“庚”字日？我国古代用天干、地支合并记载时间。天干10个数字：甲、乙、丙、丁、戊、己、庚、辛、壬、癸；地支12个数字：子、丑、寅、卯、辰、巳、午、未、申、酉、戌、亥。把天干与地支相配，就得甲子、乙丑、丙寅、丁卯……交叉配合60次为一个循环，故称60花甲子。年是这样循环，日也是这样循环。由于天干是10个，所以每隔10天就出现一个庚日，如庚子日、庚寅日、庚辰日等。

中国各地，地域不同，流行着在入伏当天吃点什么的不同说法。华北地区就有“头伏饺子二伏面，三伏烙饼摊鸡蛋”的民间谚语。这种说法的产生，可能是在历史上的农耕时代，物质匮乏，缺少精米细面，伏期正值新麦收获不久，找个理由解解嘴馋。当然，当季的时令食品最对人有益，也已经得到了公认。

数伏养生，重在护阳。起居宜晚睡早起，中午如果有一个短暂的睡眠也很好。夜晚睡觉空调温度不能太低。锻炼项目以散步、慢跑、太极拳、广播操为好。

三伏天最要预防中暑。尽量避免受到阳光的直接暴晒。出门尽量打伞或者是戴遮阳帽。及时补充水分。可以多喝水，多吃水果。喝一些酸梅汤、银耳汤、苦瓜汤之类的饮品。如果不得不长时间在太阳底下工作，就需要带一些藿香正气水在身上了，感觉不舒服就可以喝一瓶。三伏天最常见的是西瓜。不过薏米才是清除体内湿毒的好食物，黄瓜最能清火，鲤鱼汤有助于祛湿开胃、利水消肿。